Gerhard Sender
Zinsswaps

Schriftenreihe des Instituts für Geld- und Kapitalverkehr der Universität Hamburg

Herausgegeben von Prof. Dr. Hartmut Schmidt
Band 11

Gerhard Sender

Zinsswaps

Instrument zur Senkung der Finanzierungskosten
oder zum Zinsrisikomanagement?

Springer Fachmedien Wiesbaden GmbH

Die Deutsche Bibliothek — CIP-Einheitsaufnahme

Sender, Gerhard:
Zinsswaps : Instrument zur Senkung der Finanzierungskosten oder
zum Zinsrisikomanagement? / Gerhard Sender .

(Institut für Geld- und Kapitalverkehr <Hamburg> :
Schriftenreihe des Instituts für Geld- und Kapitalverkehr
der Universität Hamburg ; Bd. 11)
(DUV : Wirtschaftswissenschaft)
Zugl.: Hamburg, Univ., Diss., 1994
ISBN 978-3-8244-0277-9   ISBN 978-3-663-12464-1 (eBook)
DOI 10.1007/978-3-663-12464-1
NE: Institut für Geld- und Kapitalverkehr <Hamburg> : Schriftenreihe des ...

© Springer Fachmedien Wiesbaden 1996
Ursprünglich erschienen bei Deutscher Universitäts-Verlag GmbH, Wiesbaden 1996

Lektorat: Monika Mülhausen

Gedruckt auf chlorarm gebleichtem und säurefreiem Papier

ISBN 978-3-8244-0277-9

Geleitwort

Eine der erfolgreichsten Finanzinnovationen der letzten 25 Jahre ist der Zinsswap. Bis heute umgibt ihn die Aura, etwas Besonderes zu sein und mehr Rätsel aufzugeben, als bisher gelöst werden konnten. Dazu beigetragen haben die Probleme, das Swapbuch im externen Rechnungswesen abzubilden, vor allem aber das immer wieder vorgetragene Argument, man könne seine Kapitalkosten senken, wenn man die Emission einer Festzinsanleihe oder einer Floating Rate Note mit einem Swap verknüpft. Dieses Argument, bei Normalablauf auf den Kapitalmärkten immer wieder eindrücklich nachvollziehbar, hat zumindest sehr zum Anfangserfolg von Zinsswaps beigetragen, auch wenn mancher sich gefragt haben dürfte, aus welchen Quellen der Kapitalkostenvorteil eigentlich gespeist wird. Es lag daher nahe, eine wissenschaftliche Arbeit diesem Fragenkomplex zu widmen.

Sender interpretiert die Kostensenkungsthese als fehlerhafte Verrechnung von Risikoprämien und Kapitalüberlassungsentgelten und als unzulässige Verknüpfung der tatsächlich voneinander unabhängigen Transaktionen Emission und Swap. Das führt unmittelbar zu der Gegenthese, bei Vertragsabschluß sei der Marktwert eines Zinsswaps null. Der scheinbare Kostenvorteil stellt in diesem Lichte eine notwendige Vergütung für die Übernahme von Ausfallrisiken dar, und der Swap muß anderen Zwecken dienen als der Zinskostensenkung.

Als solche Zwecke bieten sich zunächst Spekulation und Sicherung gegen Zinsrisiken an. Sender widmet sich in einer Durationanalyse der Absicherung gegen Zinsrisiken und entwickelt die Immunisierungsstrategie sorgfältig für drei praxisgerechte Konstellationen. Vor diesem Hintergrund erscheint der Zinsswap als Instrument, das die erforderlichen Anpassungstransaktionen auf das Wesentliche redu-

ziert, in einem einzigen Geschäft zusammenfaßt und sie bilanzunwirksam macht. Das ist die Kernaussage der Arbeit.
Eher am Rande wird aber auch deutlich, wie nützlich Zinsswaps bei der Finanzierung eines Unternehmens sein können,
wenn es erwartet, daß sich seine Bonität verbessern wird,
die Marktzinsen aber steigen werden.

Ein weiteres Rätsel, an dem sich Sender, wie ich meine,
mit Erfolg versucht, ist die Einordnung der Swaps in das
Spektrum der Finanzierungsinstrumente. Dabei beschränkt er
sich auf Zinsinstrumente ohne Wahlrechte, grenzt also
Zinsoptionen und Instrumente mit Optionselementen aus. Er
gelangt zu einem allgemeinen Deskriptionsmodell, das alle
diese Zinstitel vom Forward Rate Agreement über den Zero
Bond und den Kredit bis hin zum Basis Swap abbildet. Alle
Zinsinstrumente ohne Wahlrechte, insbesondere alle Swap-
formen, stellen Fälle mit speziellen Parameterkonstella-
tionen dar und könnten daher eigentlich, so Sender, als
"Finanzswaps" bezeichnet werden.

Diese einheitliche Sichtweise ist ungewöhnlich, aber hilfreich. Sie steht im Einklang damit, daß weder Kredit noch
Zinsswaps am offenen Markt im Zeitpunkt ihres Abschlusses
einen Nettobarwert haben, der von null abweicht, und daß
man in der jüngsten Forschung zum Rechnungswesen auf die
Forderung stößt, mit der unterschiedlichen Behandlung bi-
lanzwirksamer und bilanzunwirksamer Positionen Schluß zu
machen. Sie verträgt sich auch mit der Denkweise, Finanzinnovationen seien als Bündel anderer Instrumente zu interpretieren, und denkt sie konsequent zu Ende.

Ich wünsche der Arbeit interessierte Leser und eine gute
Aufnahme.

Hartmut Schmidt

Vorwort

Das in der Anfangszeit des Swapmarktes häufig zu hörende
Argument, mit Swaps ließen sich Finanzierungskosten senken, hat mich veranlaßt, den Zinsswap näher zu betrachten. Daß dieses Argument heute kaum noch verwendet wird,
scheint auf ein besseres Verständnis des Zinsswaps zurückzuführen sein.

Die vorliegende Arbeit habe ich am Fachbereich Wirt-
schaftswissenschaften der Universität Hamburg als Dissertation eingereicht.

Besonderer Dank gilt meinem akademischen Lehrer, Herrn
Professor Dr. Hartmut Schmidt, der mit wertvolle Hinwei-
se und Anregungen beim Anfertigen der Arbeit gab und sie
in seine Schriftenreihe aufnahm. Herrn Professor Dr.
Lothar Streitferdt danke ich für die Übernahme des Kor-
referats.

Danken möchte ich meinen Freunden und Mitdoktoranden,
die stets bereit waren, Teile des Manuskripts zu lesen
und kritisch zu kommentieren und mir in einem intensiven
Gedankenaustausch weitere Anregungen gaben.

Ganz herzlich danken möchte ich auch meinen Eltern, meiner Frau Grietje für ihre Unterstützung und allen anderen, die mich bei dieser Arbeit begleitet haben.

                                        Gerhard Sender

Inhaltsverzeichnis

Symbolverzeichnis

a	Transformationsgerade des Landes A
B	Basisbetrag
b	Transformationsgerade des Landes B
C_t	Zahlung aus der Anleihe nach t Jahren
c	Zinssatz einer Kupon-Anleihe
c_i	Zinssatz der Kupon-Anleihe i
D	Duration
$D_{i'}$	Duration der zusätzlichen Anleiheforderung
$D_{j'}$	Duration der zusätzlichen Anleiheverbindlichkeit
DAX_B	Basisindexstand des Deutschen Aktienindexes
DAX_t	Stand des Deutschen Aktienindexes im Zeitpunkt t
d_A^f	Risikoprämie des Unternehmens A für Finanzierungsmittel mit fester Verzinsung
d_A^v	Risikoprämie des Unternehmens A für Finanzierungsmittel mit variabler Verzinsung
d_B^f	Risikoprämie des Unternehmens B für Finanzierungsmittel mit fester Verzinsung
d_B^v	Risikoprämie des Unternehmens B für Finanzierungsmittel mit variabler Verzinsung
E	Eigenkapital
e_1	die vom Markt tatsächlich geforderte Risikoprämie zu Beginn des ersten Jahres
e_2	die von A zu Beginn des zweiten Jahres erwartete Risikoprämie
FV (KA)	erwartete Endvermögen aus der Kupon-Anleihe
FV'(KA)	erzielbare Endvermögen aus der Kupon-Anleihe unmittelbar nach der Zinsänderung

$FV^t(S_A^-)$ erzielbare Endvermögen des Festzinszahlers A aus dem Swap unmittelbar nach der Zinsänderung

g_A Vorteil des Swappartners A

g_B Vorteil des Swappartners B

g_{A+B} Gesamtvorteil der Swappartner A und B

I Zinssatz auf risikofreie Anlagen (auch Forward Rate)

I_j^{DM} DM-Forward-Rate im Zeitpunkt j

$I_j^{\$}$ $-Forward-Rate im Zeitpunkt j

$I_{t\,(j)}$ vom Markt für das Jahr t (j) erwarteter Zinssatz auf einjährige risikofreie Anlagen, Forward Rate für den Zeitpunkt t

i^f Zinssatz auf risikofreie Anlagen mit fester Verzinsung

i^v Zinssatz auf risikofreie Anlagen mit variabler Verzinsung

i_A^f Zinssatz, zu dem A Finanzierungsmittel mit fester Verzinsung aufnehmen kann

i_A^v Zinssatz, zu dem A Finanzierungsmittel mit variabler Verzinsung aufnehmen kann

i_B^f Zinssatz, zu dem B Finanzierungsmittel mit fester Verzinsung aufnehmen kann

i_B^v Zinssatz, zu dem B Finanzierungsmittel mit variabler Verzinsung aufnehmen kann

j Laufindex

K Nennwert

K_0 Kurs der Anleihe in t_0 vor Zinsänderung

K'_0 Kurs der Anleihe in t_0 nach Zinsänderung

$K_{0,i}$ Kurs der Anleihe i in t_0 vor Zinsänderung

$K'_{0,i}$ Kurs der Anleihe i in t_0 nach Zinsänderung

m Planperiode

n	Restlaufzeit der Kupon-Anleihe, Laufzeit, Vertragsdauer
n_A	Basisperiode A
n_B	Basisperiode B
n_i	Restlaufzeit der Kupon-Anleihe i
P_0	Vermögen des Anlegers in t_0
P_0/K_0	Nennwert der Anleihe in t_0
$P'_{0,E}$	Reinvermögen in t_0 unmittelbar nach einer Zinsänderung
$P_{0,i}$	Marktwert der Anleiheforderung i in t_0; i = 1, ..., k
$P'_{0,i}$	Marktwert der Anleiheforderung i in t_0 unmittelbar nach einer Zinsänderung
$P'_{\blacksquare,i}$	Marktwert der Anleiheforderung i in $t_\blacksquare$ nach einer Zinsänderung in t_0
$P_{0,i\star}$	Marktwert der zusätzlichen Anleiheforderung in t_0
$P'_{0,i\star}$	Marktwert der zusätzlichen Anleiheforderung in t_0 unmittelbar nach einer Zinsänderung
$P_{0,j}$	Marktwert der Anleiheverbindlichkeit j in t_0; j = k+1, ..., l
$P'_{0,j}$	Marktwert der Anleiheverbindlichkeit j in t_0 unmittelbar nach einer Zinsänderung
$P_{0,j\star}$	Marktwert der zusätzlichen Anleiheverbindlichkeit in t_0
$P'_{0,j\star}$	Marktwert der zusätzlichen Anleiheverbindlichkeit in t_0 unmittelbar nach einer Zinsänderung
$P_{0,i}/K_{0,i}$	Nennwert der Anleihe i in t_0
$P(A)$	Ausfallwahrscheinlichkeit von A pro Jahr
$P(\bar{A})$	1 - P(A)
$P(B)$	Ausfallwahrscheinlichkeit von B pro Jahr
$P(\bar{B})$	1 - P(B)

$P_\blacksquare$ erwartetes Endvermögen

$P^i_\blacksquare$ realisiertes Endvermögen nach Zinsänderung

P_t Wahrscheinlichkeit aus der Sicht des Marktes, daß die Zahlung im Zeitpunkt t vereinbarungsgemäß erfolgt

P_t Wahrscheinlichkeit, daß der Emittent die Zahlung nach t Jahren leistet

PV Barwert einer Kupon-Anleihe oder einer Floating Rate Note aus der Sicht des Marktes

PV_A Barwert einer Kupon-Anleihe oder einer Floating Rate Note aus der Sicht von A

PV_M Barwert einer Kupon-Anleihe oder einer Floating Rate Note aus der Sicht des Marktes

$PV(S_M^+)$ Barwert des Swaps aus der Sicht des Marktes für den Festzinsempfänger

$PV(S_M^-)$ Barwert des Swaps aus der Sicht des Marktes für den Festzinszahler

$PV(S_A^-)$ Barwert des Swaps aus der Sicht des Festzinszahlers A

$PV(S_B^+)$ Barwert des Swaps aus der Sicht des Festzinsempfängers B

$PV^i(KA)$ Barwert der Kupon-Anleihe unmittelbar nach der Zinsänderung

$PV^i(S_A^-)$ Barwert des Swaps für den Festzinszahler A unmittelbar nach der Zinsänderung

$PV^i(S_B^+)$ Barwert des Swaps für den Festzinsempfänger B unmittelbar nach der Zinsänderung

QSD Quality Spread Differential

QS^f Zinssatzdifferenz im festverzinslichen Segment

QS^v Zinssatzdifferenz im variabel verzinslichen Segment

q 1 + I oder 1 + r

$R_{t(n)}$ Abzinsungsfaktor für t (n) Jahre (Perioden)

R_t^{DM} DM-Abzinsungsfaktor für t Jahre

r	Zinssatz einer Kupon-Anleihe, tatsächlicher Zinssatz im Zahlungszeitpunkt
r_B	Basiszinssatz
r_i	Kupon der Kupon-Anleihe i
r_{max}	Höchstzins
r_{min}	Mindestzins
r_n	Zinssatz für n-jährige Kupon-Anleihen zu Pari
r_t	Zinssatz im Zahlungszeitpunkt t
$\bar{r}_n$	Zinssatz für Pari-Anleihen mit einer Restlaufzeit von n Jahren
$\bar{r}_n^{DM}$	Zinssatz für DM-Pari-Anleihen mit einer Restlaufzeit von n Jahren
$\bar{r}_n^{\$}$	Zinssatz für \$-Pari-Anleihen mit einer Restlaufzeit von n Jahren
s	Swap Rate (Festzinssatz im Swap)
T_A	Arbeitsstundenpotential des Landes A
T_B	Arbeitsstundenpotential des Landes B
t	Zeitpunkt, Laufindex
t_B	Basistage
V	Volumen
V^{DM}	DM-Volumen
$V^{\$}$	\$-Volumen
w_0	Kassakurs bei Vertragsabschluß
w_t	erwarteter Wechselkurs nach t Jahren
X	Gut X
X_A	Produktion des Gutes A im Land X
X_B	Produktion des Gutes B im Land X
X_A^{Im}	Menge des Gutes X, die das Land A importiert
X_B^{Ex}	Menge des Gutes X, die das Land B exportiert

X_t — Parameter für Zahlungsreihe

ΔX — Gesamterhöhung von Gut X

ΔX_B — Steigerung der Produktionsmenge X im Land B

ΔX_B^{max} — maximale Steigerung der Produktionsmenge X im Land B

x_A — Stunden, die das Land A zur Herstellung einer Einheit X benötigt

x_B — Stunden, die das Land B zur Herstellung einer Einheit X benötigt

Y — Gut Y

Y_A — Produktion des Gutes A im Land Y

Y_B — Produktion des Gutes B im Land Y

Y_A^{Ex} — Menge des Gutes Y, die das Land A exportiert

Y_B^{Im} — Menge des Gutes Y, die das Land B importiert

ΔY — Gesamterhöhung von Gut Y

ΔY_A — Steigerung der Produktionsmenge Y im Land A

ΔY_A^{max} — maximale Steigerung der Produktionsmenge Y im Land A

y_A — Stunden, die das Land A zur Herstellung einer Einheit Y benötigt

y_B — Stunden, die das Land B zur Herstellung einer Einheit Y benötigt

Z — Zahlung

$Z_{A,0}$ — Zahlung des Vertragspartners A zu Beginn der Vertragslaufzeit

$Z_{A,n}$ — Zahlung des Vertragspartners A am Ende der Vertragslaufzeit

$Z_{A,t}$ — Zahlung des Vertragspartners A im Zeitpunkt t

$Z_{B,t}$ — Zahlung des Vertragspartners B im Zeitpunkt t

Z_t^{max} — Beträge, die A oder B in t höchstens zu zahlen bereit sind

Z_t^{min} Beträge, die A oder B in t mindestens zu zahlen bereit sind

$\bar{Z}$ erwartete Zahlung

$\bar{Z}_{A,t}$ in t_0 für den Zeitpunkt t erwartete Auszahlung des Vertragspartners A

$\bar{Z}_{B,t}$ in t_0 für den Zeitpunkt t erwartete Auszahlung des Vertragspartners B

ε Zinsänderung

$\varepsilon_{t\ (j)}$ tatsächliche Änderung des Zinssatzes auf einjährige risikofreie Anlagen im Jahr t (j)

$\varepsilon_{A,t}$ von A mit Sicherheit erwartete Zinsänderung für das Jahr t, mit $\varepsilon_{A,t} \geq -I_t$

$\varepsilon_{A,t\ (j)}$ von A mit Sicherheit erwartete Änderung des Zinssatzes auf einjährige risikofreie Anlagen im Jahr t (j)

$\varepsilon_{B,t\ (j)}$ von B mit Sicherheit erwartete Änderung des Zinssatzes auf einjährige risikofreie Anlagen im Jahr t (j)

λ Parameter mit $0 < \lambda < 1$

τ von A unmittelbar nach der in t_0 emittierten Anleihe mit Sicherheit erwartete Änderung seiner Nichtausfallwahrscheinlichkeit

Verzeichnis der Abbildungen

Verzeichnis der Tabellen

XXVI

Einleitung

A. Einführung

Die Bedeutung des Wortes „Swapgeschäft" scheint in den
letzten Jahren vielfältiger geworden zu sein. Lange Zeit
kannte man nur das Swapgeschäft, den gleichzeitigen Kauf
und Verkauf gleicher Währungsbeträge zu unterschiedlichen Terminen.[1] Heute gibt es neben dem aus dem Devisen-
handel bekannten Swapgeschäft einschließlich des synthetischen Devisenswapgeschäftes[2] eine Vielzahl weiterer
Swapgeschäfte, u.a. Bond Swaps,[3] Commodity Swaps oder
Waren-Swaps,[4] Credit Swaps,[5] Debt-Equity Swaps oder Debt
Swaps,[6] Debt-for-nature-Swaps,[7] Duration equivalent Bond
Swaps,[8] Ölpreisswaps,[9] Security Swaps,[10] Stock-Bond
Swaps,[11] Substitution Swaps,[12] Tax Swaps[13] und Kapital-

---

[1]   Fischer-Erlach (1991).

[2]   Fischer-Erlach (1989).

[3]   Homer und Leibowitz (1972), S. 79-108; sie unterscheiden vier
      Varianten des Bond Swaps: den Substitution Swap, den Inter-
      market Spread Swap, den Rate Anticipation Swap und den Pure
      Yield Pickup Swap.

[4]   Smith, Smithson und Wakeman (1986), S. 3; O.V. (1990); Watzin-
      ger (1993).

[5]   Eiteman und Stonehill (1982), S. 219.

[6]   Ollard (1986); D. Schmidt (1987), S. 403; Franke (1988),
      S. 188; Faria, Stott und Buchanan (1988).

[7]   Rosebrock und Sondhof (1991), S. 485-488.

[8]   Arak, Goodman und Snailer (1986), S. 26-32.

[9]   Lerbinger (1991), S. 36-40.

[10] Koch (1988), S. 389.

[11] Brooks (1984), S. 5-10.

markt-Swaps. Außer den letztgenannten Kapitalmarkt-Swaps
sind alle übrigen Swaps trotz ihrer Namensverwandtschaft
nicht Gegenstand der Arbeit.

In den achtziger Jahren ließen sich an den Finanzmärkten
gravierende strukturelle Veränderungen beobachten,[1] die
häufig mit den Schlagworten Globalisierung oder Internationalisierung,[2] Liberalisierung oder Deregulierung,[3]
Securitization,[4] neue Technologien[5] und höhere Volatilität[6] umschrieben wurden.

Die Marktteilnehmer haben in dieser Zeit eine Vielzahl
neuer Produkte und Verfahren entwickelt und sich damit

---

[12] Mendelson und Robbins (1976), S. 436.

[13] Dyl und Martin (1986), S. 55.

[1] Deutsche Bundesbank (1986), S. 25; Füllenkemper und Rehm (1985), S. 553.

[2] Mit der Globalisierung oder Internationalisierung soll auf das Zusammenwachsen nationaler und internationaler Geld- und Kapitalmärkte hingewiesen werden, die Bankgeschäfte „around the world and around the clock" ermöglichen; Unterberg (1988), S. 68. Die zunehmende gegenseitige Abhängigkeit der Finanzmärkte, Kapitalströme oder Zinssatzänderungen, die sich über die Grenzen auswirken, könnten Ansatzpunkte bieten, die Globalisierung zu messen; Lamfalussy (1986).

[3] Einen Überblick internationaler Liberalisierungstendenzen geben Füllenkemper und Rehm (1985), S. 554-566. Zur Liberalisierung am japanischen Finanzmarkt siehe Walter (1986).

[4] Mit Securitization wird ein Trend beschrieben, (Euro-) Kredite durch handelbare Wertpapiere zu ersetzen; siehe u.a. Deutsche Bundesbank (1986), S. 26 und Storck (1987a), S. 10. Der Bank von England zufolge wurden 1985 internationale Anleihen für 162,8 Mrd. US-$ emittiert gegenüber 44 Mrd. US-$ in 1981. Die syndizierten Eurokredite hingegen beliefen sich 1985 auf 21,6 Mrd. US-$ gegenüber 96,5 Mrd. US-$ in 1981; Bank for International Settlements (1986), S. 130.

[5] Bank for International Settlements (1986), S. 8; Storck (1987), S. 10.

[6] Bank for International Settlements (1986), S. 7.

offensichtlich den veränderten Rahmenbedingungen angepaßt. Es scheint üblich geworden zu sein, neue Finanz-
produkte und -verfahren mit dem Prädikat „Finanzinnovation" zu versehen.[1]

Zu den bedeutendsten Innovationen im internationalen
Bankgeschäft seit Beginn der achtziger Jahre zählen die
Kapitalmarkt-Swaps.[2] Es sind Vereinbarungen über gegen-
seitige Zahlungsverpflichtungen und lassen sich je nach
Vertragsgestaltung in Zins- und Währungsswaps untertei-
len.[3]

Als Vorläufer der Kapitalmarkt-Swaps werden die Paral-
lel-Kredite und/oder die Back-to-Back-Kredite genannt,[4]
aus denen zunächst die Währungsswaps und später die
Zinsswaps hervorgingen.[5] In einem Parallel-Kredit verpflichtet sich z.B. A, B einen Kredit über 12,5 Mio. £
zu gewähren, wenn C sich gleichzeitig verpflichtet, D
einen Kredit über 25 Mio. $ zu gewähren.[6] Die Gesell-
schaften A und B haben ihren Sitz in Großbritannien, C
und D hingegen in den USA. B ist eine Tochtergesell-

---

[1]   Einen Einblick in die Vielfalt möglicher Finanzinnovationen
geben Van Horne (1986), S.461 und Finnerty (1988). Zum Begriff
Finanzinnovation siehe u.a. Silber (1975), Dufey und Giddy
(1981) und Miller (1986).

[2]   Smith (1988b), S. 46; Cooper und Mello (1991), S. 597.

[3]   Es ist nicht das Ziel dieser Arbeit, zu prüfen, inwieweit die
genannten Veränderungen notwendig waren, damit sich ein Markt
für Kapitalmarkt-Swaps herausbilden konnte. Die Veränderungen
an den Finanzmärkten mögen die Entwicklung der Kapitalmarkt-
Swaps ermöglicht oder begünstigt haben; möglicherweise gäbe
es die Kapitalmarkt-Swaps auch ohne diese Veränderungen.

[4]   Häufig werden beide Kreditbezeichnungen synonym verwendet;
siehe Büschgen (1986b) S. 177; Eiteman und Stonehill (1982),
S. 219.

[5]   Bank for International Settlements (1986), S. 40 f.

[6]   Es wird ein Pfundkurs von $ 2 angenommen.

schaft von C und D ist eine Tochtergesellschaft von A.
Der Parallel-Kredit ist für das Unternehmen A vorteilhaft, wenn es ansonsten, bei direkter Kreditvergabe an
seine Tochtergesellschaft D, für 1 $ mehr als 0,50 £
aufwenden müßte. Diese Bedingung war in England zu Beginn der 70er Jahre erfüllt. Die Bank von England ver-
langte zu jener Zeit einen Aufschlag auf den Kassakurs
für die für Auslandsinvestitionen benötigten Dollar.[1]
Betrug die Prämie 20 %, so waren 15 Mio. £ erforderlich,
um den Gegenwert von 12,5 Mio. £ in den USA zu investieren.[2] Daher wählten in England ansässige Unternehmen
statt der direkten Finanzierung verstärkt den „Umweg"
über den Parallel-Kredit. Als die Bank von England 1979
diese Devisenbeschränkungen aufhob, ging das Parallel-
Kreditgeschäft zurück.

Beim Back-to-Back-Kredit vereinbaren A und C zunächst,
abweichend von Parallel-Krediten, sich gegenseitig äquivalente Kapitalbeträge zur Verfügung zu stellen; A räumt
C Verfügungsmöglichkeiten über 12,5 Mio. £ ein und C
räumt A Verfügungsmöglichkeiten über 25 Mio. $ ein. An-
schließend gewährt A seiner Tochtergesellschaft D einen
Kredit über 25 Mio. $ und C gewährt seiner Tochterge-
sellschaft B einen Kredit über 12,5 Mio. £.

Als Nachteil wurde von den Kreditparteien jedoch die
vertragliche Gestaltung des Parallel-Kredits und des
Back-to-Back-Kredits empfunden. Die Parallel-Kreditver-
einbarung umfaßt zwei rechtlich selbständige Kreditverträge, die in den jeweiligen Ländern abgeschlossen werden.[3] Die Back-to-Back-Kreditvereinbarung besteht zwar
nur aus einem Vertrag, die Rechte und Pflichten der Ver-

---

[1]   Antl (1983a), S. 2.

[2]   Price und Henderson (1988), S. 2.

[3]   Lerbinger (1988), S. 3.

tragspartner aus der gleichzeitigen Kreditaufnahme und
Kreditvergabe werden jedoch als unabhängig voneinander
angesehen.[1] Problematisch ist bei der Parallel-Kredit-
und der Back-to-Back-Kreditvereinbarung das Recht auf
gegenseitige Aufrechnung, wenn ein Schuldner seinen
Zins- und Tilgungsverpflichtungen nicht nachkommt. So
kann ein Vertragspartner nach der Rechtsprechung eines
Landes zu Zahlungen verpflichtet sein, obwohl der andere
nicht zahlt. Ein weiterer Nachteil wurde darin gesehen,
daß die gegenseitigen Kreditforderungen und -verbind-
lichkeiten in der Bilanz zu erfassen waren.[2]

Mit der Einführung des Währungsswaps konnten diese Nachteile vermieden werden. Die Zahlungsstruktur eines Währungsswaps ist identisch mit der des Back-to-Back-Kredits. Rechtlich ist der Währungsswap aber so ausgestal-
tet, daß die Zahlungsverpflichtungen des einen Swappartners nur dann bestehen, wenn auch der andere Swappartner
seine Zahlungsverpflichtungen erfüllt. Es handelt sich
insoweit um schwebende Geschäfte, die keinen bilanziellen Niederschlag finden.

Der Währungsswap wird als Ausgangspunkt für die Entwicklung des Zinsswaps angesehen.[3] Der Zinsswap beinhaltet
nicht Zahlungsverpflichtungen in abweichenden Währungen,
sondern gegenseitige Zahlungsverpflichtungen in einer
Währung, die auf abweichenden Zinssätzen basieren.

Es mag dahingestellt bleiben, ob der Währungsswap den
Parallel-Kredit oder den Back-to-Back-Kredit als Folge

---

[1] Price und Henderson (1988), S. 15.

[2] Bank for International Settlements (1986), S. 40.

[3] Bank for International Settlements (1986), S. 41.

von Devisenbeschränkungen vorausgesetzt hat,[1] und ob der Währungsswap Voraussetzung zur Entwicklung des Zinsswaps war. Die Zins- und Währungsswaps hätten sich vermutlich auch unabhängig voneinander und ohne devisenrechtliche Beschränkungen entwickeln können.

Eine Voraussetzung für die Entwicklung der Zins- und Währungsswaps scheint nach Ansicht des Verfassers die zunehmende Volatilität der Zinssätze und Wechselkurse zu sein.[2] Unternehmen, die Zins- und Währungspositionen halten, sehen sich größeren Zins- und Währungsrisiken gegenübergestellt. Verständlich ist daher der Wunsch nach geeigneten Absicherungsinstrumenten. Vor diesem Hintergrund könnte die Entwicklung des Marktes für Kapitalmarkt-Swaps gesehen werden.

Konnte man 1981 die Existenz eines Zinsswapmarktes noch nicht feststellen,[3] erreichte der Bestand sämtlicher Zinsswapvereinbarungen nach Angaben der International Swap Dealers Association (ISDA) Ende 1990 weltweit ein Volumen von nominell 2 300 Mrd. US-Dollar mit einer weiter steigenden Tendenz.[4]

---

1 „The currency swap can be seen as a natural evolution of the back-to-back loan,..." , Bank for International Settlements (1986), S. 40.

2 Storck (1987), S. 10.

3 Whittaker (1987), S. 7.

4 Bank für Internationalen Zahlungsausgleich (1992), S. 24.

B. Ziel und Aufbau der Arbeit

Mit dieser Arbeit werden drei Teilziele verfolgt. Das erste Teilziel ist eine kritische Auseinandersetzung mit der in der Literatur häufig vertretenen Auffassung, mit Swaps ließen sich Finanzierungskosten senken. Das zweite Teilziel ist, Einsatzmöglichkeiten des Swaps im Zinsrisikomanagement aufzuzeigen. Einen Ansatz vorzustellen, nach dem sich Kredite und Swaps gleichermaßen als Austausch barwertgleicher Zahlungsreihen - oder kurz als Finanzswaps - interpretieren lassen, ist schließlich das dritte Teilziel.

Die Arbeit ist in fünf Teile untergliedert. Im ersten Teil werden zunächst die Grundformen des Zinsswaps und des Währungsswaps behandelt und anschließend um die Spezialformen einschließlich des Asset Swaps und des Liability Swaps ergänzt. Ausführungen über die Marktteilnehmer und über die Entwicklung des internationalen Swapmarktes und des Swapmarktes in der Bundesrepublik Deutschland schließen den ersten Teil ab.

Im zweiten Teil gilt es, die Kostensenkungsthese zu analysieren und auf ihre Plausibilität hin zu überprüfen. Ferner wird untersucht, ob sich Ricardos Theorem der komparativen Kosten auf Swaps übertragen läßt.

Ausgehend vom Barwertkriterium werden im dritten Teil Einsatzmöglichkeiten eines Swaps geprüft. Daneben wird ein Ansatz vorgestellt, die Swap Rate als Determinante des Barwertes zu ermitteln, insbesondere die Swap Rate unter ausfallrisikobehafteten Swappartnern.

In dem vierten Teil wird die Möglichkeit aufgezeigt, Zinsswaps in Zinsrisikomanagement einzusetzen. Das zur

Absicherung gegen Zinsrisiken erforderliche Swapvolumen
wird nach dem Duration-Konzept ermittelt.

Die Interpretation eines Swaps als Austausch barwert-
gleicher Zahlungsreihen läßt einen Vergleich mit anderen
Vereinbarungen über den Austausch barwertgleicher Zah-
lungsreihen, z.B. Krediten, zu. Im letzten Teil wird ein
Ansatz vorgestellt, Swaps und Kredite gleichermaßen als
Finanzswaps zu betrachten.

Anschließend werden die Ergebnisse zusammengefaßt.

Teil 1
Grundlagen

A. Kapitalmarkt-Swap

Bei einem Kapitalmarkt-Swap handelt es sich um eine individuelle Vereinbarung zwischen zwei Vertragspartnern
über gegenseitige Zahlungsverpflichtungen innerhalb eines bestimmten Zeitraumes.[1] Aus der Vereinbarung sollte
insbesondere hervorgehen, wer wann wieviel in welcher
Währung zahlt. Die Zahlungszeitpunkte müssen nicht übereinstimmen; vielfach zahlt ein Vertragspartner in kürze-
ren Zeitabständen als der andere.[2] Die Höhe einer Zahlung hängt vom vereinbarten Basisbetrag,[3] dem vereinbarten Zinssatz und dem Zeitraum seit der letzten Zahlung
ab.[4] Während den Zahlungen beider Vertragspartner regelmäßig der gleiche Basisbetrag zugrunde liegt, unterscheiden sich die vereinbarten Zinssätze. Sie können
konstant sein oder der Zinsentwicklung angepaßt werden.
Ein häufig verwendeter variabler Zinssatz ist der 6-Mo-
nats-LIBOR, d.h. der Jahreszinssatz für 6-Monats-Auslei-
hungen am Londoner Interbankenmarkt.[5] Die Zahlungen eines Vertragspartners können in der gleichen oder einer

---

[1] Bank for International Settlements (1986), S. 37; Partridge-
Hicks und Hartland-Swann (1988), S. 25; Cooper und Mello
(1991), S. 597.

[2] Die Zahlungen können in monatlichen, vierteljährlichen, halbjährlichen oder jährlichen Abständen erfolgen; siehe Arnold
(1984), S. 101.

[3] Übliche Basisbeträge liegen zwischen 10 und 100 Mio. $ oder
den äquivalenten Beträgen in anderer Währung, Ritchken (1987),
S. 318; Price und Henderson (1988), S. 40.

[4] Für die erste Zahlung ist es der Zeitraum seit dem Beginn der
Swapvereinbarung.

[5] Felgran (1987), S. 23; Marshall und Kapner (1990), S. 16.

abweichenden Währung wie die Zahlungen des anderen erfolgen.

Neben der Vereinbarung über die Zahlungszeitpunkte, den
Basisbetrag, über feste oder variable Zinssätze und ggf.
über abweichende Währungen sind beim Abschluß eines Kapitalmarkt-Swaps eine Vielzahl weiterer Vertragsbedin-
gungen und Begriffsbestimmungen zu berücksichtigen, auf
die im einzelnen nicht eingegangen werden soll. Da die
Vertragspartner vielfach an einem schnellen Vertragsabschluß interessiert sind, um sich die aktuellen Zinssätze oder Wechselkurse zu sichern, wäre es hinderlich, jeweils den gesamten Vertrag neu auszuhandeln. Daher haben
zahlreiche Verbände zur Unterstützung ihrer Mitglieder
Rahmen- oder Musterverträge entworfen,[1] auf deren Grund-
lage die Vertragspartner ihre jeweiligen Einzelabschlüs-
se tätigen, d.h. eine Swapvereinbarung besteht aus den
standardisierten Bestimmungen des Rahmen- oder Muster-
vertrages und den individuellen Vereinbarungen des jeweiligen Swapgeschäfts. Dadurch wird der übliche Ge-
schäftsabschluß erleichtert; nur die individuellen Daten
werden telefonisch ausgehandelt und unter Bezugnahme auf
den Rahmen- oder Mustervertrag per Telex oder Fax bestä-
tigt.

---

[1] Einen Überblick über die vorliegenden Rahmen- oder Musterverträge geben Fülbier (1990b), S. 681-683 und Jahn (1992). Zum
„Interest Rate and Currency Exchange Agreement" (IRCEA) der
International Swap Dealers Association (ISDA) siehe Jahn
(1988). Den Wortlaut des IRCEA enthält Andres (1989), S. 410-
423. Einen Kommentar zum Code of Standard Wording, Assumptions
and Provisions of Swaps (1986) der International Swap Dealers
Association enthält Gooch und Klein (1987). Die Musterverträge
der British Bankers' Association (BBAIRS Terms) finden Anwendung für Swapverträge am Londoner Interbankenmarkt mit einer
Laufzeit bis zu zwei Jahren, siehe British Bankers' Association (1985). Deutsche Kreditinstitute verwenden für Swapgeschäfte mit Kunden und Kreditinstituten im Inland einen von
den Spitzenverbänden der Kreditwirtschaft erarbeiteten Rahmenvertrag. Den Rahmenvertrag erläutert Decker (1990), S. 1001-
1015. Der Wortlaut des Rahmenvertrages (Stand November 1989)
ist abgedruckt in den Wertpapier-Mitteilungen, Nr. 25 vom
23.6.1990, S. 1047f.

I. Grundformen

Kapitalmarkt-Swaps lassen sich anhand ihrer Vertragselemente vereinbarter Zinssatz und Währung in folgende
fünf Grundformen unterscheiden:[1]

Abb. 1.1 Grundformen des Kapitalmarkt-Swaps

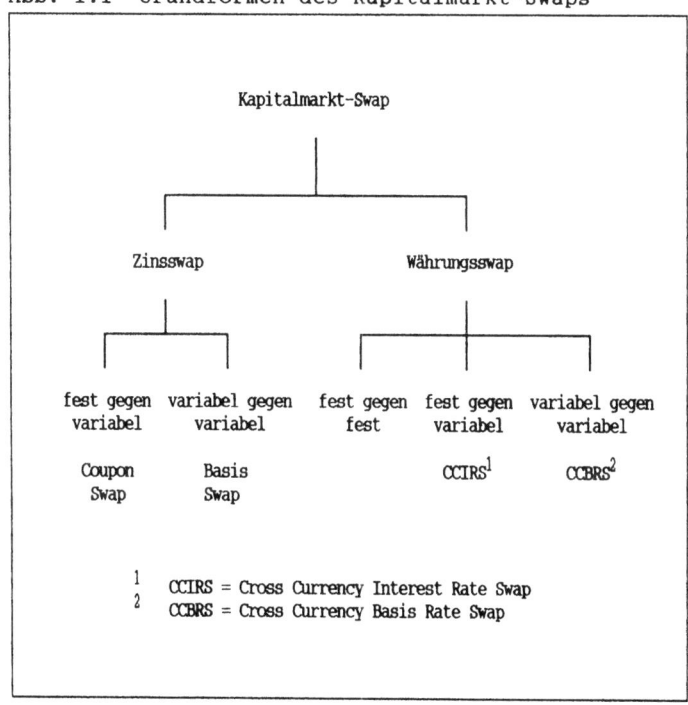

---

[1] Diese Unterteilung nehmen beispielsweise Price und Henderson
(1988), S. 40 und Muffet (1987), S. 97-98 vor.

Es folgt eine kurze Darstellung der Grundformen:

1. Zinsswap

Bei einem Zinsswap zahlen beide Vertragspartner in einer Währung. Es lassen sich Zinsswaps fest gegen variabel und variabel gegen variabel unterscheiden.

a)   Zinsswap fest gegen variabel

Bei einem Zinsswap fest gegen variabel, auch Coupon Swap genannt,[1] verpflichtet sich ein Vertragspartner, Zahlungen auf Basis eines Festzinssatzes zu leisten (Festzinszahler), und der andere Vertragspartner verpflichtet sich, Zahlungen auf Basis eines variablen Zinssatzes zu leisten (Festzinsempfänger).[2]

Abb. 1.2   Coupon Swap

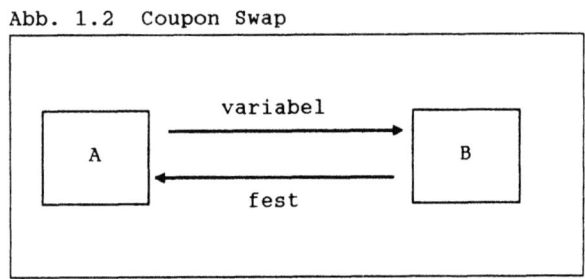

Der Festzinssatz, auch Swap Rate genannt,[3] wird für Coupon Swaps in US-Dollar als Spread über der Rendite für Treasury Notes mit vergleichbarer Restlaufzeit angege-

---

[1]   Beidleman (1985), S. 202; Bank for International Settlements (1986), S. 37; Felgran (1987), S. 23.

[2]   Smith, Smithson und Wakeman (1988), S. 34.

[3]   Partridge-Hicks und Hartland-Swann (1988), S. 30; McNulty (1990), S. 55. Zur Ermittlung der Swap Rate siehe Teil 3, Abschnitt C. I.

ben, z.B. Rendite der 7-Jahres-Treasury-Note + 65 Basis-
punkte.[1] Swap Rates für Coupon Swaps, die nicht in US-$
denominiert sind, werden als absolute Größe angegeben,
z.B. 10,75 %.[2] Der variable Zinssatz wird grundsätzlich
„flat", d.h. ohne Marge quotiert.[3] Für einen 5-Jahres-
DM-Coupon Swap könnte die Quotierung „6,75 % gegen 6-Mo-
nats-LIBOR" lauten.[4]

Tabelle 1.1 enthält exemplarisch die Zahlungen aus einem
entsprechenden Coupon Swap, den die Vertragspartner A
und B am 18.4.88 über 3 Jahre vereinbarten. A zahlte den
6-Monats-LIBOR halbjährlich am 18.10. und 18.4. und B
6,75 % jährlich am 18.4., jeweils bezogen auf einen
Basisbetrag von 100 Mio. DM.

Tab. 1.1 Zahlungen aus einem Coupon Swap

Datum	Tage	LIBOR in %	A zahlt in DM	B zahlt in DM	A zahlt netto in DM
18.10.88	183	6,500	3 304 167	0	3 304 167
18.04.89	182	6,625	3 349 306	6 750 000	-3 400 694
18.10.89	183	6,750	3 431 250	0	3 431 250
18.04.90	182	6,750	3 412 500	6 750 000	-3 337 500
18.10.90	183	7,000	3 558 333	0	3 558 333
18.04.91	182	7,125	3 602 083	6 750 000	-3 147 917

---

[1] Beidleman (1985), S. 219; Bank for International Settlements
(1986), S. 47-48; Felgran (1987), S. 23.

[2] Bank for International Settlements (1986), S. 47.

[3] Felgran (1987), S. 23

[4] Für US-$ Swaps können neben LIBOR weitere variable Zinssätze
in Betracht kommen: Prime Rate, Treasury Bill Rate, Certifica-
tes of Deposit Rate, Commercial Paper Rate, Federal Funds Rate
und die Bankers Acceptance Rate, siehe Jahn (1987), S. 198.

b)   Zinsswap variabel gegen variabel

Bei einem Zinsswap variabel gegen variabel, auch Basis
Swap[1] genannt, verpflichten sich beide Vertragspartner,
währungsgleiche Zahlungen auf Basis abweichender variabler Zinssätze zu leisten.

Abb. 1.3   Basis Swap

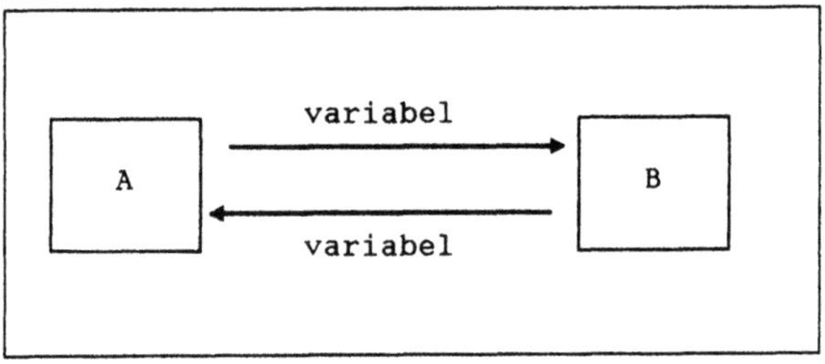

Zu den Basis Swaps zählen u.a. $-Zinsswaps LIBOR gegen
Prime Rate oder 3-Monats-LIBOR gegen 6-Monats-LIBOR.

2.   Währungsswap

Wenn beide Vertragspartner in abweichenden Währungen
zahlen, liegt ein Währungsswap vor.[2] Es lassen sich Währungsswaps fest gegen fest, fest gegen variabel und variabel gegen variabel unterscheiden.

a)   Währungsswap fest gegen fest

Bei einem Währungsswap fest gegen fest verpflichten sich
die Vertragspartner, Zahlungen in unterschiedlichen Währungen auf Basis fester Zinssätze zu leisten.

---

[1]   Bank for International Settlements (1986), S. 37; Gondring und
       Hermann (1986), S. 329.

[2]   Muffet (1987a), S. 231 f.

Abb. 1.4 Währungsswap fest gegen fest

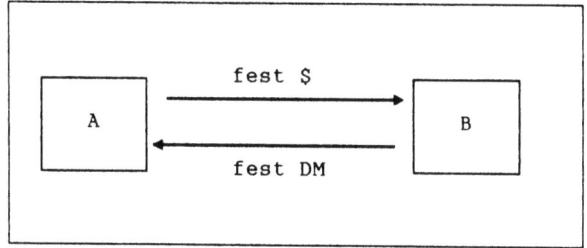

b) Währungsswap fest gegen variabel

Bei einem Währungsswap fest gegen variabel, auch Cross
Currency Interest Rate Swap (CCIRS)[1] oder Zins-/Wäh-
rungsswap[2] genannt, verpflichtet sich ein Vertragspartner, Zahlungen auf Basis eines Festzinssatzes zu leisten, während sich der andere Vertragspartner verpflichtet, Zahlungen in einer anderen Währung auf Basis eines
variablen Zinssatzes zu leisten.

Abb. 1.5 Cross Currency Interest Rate Swap

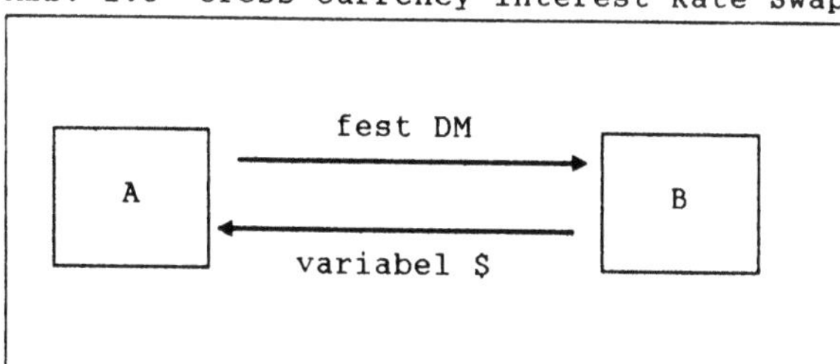

[1]   Bank for International Settlements (1986), S. 38.

[2]   Deutsche Bundesbank (1991), S. 44.

c)   Währungsswap variabel gegen variabel

In einem Währungsswap variabel gegen variabel, auch
Cross Currency Basis Rate Swap (CCBRS) genannt,[1] verpflichten sich beide Vertragspartner, Zahlungen in unterschiedlichen Währungen auf Basis variabler Zinssätze
zu leisten.

Abb. 1.6   Cross Currency Basis Rate Swap

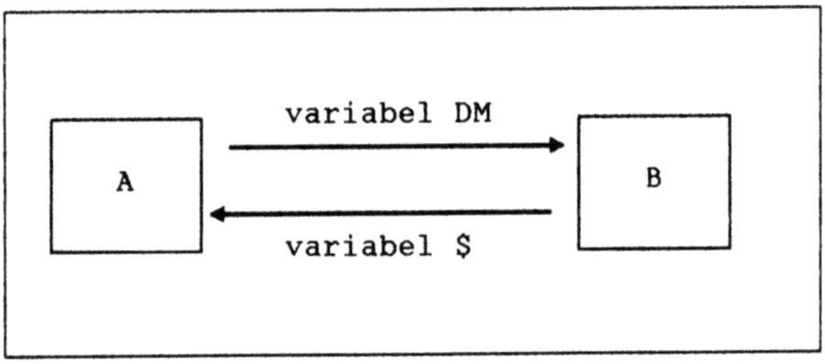

Bei allen Währungsswaps kann fakultativ vereinbart werden, daß auch die in abweichenden Währungen denominierten Basisbeträge zu Beginn der Swapvereinbarung an den
Vertragspartner gezahlt und am Ende zurückgezahlt werden.[2]

II. Spezialformen

Neben der Einteilung der Kapitalmarkt-Swaps nach den
Vertragselementen vereinbarter Zinssatz und Währung
lassen sich Kapitalmarkt-Swaps auch nach anderen Vertragselementen unterscheiden. Mögliche Vertragselemente

---

[1]   Jentzsch (1989), S. 77.

[2]   Die Zahlung der Basisbeträge ist nicht zwingend für das Vor-
      liegen eines Währungsswaps, siehe Dresdner Bank AG (1989),
      S. 20; dennoch werden die Basisbeträge üblicherweise gezahlt,
      siehe Neal und Simons (1988), S. 26 und Andreas (1988),
      S. 984.

können der Basisbetrag, die Laufzeit,[1] eine Option, der
Beginn des Referenzzeitraumes für die erste Zahlung, die
Häufigkeit der Zahlungen und sonstige sein. Die Spezial-
formen kommen überwiegend bei Zinsswaps vor.

1. Swaps mit festen und variablen Basisbeträgen

Kapitalmarkt-Swaps mit einem für die Dauer der Swapvereinbarung gleichbleibenden Basisbetrag werden als end-
fällige Swaps bezeichnet. Den endfälligen Coupon Swap
nennt man oft „plain vanilla swap"[2], wohl um anzudeuten,
daß es sich um den am häufigsten vereinbarten Typ, den
Standard-Swap, handelt.[3]

Vereinbaren die Swappartner einen Basisbetrag, der sich
im Zeitablauf sukzessive reduziert, liegt ein Amortisations-Swap vor.[4] Von einem Stufen-Swap spricht man, wenn
sich der Basisbetrag im Zeitablauf sukzessive erhöht.[5]
Als Kombination eines Stufen-Swaps mit einem Amortisations-Swap kann der Roller-Coaster Swap angesehen werden, der zunächst steigende und später fallende Basisbeträge aufweist.[6]

---

[1]   Übliche Laufzeiten liegen zwischen einem und zehn Jahren,
      Ritchken (1987), S. 318.

[2]   Siehe u.a. Loeys (1985), S. 21; Tilley (1986), S. 250; Neal
      und Simons (1988), S. 26; Dempfle (1988), S. 16; Hull (1989a),
      S. 284; Wall (1989a), S. 261.

[3]   Dresdner Bank AG (1989), S. 17.

[4]   Hull (1989a), S. 289. Der Amortisations-Swap läßt sich als ein
      Bündel endfälliger Swaps mit unterschiedlichen Restlaufzeiten
      ansehen.

[5]   Hull (1989a), S. 289. Der Stufen- oder Step-up Swap läßt sich
      mit einem Bündel von Forward Swaps vergleichen, deren Fällig-
      keitstermine bei einem jeweils abweichenden effective date
      übereinstimmen. Zum Forward Swap siehe Seite 19.

[6]   Marshall und Kapner (1990), S. 45.

2. Swaps mit fester und variabler Laufzeit

Üblicherweise ist die Laufzeit eines Swaps bei Vertragsabschluß fixiert. Beinhaltet die Swapvereinbarung hingegen das Recht eines Vertragspartners, den Swap vor Vertragsablauf zu beenden, handelt es sich um einen kündbaren Swap[1] und um einen prolongierbaren Swap, wenn ein
Vertragspartner berechtigt ist, die Swapvereinbarung bei
Vertragsablauf zu verlängern.[2]

3. Swaption

Während das Recht zur Kündigung oder zur Prolongation
einen bereits bestehenden Swap voraussetzt, beinhaltet
eine Swaption das Recht, einen Swap innerhalb der Op-
tionsfrist zu den bei Erwerb der Option vereinbarten Bedingungen neu zu vereinbaren.[3] Von der Swaption zu unterscheiden ist die Spread-Swaption. Eine Spread-Swaption räumt dem Swappartner, der Swapzahlungen auf Basis

---

[1] Da das Kündigungsrecht dem Festzinszahler oder dem Festzinsempfänger zustehen kann, unterscheidet man Callable Swaps bzw.
Putable Swaps; siehe Strupp (1988), S. 122; Der Festzinszahler
kann als Käufer einer Kaufoption, der Festzinsempfänger als
Käufer einer Verkaufsoption angesehen werden; siehe Marshall
und Kapner (1990), S. 43 f. Für Price und Henderson liegt ein
Callable Swap vor, wenn der Festzinsempfänger die Option
ausüben kann und ein Putable Swap, wenn der Festzinszahler das
Recht zur Optionsausübung besitzt; siehe Price und Henderson
(1988), S. 201.

[2] Ein prolongierbarer Swap (extendable swap) mit einer Laufzeit
von m Jahren und der Option auf Verlängerung um n - m Jahre
(n > m) entspricht wirtschaftlich einem kündbaren Swap mit einer Laufzeit von n Jahren und der Option auf Kündigung nach m
Jahren. In beiden Fällen kann die tatsächliche Laufzeit des
Swaps m oder n Jahre betragen; siehe Strupp (1988), S. 122.
Die Bezeichnung „prolongierbarer Swap" wird unabhängig davon
verwendet, ob dem Festzinszahler oder dem Festzinsempfänger
das Prolongationsrecht zusteht.

[3] Nähere Ausführungen zur Swaption oder zur Swap Option enthalten Price und Henderson (1988), S. 204; Maier (1988); Zugehör
(1989) und Knippschild (1991), S. 83-87.

eines variablen Zinssatzes leistet, das Recht ein, während der Swapvereinbarung seine bestehende Zahlungsverpflichtung in eine Festzinszahlungsverpflichtung umzuwandeln.[1]

4. Forward Swap

Zeichnet sich eine Swapvereinbarung dadurch aus, daß der Referenzzeitraum für die erste Zahlung nicht sofort, sondern erst später beginnt, liegt ein Forward Swap vor. Üblicherweise liegt zwischen dem Abschluß der Swapvereinbarung (trade date) und dem Beginn des Referenzzeitraumes für die erste Zahlung (effective date) ein Zeitraum von nur wenigen Tagen. Dieser Zeitraum kann bei einem Forward Swap z.B. auf einen Monat oder zwei Jahre verlängert werden.[2]

5. Null-Kupon-Swap

Ein Swap, in dem sich der eine Vertragspartner verpflichtet, lediglich am Ende der Laufzeit eine Zahlung zu leisten, der andere hingegen regelmäßig während der Laufzeit zahlt, wird als Null-Kupon-Swap, Zero-Coupon Swap[3] oder Zerobond-Swap[4] bezeichnet.

---

[1] Lerbinger (1988), S. 67f.; Knippschild (1991), S. 87 f.

[2] Daneben gibt es auch die Bezeichnungen Termin-Swap, Constant Coupon Forward Swap, Deferred Swap oder Delayed Start Swap. Siehe u.a. Young (1987), S. 34; Price und Henderson (1988), S. 200; Strupp (1988), S. 122; Hull (1989a), S. 289 und Marshall und Kapner (1990), S. 44.

[3] Whittaker (1988), S. 17; Maguire und Sathe (1986). Nach Gray u.a. leistet der Festzinszahler keine regelmäßigen Zahlungen, sondern nur eine am Ende der Swapvereinbarung. Ihre Höhe entspricht der Summe der sonst regelmäßig fälligen Zahlungen, aufgezinst zum Ende der Swapvereinbarung. Für den Swappartner, der Zahlungen auf Basis eines variablen Zinssatzes leistet, ergeben sich durch einen Zero-Coupon Swap für seine eigenen Zahlungsverpflichtungen keine Änderungen; siehe Gray, Kurz und Strupp (1986), S. 8f.

6. Sonstige

Daneben gibt es in der Literatur eine Vielzahl weiterer
Bezeichnungen, die auf spezielle Eigenschaften von Swaps
hinweisen sollen; z.B. zeichnen sich Collateralized
Swaps dadurch aus, daß ein Vertragspartner Sicherheiten
zu stellen hat.[1] Als Off-Market Swap oder Non-Par Value
Swap wird ein Swap bezeichnet, dessen vereinbarte Swap-
Rate (Festzinssatz im Swap) von der am Markt zu beobach-
tenden Swap-Rate abweicht.[2] Eine geringere vereinbarte
Swap-Rate kann der Festzinszahler durch eine zusätzliche
Einmalzahlung zu Beginn oder am Ende der Laufzeit ausgleichen. Ein Swap, mit dem ein Vertragspartner die Mög-
lichkeit eines von der Zinsentwicklung abhängigen Zinsüberschusses aus bereits bestehenden Forderungen und
Verbindlichkeiten ausschließen möchte, wird als Matched
Swap bezeichnet. Mit einem Nonmatched Swap kann hingegen
die Möglichkeit eines von der Zinsentwicklung abhängigen
Zinsüberschusses eröffnet werden.[3] Die Aufzählung weiterer Swapvarianten ließe sich fortsetzen, doch es soll
nur noch auf die in der Literatur häufig vorgenommene
Unterscheidung in Asset Swaps und Liability Swaps eingegangen werden.

---

[4] Vögele (1987), S. 1061.

[1] Einen Überblick über die Besicherung von Swapvereinbarungen
gibt Peck (1986).

[2] Brown und Smith (1988), S. 49; Partridge-Hicks und Hartland-
Swann (1988), S. 30.

[3] Riley und Smith (1987), S. 1f.

III. Asset Swap und Liability Swap

Die Kombination eines Grundgeschäftes, aus dem feste
oder variable Zinseinzahlungen resultieren, mit einem
Kupon Swap wird häufig als Asset Swap bezeichnet.[1] Das
Grundgeschäft im Asset Swap kann z.B aus dem Erwerb einer festverzinslichen oder variabel verzinslichen Anleihe bestehen. Mit Asset Swaps lassen sich feste oder variable Zinseinzahlungen wirtschaftlich in variable oder
feste Zinseinzahlungen transformieren.

Abb. 1.7   Asset Swap zur Transformation fester Zinseinzahlungen in variable Zinseinzahlungen

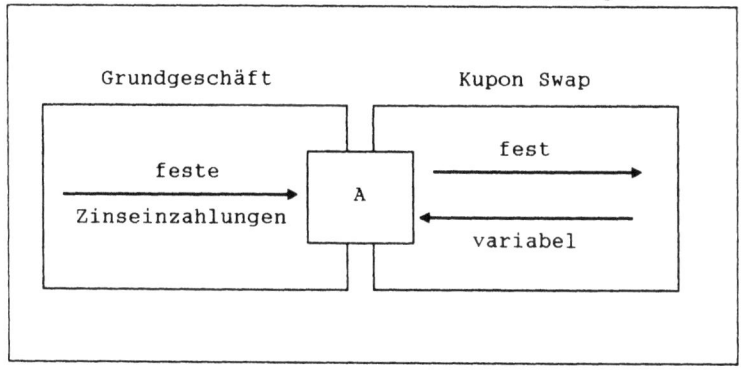

---

[1] Levedag (1985); Büschgen (1986a), S. 322; Hammond (1987),
S. 67; Knippschild (1991), S. 88-90. Statt Asset Swap sind
auch die Bezeichnungen Investment Swap, Investorenswap und
Asset-based Swap gebräuchlich, siehe Reinhardt (1985), S. 21;
Wermuth (1988), S. 582 und Price und Henderson (1988),
S. 197f. Zu synthetischen Asset Swaps siehe Bhattacharya
(1990).

Abb. 1.8 Asset Swap zur Transformation variabler Zins-
          einzahlungen in feste Zinseinzahlungen

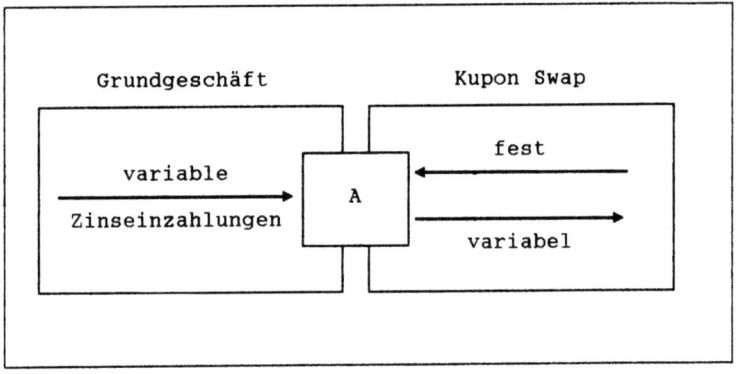

Die Kombination eines Grundgeschäftes, aus dem feste
oder variable Zinsauszahlungen resultieren, mit einem
Kupon Swap wird häufig als Liability Swap bezeichnet.[1]
Das Grundgeschäft im Liability Swap kann z.B aus der
Emission einer festverzinslichen oder variabel verzinslichen Anleihe bestehen. Mit Liability Swaps lassen sich
feste oder variable Zinsauszahlungen wirtschaftlich in
variable oder feste Zinsauszahlungen transformieren.

---

[1]   Levedag (1985); Büschgen (1986a), S. 322. Statt Liability Swap
       ist auch die Bezeichnung Schuldnerswap gebräuchlich, Wermuth
       (1988), S. 582.

Abb. 1.9 Liability Swap zur Transformation fester Zinsauszahlungen in variable Zinsauszahlungen

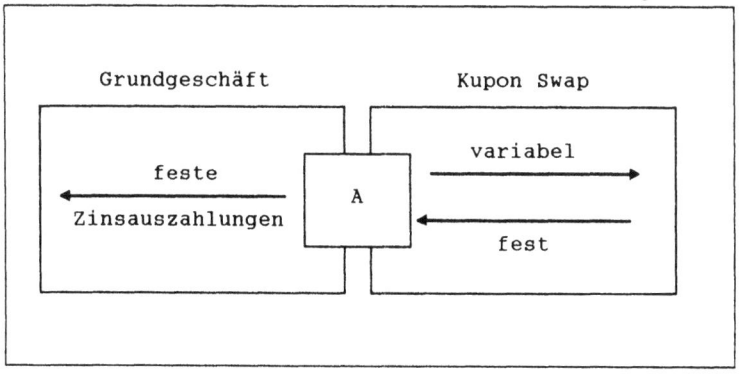

Abb. 1.10 Liability Swap zur Transformation variabler
Zinsauszahlungen in feste Zinsauszahlungen

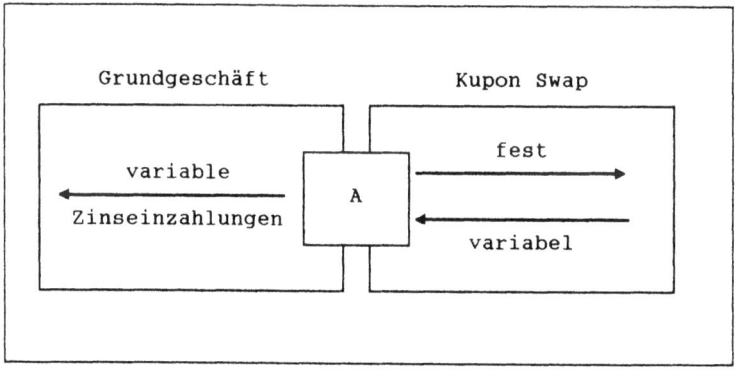

Problematisch ist die Unterteilung eines Kapitalmarkt-
Swaps in einen Asset Swap oder in einen Liability Swap,
wenn A z.B. aus unterschiedlichen Grundgeschäften Zins-
einzahlungen auf variabler Zinsbasis erhält und feste
Zinsauszahlungen leistet (Abbildung 1.11). In diesem
Fall läßt sich nicht eindeutig klären, ob ein Kupon Swap

a) mit den Zinseinzahlungen auf variabler
Zinsbasis eine Einheit bildet und damit
ein Asset Swap vorliegt,

oder ob ein Kupon Swap

b) mit den fixen Zinsauszahlungen eine Einheit bildet und damit ein Liability Swap
vorliegt.

Je nach Blickrichtung kann es sich um einen Asset Swap
oder einen Liability Swap handeln. Es scheint indes un-
erheblich zu sein, ob nach Abbildung 1.11 ein Asset Swap
oder ein Liability Swap vorliegt; die Zahlungsströme ändern sich dadurch nicht.

Abb. 1.11 Asset Swap oder Liability Swap?

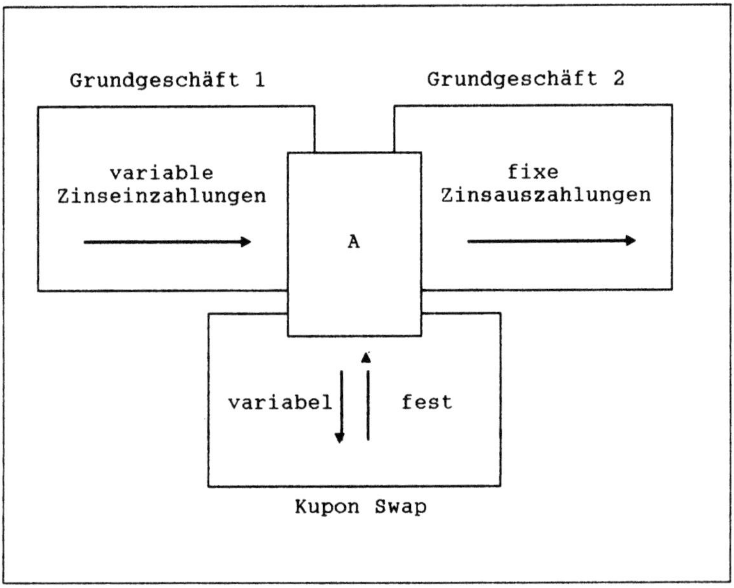

Grundgeschäft 1   Grundgeschäft 2

variable   fixe
Zinseinzahlungen   Zinsauszahlungen

A

variabel | | fest

Kupon Swap

Nach dieser kurzen Einführung in das Produkt Kapitalmarkt-Swap sind die Teilnehmer am Swapmarkt, die Entwicklung des internationalen Swapmarktes und des Swapmarktes in der Bundesrepublik Deutschland Gegenstand des
folgenden Abschnitts.

B.   Der Markt für Kapitalmarkt-Swaps

I.   Marktteilnehmer

Potentiell scheinen alle Marktteilnehmer in Betracht zu
kommen, die sich, ohne den weiteren Ausführungen vor-
greifen zu wollen, gegen Zins- und/oder Währungsrisiken
absichern möchten. In der Literatur häufig genannte
Marktteilnehmer sind nationale und multinationale Unternehmen oder Organisationen[1] einschließlich der Kreditinstitute und Kapitalsammelstellen, Exportkreditorganisa-
tionen und Regierungen oder Regierungsbehörden.[2]

II. Entwicklung des internationalen Swapmarktes

Die Ausführungen zum internationalen Swapmarkt basieren
auf Daten, die die International Swap Dealers Association (ISDA) erhoben hat. Die ISDA ist ein Zusammenschluß
führender Swap-Händler;[3] sie wurde 1985 in New York ge-
gründet und beschäftigt sich neben der bereits erwähnten

---

[1] Als eine der multinationalen Organisationen ist insbesondere
die Weltbank hervorgetreten. Ihr erster Währungsswap im August
1981 mit IBM fand viel Beachtung, siehe Bock (1986).

[2] Price und Henderson (1988), S. 7-12; Andres (1989), S. 187-
199.

[3] Zu den Mitgliedern aus Deutschland zählen die Bayerische
Hypotheken- und Wechselbank, Bayerische Vereinsbank, Berliner
Bank, Berliner Handels- und Frankfurter Bank, Commerzbank,
Deutsche Bank, Deutsche Bank Capital Markets, Deutsche Genos-
senschaftsbank, Dresdner Bank, Norddeutsche Landesbank und die
Westdeutsche Landesbank, siehe Bank für Internationalen Zah-
lungsausgleich (1992), S. 96 des Anhangs.

Standardisierung von Swapverträgen[1] u.a. mit der Ermittlung des Swaprisikos, mit bilanziellen und aufsichtsrechtlichen Problemen aus Swapgeschäften und statistischen Berichten.[2] In zwei getrennten Meldungen erhebt die ISDA seit 1987 die Kapitalbeträge, die den Swapzahlungen zugrunde liegen. Die erste Meldung der Mitgliedsbanken bezieht sich auf das Volumen der neu vereinbarten Swaps und wird halbjährlich abgefordert; die zweite, jährliche Meldung bezieht sich auf das Swapvolumen zum Jahresende. Die ISDA differenziert in den Meldungen nach Zins- und Währungsswaps, nach Währungen und Laufzeiten, nach dem Vertragspartner[3] und, wenn der Vertragspartner nicht Mitglied der ISDA ist, nach dem Sitz des Vertragspartners. Swaps zwischen ISDA-Mitgliedern werden um Doppelmeldungen bereinigt.[4] Da nicht alle ISDA-Mitglieder die freiwilligen Meldungen regelmäßig abgeben[5] und kleinere Märkte von der ISDA nicht berücksichtigt werden, kann die Aussagefähigkeit des Datenmaterials als eingeschränkt angesehen werden. Für 1988 schätzte die Bank für Internationalen Zahlungsausgleich, daß die von der ISDA erhobenen Daten aber weit über 80 % der welt-

---

1   Zur Standardisierung von Swapverträgen siehe S. 10.

2   Einen Überblick über die ISDA gibt Jasper (1989).

3   Vertragspartner unterscheidet die ISDA danach, ob es sich um ein ISDA-Mitglied oder ein Nicht-ISDA-Mitglied handelt. Vereinbarungen zwischen ISDA-Mitgliedern werden als Interbankgeschäft ausgewiesen. Vereinbarungen zwischen einem ISDA-Mitglied und einem Nicht-ISDA-Mitglied, auch „end-user" genannt, werden als Endverwendergeschäft betrachtet, siehe Bank für Internationalen Zahlungsausgleich (1992), S. 24 f. Zum Begriff „end-user" siehe Price und Henderson (1988), S. 200 f.

4   Bank für Internationalen Zahlungsausgleich (1989), S. 15.

5   Die Rücklaufquote der Halbjahresmeldung für das Swapneugeschäft im 1. Halbjahr 1991 lag für alle Mitglieder unter 57 % und für die deutschen Mitglieder unter 73 %, siehe Bank für Internationalen Zahlungsausgleich (1992), S. 96 f. des Anhangs.

weiten tatsächlichen Swapvereinbarungen umfaßten.[1] Die
ISDA stellt die Angaben der Bank für Internationalen
Zahlungsausgleich zur Verfügung, die sie erstmals 1989
veröffentlichte.[2]

Das Volumen der neu vereinbarten Zins- und Währungsswaps
stieg von 269 Mrd. US-$ im 1. Halbjahr 1987 mit einer
halbjährlichen Wachstumsrate von 19 % auf 2.252 Mrd. US-
Dollar im 1. Halbjahr 1993.

Abb. 1.12 Basisbeträge neu arrangierter Zins- und
Währungsswaps 1987-1993

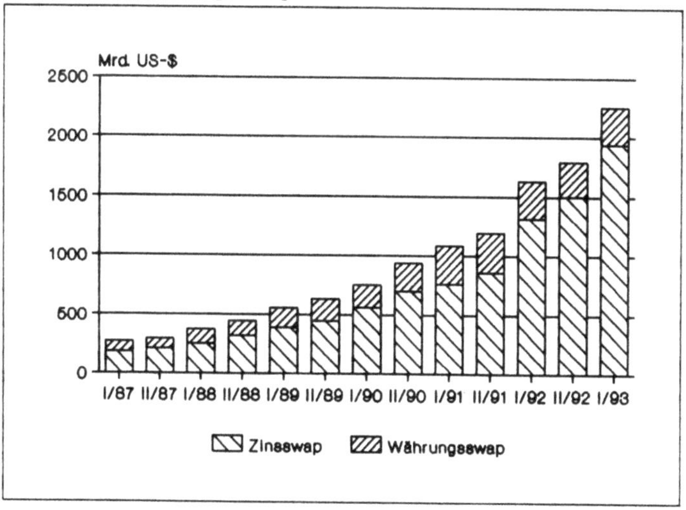

Quelle: Bank für Internationalen Zahlungsausgleich (1990),
           S. 70 f. des Anhangs, (1992) und (1994), jeweils
           S. 92 f. des Anhangs.

---

[1]   Bank für Internationalen Zahlungsausgleich (1989), S. 15.

[2]   Bank für Internationalen Zahlungsausgleich (1989), S. 15.

Der Bestand der Zins- und Währungsswaps erhöhte sich mit
einer jährlichen Steigerungsrate von 40 % von 867 Mrd.
US-$ am Jahresende 1987 auf 4.711 Mrd. US-$ am Jahresende 1992.

Abb. 1.13 Basisbeträge bestehender Zins- und Wäh-
           rungsswaps am Jahresende 1987-1992

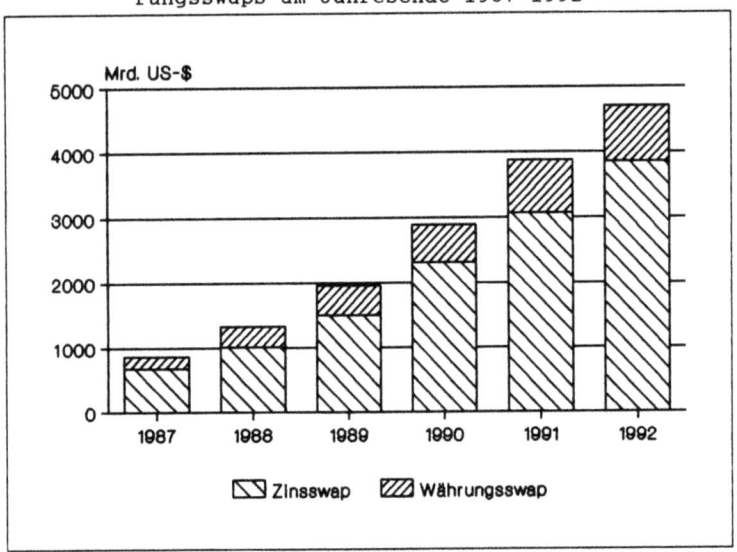

Quelle: Bank für Internationalen Zahlungsausgleich (1990),
          S. 70 f. des Anhangs, (1992) und (1994), jeweils S. 92
          f. des Anhangs.

Von den neu arrangierten Kapitalmarkt-Swaps entfielen
mehr als zwei Drittel auf Zinsswaps.

Tab. 1.2 Anteile von Zins- und Währungsswaps an den
neu vereinbarten Kapitalmarkt-Swaps (in
Prozent)

Swap \ Jahr	1987	1988	1989	1990	1991	1992	1993 1.Hj.
Zinsswap	69,2	69,6	70,1	74,8	70,9	82,4	86,1
Währungsswap	30,8	30,4	29,9	25,2	29,1	17,6	13,9

Quelle: Bank für Internationalen Zahlungsausgleich (1990),
S. 70 f. des Anhangs, (1992) und (1994), jeweils
S. 92 f. des Anhangs.

Der Anteil der in US-Dollar denominierten Zinsswaps er-
mäßigte sich von 73,9 % in 1987 auf 40,4 % im 1. Halbjahr 1993.

Tab. 1.3 Anteile der in US-Dollar und anderen
Währungen neu vereinbarten Zinsswaps
1987-1993 (in Prozent)

Währung \ Jahr	1987	1988	1989	1990	1991	1992	1993 1.Hj.
US-Dollar	73,9	64,5	65,4	53,5	57,1	47,3	40,4
Andere Währungen	26,1	35,5	34,6	46,5	42,9	52,7	59,6

Quelle: Bank für Internationalen Zahlungsausgleich
(1990), S. 70 f. des Anhangs, (1992) und (1994),
jeweils S. 92 f. des Anhangs.

Von den anderen Währungen besaß der Yen im 1. Halbjahr
1993 den größten Anteil, gefolgt von der Deutschen Mark,
dem Französischen Franc, dem Pfund Sterling, der Lira
und der Europäischen Währungseinheit.[1]

[1] Zu den sonstigen Währungen zählt die Bank für Internationalen
Zahlungsausgleich neben anderen namentlich die Währungen von
Belgien, Dänemark, Hongkong, Neuseeland, Schweden und Spanien,
siehe Bank für Internationalen Zahlungsausgleich (1994), S. 92
des Anhangs.

Tab. 1.4 Anteile anderer Währungen an den neu verein-
          barten Zinsswaps 1987-1993 (in Prozent)

Jahr / Währung	1987	1988	1989	1990	1991	1992	1993 1.Hj.
Yen	31,3	21,1	21,4	23,4	27,9	28,8	29,3
Deutsche Mark	22,1	16,3	14,4	18,0	14,8	16,0	17,1
Französischer Franc	4,3	8,1	9,5	5,8	5,1	14,1	17,0
Pfund Sterling	20,3	22,7	23,5	23,6	17,0	13,9	11,2
Lire	0,0	0,0	0,0	1,1	3,8	4,3	6,3
ECU	1,7	4,1	4,3	4,1	4,6	4,5	3,5
Schweizer Franken	4,8	6,0	8,4	8,0	9,8	5,4	3,1
Kanadischer Dollar	4,6	5,3	4,6	5,9	5,4	3,7	2,9
Gulden	0,8	0,9	1,1	1,5	1,5	1,5	2,7
Australischer Dollar	9,5	14,7	12,3	6,3	4,9	3,9	2,2
Sonstige	0,7	0,8	0,5	2,2	5,2	4,1	4,8

Quelle: Bank für Internationalen Zahlungsausgleich (1990),
           S. 70 des Anhangs, und (1992), S. 92 des Anhangs.

Der Anteil kurzfristiger Zinsswaps mit einer Laufzeit
von unter einem Jahr stieg von 13,4 % in 1987 auf 26,2 %
im 1. Halbjahr 1993. Von 1988 ab weisen mehr als 50 %
eine Vertragsdauer von weniger als 3 Jahren auf.

Tab. 1.5 Laufzeitstruktur neu vereinbarter Zins-
          swaps 1987-1993 (in Prozent)

Jahr / Laufzeit	1987	1988	1989	1990	1991	1992	1993 1.Hj.
Unter 1 Jahr	13,4	18,7	23,0	18,1	24,8	28,4	26,2
1-2 Jahre	18,8	15,7	19,3	22,0	20,6	19,1	18,3
2-3 Jahre	15,5	16,7	13,9	16,4	15,1	14,7	14,7
3-4 Jahre	8,8	10,6	11,0	10,7	10,1	9,8	11,3
4-5 Jahre	19,9	18,3	12,2	10,4	11,4	10,1	9,8
5-8 Jahre	13,4	13,0	12,3	14,7	11,2	11,0	12,5
Über 8 Jahre	10,3	7,0	8,3	7,8	6,9	6,8	7,2

Quelle: Bank für Internationalen Zahlungsausgleich
           (1990), S. 72 des Anhangs, und (1992), S. 94
           des Anhangs.

Der Anteil neu vereinbarter Zinsswaps zwischen ISDA-Mitgliedern hat sich von 32,5 % in 1987 kontinuierlich auf
49,5 % im 1. Halbjahr 1993 erhöht. Die Bank für Internationalen Zahlungsausgleich begründet diese Entwicklung
damit, daß „die Zinsswaps zu einem allgemein gebräuchlichen Instrument des Risikomanagements geworden [sind],
insbesondere für Finanzinstitute, und [daß] sie ... bis
zu einem gewissen Grad traditionelle Interbankgeschäfte
ersetzt [haben]."[1]

Tab. 1.6   Vertragspartner neu vereinbarter Zinsswaps
1987-1993 (in Prozent)

Jahr Zinsswap zwischen	1987	1988	1989	1990	1991	1992	1993 1.Hj.
ISDA-Mitgliedern	32,5	34,0	38,2	38,3	47,0	47,3	49,5
ISDA-Mitglied und Nicht-ISDA-Mitglied	67,5	66,0	61,8	61,7	53,0	52,7	50,5

Quelle: Bank für Internationalen Zahlungsausgleich (1990),
S. 70 des Anhangs, und (1992), S. 92 des Anhangs.

Von den Endverwendern (Nicht-ISDA-Mitgliedern) domizi-
lierten im 1. Halbjahr 1993 50,1 % in Europa, gefolgt
von 29,1 % in den Vereinigten Staaten. 1987 hatten noch
38,9 % ihren Sitz in den Vereinigten Staaten gegenüber
31,4 % in Europa. Der Anteil Asiens fiel von 20,8 % in
1987 auf 12,7 % im 1. Halbjahr 1993.

---

[1]   Bank für Internationalen Zahlungsausgleich (1992), S. 25.

Tab. 1.7 Herkunft der Endverwender von Zinsswaps
          1987-1993 (in Prozent)

Jahr\nHerkunft	1987	1988	1989	1990	1991	1992	1993\n1.Hj.
Vereinigte Staaten	38,9	39,3	39,6	33,9	32,9	31,3	29,1
Europa	31,4	35,5	34,5	40,8	38,9	46,9	50,1
Asien	20,8	12,0	12,2	12,2	14,4	11,5	12,7
Andere	8,9	13,3	13,7	13,1	14,0	10,4	8,1

Quelle: Bank für Internationalen Zahlungsausgleich (1990),
              S. 72 des Anhangs, und (1992), S. 94 des Anhangs.

1988 betrug die durchschnittliche Größe eines Zinsswaps
in US-Dollar 24,8 Mio. $ und in den übrigen Währungen
durchschnittlich umgerechnet 14,0 Mio. $. Die durch-
schnittliche Laufzeit eines Zinsswaps in US-Dollar oder
einer anderen Währung betrug 4,3 Jahre.[1]

III. Entwicklung des Swapmarktes in der Bundesrepublik
     Deutschland

Die Ausführungen zum Swapmarkt in der Bundesrepublik
Deutschland basieren auf veröffentlichten Daten der
Deutschen Bundesbank; berücksichtigt wird der Zeitraum
von Juli 1986 bis Dezember 1991. Seit Juni 1986 beinhal-
ten die Meldungen der Kreditinstitute zur Monatlichen
Bilanzstatistik über das Ergänzungsblatt zum Hauptvor-
druck und zu den Anlagen, Anlage H, Tabelle H1, Positionen 0101 bis 0103, auch Angaben zu Zins- und Wäh-

---

[1]   Bank für Internationalen Zahlungsausgleich (1989), S. 16. In
      ihren späteren Veröffentlichungen über die Märkte für Zins-
      und Währungsswaps ging die Bank für Internationalen Zahlungs-
      ausgleich auf die durchschnittliche Größe und Laufzeit nicht
      mehr ein.

rungsswaps.[1] Unter den Zins- und Währungsswappositionen

„sind die Kapitalbeträge von Swapgeschäften auszuweisen ... Unter Zinsswaps sind Geschäfte auszuweisen, bei
denen variable gegen feste Zinsverpflichtungen oder unterschiedlich basierte variable Zinsverpflichtungen ge-
geneinander getauscht werden. Zu den Währungsswaps gehören alle Geschäfte, bei denen die Währung des Kapi-
talbetrages und der zugehörigen Zinsen getauscht wird,
ohne daß sich die Berechnungsformel der Zinsen ändert.
Unter Zins-/Währungsswaps wird eine Kombination der
beiden vorgenannten Arten von Swapgeschäften verstan-
den. Nicht hier zu erfassen sind Swapgeschäfte, die zum
Zwecke der Kurssicherung am Devisenmarkt getätigt werden.

Von Instituten mit Zweigstellen im Ausland sowie von
inländischen Zweigstellen ausländischer Kreditinstitute
sind auch die mit eigenen Häusern im Ausland getätigten
Zins- und Währungsswaps einzubeziehen. In der Meldung
für die Zweigstellen im Ausland und in der Meldung für
das Gesamtinstitut sind Zins- und Währungsswaps zwischen den Zweigstellen im Ausland und den im Inland
gelegenen Teilen des Instituts nicht anzugeben."[2]

Da die Bundesbank nur Angaben über den Bestand von Swapgeschäften abfordert und keine Angaben über das Volumen
neu vereinbarter Geschäfte, sind ihre Erhebungen weniger
detailliert als die der International Swap Dealers Association. Sie verzichtet auch auf Angaben über die Lauf-

---

[1] Deutsche Bundesbank (1991), S. 145. Ab Dezember 1993 erfaßt
die Bundesbank Zins- und Währungsswaps, einschließlich der
Forward-Swaps, über die Positionen 411 bis 413 im Hauptvor-
druck, Blatt 2, Spalte HV 22; siehe Deutsche Bundesbank
(1992), S. 33.

[2] Deutsche Bundesbank (1991), S. 44.

zeit von Swapvereinbarungen und die den Währungsswaps
zugrundeliegenden Währungen. Die Bundesbank veröffent-
licht die Daten in ihren Monatsberichten[1] und, unter-
teilt nach Bankengruppen, in der Reihe 1 der Statistischen Beihefte zu den Monatsberichten[2]. Swapvereinbarungen zwischen Vertragspartnern, die nicht zur Monatlichen
Bilanzstatistik verpflichtet sind, berücksichtigt die
Bundesbank nicht.

Der Bestand an Kapitalmarkt-Swaps inländischer Kreditinstitute hat sich in der Bundesrepublik Deutschland von
31,9 Mrd. DM Ende 1986 mit einer jahresdurchschnittlichen Wachstumsrate von 68,8 % auf 1 846,3 Mrd. DM am
30.9.1994 erhöht.

---

[1] Monatsberichte der Deutschen Bundesbank, Statistischer Teil,
     Abschnitt III. 6, Bilanzunwirksame Geschäfte, S. 21', ab Janu-
     ar 1993 Abschnitt IV. 6, S. 33'.

[2] Statistische Beihefte zu den Monatsberichten der Deutschen
     Bundesbank, Reihe 1, Bankenstatistik nach Bankengruppen, bis
     Dezember 1987 Tabelle 14, ab Januar 1988 Tabelle 11, Bilanzun-
     wirksame Geschäfte.

Tab. 1.8 Basisbeträge der Zins- und Währungsswaps in-
          ländischer Kreditinstitute am Jahresende 1986-
          1994

Jahr	Zinsswap		Währungsswap		Zins-/ Währungsswap		Summe
	Mrd.	%	Mrd.	%	Mrd.	%	Mrd.
1986	16,6	52,0	4,2	13,2	11,1	34,8	31,9
1987	57,0	69,2	8,2	10,0	17,2	20,9	82,4
1988	118,3	76,6	11,6	7,5	24,5	15,9	154,4
1989	189,2	78,1	14,5	6,0	38,7	16,0	242,4
1990	337,7	83,7	20,6	5,1	45,3	11,2	403,6
1991	486,7	83,6	25,7	4,4	70,0	12,0	582,4
1992	789,8	85,7	34,0	3,7	97,9	10,6	921,7
1993	1.236,0	87,5	50,3	3,6	126,9	9,0	1.413,2
1994 (30.9.)	1.647,9	89,3	50,4	2,7	148,0	8,0	1.846,3

Quelle: Monatsberichte der Deutschen Bundesbank, Statistischer
          Teil, Abschnitt III. 6, Bilanzunwirksame Geschäfte,
          S. 21'.

Mit einem Anteil von über 80 % seit 1990 stellt der
Zinsswapmarkt den größten Teilmarkt dar. Der Anteil der
Zins-/Währungsswaps ist von 34,8 % in Ende 1986 auf unter 10 % in 1993 gefallen. Den kleinsten Teilmarkt bildet der Währungsswapmarkt mit einem Anteil von unter 5 %
seit 1991; am 30.9.1994 lag der Anteil bei 2,7 %.

Von allen Bankengruppen sind die Großbanken am stärksten
im Zinsswapmarkt engagiert; am 30.9.1994 hatten sie mehr
als 40 % aller Zinsswapvereinbarungen in ihren Büchern.
Es folgen die Regionalbanken und die Girozentralen. Der
Anteil der Regionalbanken, der Ende 1987 mit 32 % nur
2,3 Prozentpunkte unter dem Großbankenanteil lag, ist
bis zum 30.9.1994 auf 20,1 % zurückgegangen. Für die
Girozentralen lag der Anteil von Ende 1987 bis zum
30.9.1994 zwischen 12,2 % und 18,1 %.

Tab. 1.9 Anteile der Bankengruppen am Zinsswapmarkt
(in Prozent)

Jahr Bankengruppe	1986	1987	1988	1989	1990	1991	1992	1993	1994 30.9.
Großbanken	43,8	34,3	40,0	42,3	49,4	54,7	51,9	47,6	42,1
Regionalbanken und sonstige Kreditbanken	19,7	32,0	29,9	25,1	17,6	14,9	14,0	16,1	20,1
Zweigstellen ausländischer Banken	17,6	9,9	4,8	4,1	2,9	3,0	4,7	3,9	2,3
Privatbankiers	3,8	2,1	2,8	2,8	1,7	1,6	1,6	1,6	1,2
Girozentralen	5,8	13,6	12,2	14,2	15,3	14,1	15,6	17,5	18,1
Genossenschaftliche Zentralbanken	5,5	6,1	7,7	8,4	5,6	3,4	3,7	4,1	4,2
Kreditinstitute mit Sonderaufgaben	3,2	1,4	1,0	1,4	2,2	2,6	2,3	2,7	3,1
Übrige Bankengruppen	.	0,6	1,5	1,7	5,4	5,7	6,2	6,6	8,7

Quelle: Statistische Beihefte zu den Monatsberichten der
Deutschen Bundesbank, Reihe 1, Bankenstatistik nach
Bankengruppen, bis Dezember 1987 Tabelle 14, ab Janu-
ar 1988 Tabelle 11, Bilanzunwirksame Geschäfte.

Wenn man als Vergleichsmaßstab das Geschäftsvolumen her-
anzieht, betrug das Zinsswapengagement der Großbanken
Ende 1991 50,7 % ihres Geschäftsvolumens gegenüber 2,4 %
Ende 1986. Das Engagement der Girozentralen und Genos-
senschaftlichen Zentralbanken lag mit jeweils 8,3 % Ende
1991 deutlich unter dem der Großbanken.

Tab. 1.10 Basisbeträge der Zinsswaps in Prozent des
Geschäftsvolumens

Jahr Bankengruppe	1986	1987	1988	1989	1990	1991	1992	1993	1994 30.9.
Großbanken	2,4	6,0	13,4	19,5	36,0	50,7	73,9	95,1	113,6
Girozentralen	0,2	1,3	2,3	4,1	6,8	8,3	12,8	18,7	25,6
Genossen- schaftliche Zentralbanken	0,6	2,0	5,1	8,7	9,7	8,3	14,8	23,2	33,5

Quelle: Statistische Beihefte zu den Monatsberichten der
Deutschen Bundesbank, Reihe 1, Bankenstatistik
nach Bankengruppen, bis Dezember 1987 Tabelle 14,
ab Januar 1988 Tabelle 11, Bilanzunwirksame Geschäfte und Tabelle 1, Aktiva.

Das Swapengagement der Auslandsfilialen und Auslands-
töchter inländischer Kreditinstitute hat sich ähnlich
dem Engagement der inländischen Kreditinstitute entwikkelt. Mit jahresdurchschnittlichen Wachstumsraten von
48,1 % und 48,5 % hatte ihr Swapgeschäft aber einen geringeren Anstieg als das der inländischen Kreditinstitute mit 68,8 % zu verzeichnen. Den größten Anteil am gesamten Swapbestand hatten auch bei den Auslandsfilialen
und Auslandstöchtern die Zinsswaps, gefolgt von den
Zins-/Währungsswaps und den Währungsswaps.

Tab. 1.11 Entwicklung des Swapengagements der Auslandsfilialen inländischer Kreditinstitute

Jahr	Zinsswap		Zins-/ Währungsswap		Währungsswap		Summe
	Mrd.	%	Mrd.	%	Mrd.	%	Mrd.
1986	17,1	80,3	3,7	17,4	0,5	2,3	21,3
1987	26,9	77,3	6,9	19,8	1,0	2,9	34,8
1988	39,3	71,5	12,8	23,3	2,9	5,3	55,0
1989	50,8	71,5	15,3	21,5	4,9	6,9	71,0
1990	70,5	73,8	18,3	19,2	6,7	7,0	95,5
1991	97,5	73,8	19,6	14,8	15,0	11,4	132,1
1992	175,3	78,0	26,2	11,7	23,2	10,3	224,7
1993	271,7	80,3	32,6	9,6	34,1	10,1	338,4
1994 (30.9.)	383,8	85,8	28,7	6,4	34,9	7,8	447,4

Quelle: Monatsberichte der Deutschen Bundesbank, Statistischer
Teil, Abschnitt III. 6, Bilanzunwirksame Geschäfte,
S. 21'.

Tab. 1.12 Entwicklung des Swapengagements der Auslands-
töchter inländischer Kreditinstitute

Jahr	Zinsswap		Zins-/Währungsswap		Währungsswap		Summe
	Mrd.	%	Mrd.	%	Mrd.	%	Mrd.
1986	8,6	*61,9*	4,5	*32,4*	0,8	*5,8*	13,9
1987	12,7	*70,9*	4,6	*25,7*	0,6	*3,4*	17,9
1988	20,3	*71,2*	6,9	*24,2*	1,3	*4,6*	28,5
1989	42,5	*82,7*	6,4	*12,5*	2,5	*4,9*	51,4
1990	128,6	*90,3*	7,1	*5,0*	6,7	*4,7*	142,4
1991	105,1	*86,8*	7,9	*6,5*	8,1	*6,7*	121,1
1992	172,6	*90,8*	7,2	*3,8*	10,2	*5,4*	190,0
1993	237,7	*89,9*	11,6	*4,4*	15,0	*5,7*	264,3
1994 (30.9.)	271,0	*91,1*	10,6	*3,6*	15,9	*5,2*	297,5

Quelle: Monatsberichte der Deutschen Bundesbank, Statistischer
Teil, Abschnitt III. 6, Bilanzunwirksame Geschäfte,
S. 21'.

Die bisherige Entwicklung zeigt, daß sich die Marktteilnehmer ungleich stärker in Zinsswaps als in Zins-/Wäh-
rungsswaps oder gar in reinen Währungsswaps engagiert
haben. Für die inländischen Kreditinstitute weist die
Deutsche Bundesbank den Anteil der Zinsswaps mit über
80 % seit Februar 1990 aus.[1] Die Dominanz der Zinsswaps
erleichtert es dem Verfasser, sich in den weiteren Ausführungen grundsätzlich auf diese zu beschränken. Wenn
der Swap oder Zinsswap nicht näher spezifiziert ist,
soll es sich im folgenden um den „plain vanilla" Zinsswap fest gegen variabel handeln.

---

[1] Der Anteil der Zins-/Währungsswaps beträgt seit Februar 1990
weniger als 15 % und der Anteil der reinen Währungsswaps liegt
unter 5 %; siehe Monatsberichte der Deutschen Bundesbank,
Statistischer Teil, Abschnitt III. 6, Bilanzunwirksame Geschäfte, S. 21', seit Januar 1993 Abschnitt IV. 6, S. 33'.

Wenn man nach den Gründen fragt, warum Marktteilnehmer
einen Swap vereinbaren, scheint das Argument, mit Swaps
ließen sich Finanzierungskosten senken, das am häufigsten genannte zu sein.[1] Im folgenden 2. Teil wird daher
untersucht, inwieweit Zinsswaps ein geeignetes Instrument zur Senkung der Finanzierungskosten darstellen.

---

[1] Büschgen (1986a), S. 322.

Teil 2

**Zinsswaps — ein Instrument zur Senkung
der Finanzierungskosten?**

A. Kostensenkungsthese

Weit verbreitet ist die Ansicht, daß sich mit Swaps Finanzierungskosten senken lassen.[1]

I. Annahmen

Befürworter dieser These gehen in ihrer Argumentation
von folgenden Annahmen aus:

1. Beteiligt sind zwei Swappartner unterschied-
    licher Bonität.

2. Die Swappartner beabsichtigen, Finanzierungs-
    mittel aufzunehmen und „haben eine entgegenge-
    setzte Interessenlage hinsichtlich ihrer je-
    weiligen Zinsberechnungsbasis",[2] d.h. ein
    Swappartner wünscht Finanzierungsmittel mit
    fester Verzinsung und der andere wünscht Fi-
    nanzierungsmittel mit variabler Verzinsung.

---

[1]   Arnold (1984), S. 96; Lerbinger (1985a), S. 247; Bicksler und
        Chen (1986), S. 649; Bierman (1987), S. 396; Felgran (1987),
        S. 23; Wermuth (1988), S. 582; Simons (1989), S. 29; Marshall
        und Kapner (1990), S. 18; Peters (1990), S. 32; Heinrich
        (1992), S. 484. - Loeys stellt die Möglichkeit, Finanzie-
        rungskosten im Wege eines Swaps zu senken, als Hauptverkaufs-
        argument heraus, Loeys (1985), S. 23 - „The original lure of
        the swaps markets was the promise of unambiguous cost savings
        for borrowers ...", Hargreaves (1991), S. 17.

[2]   Büschgen (1986a), S. 323.

3. Der Zinsnachteil (Quality Spread)[1] für den
   Swappartner mit der geringeren Bonität ist bei
   der Aufnahme von Finanzierungsmitteln mit fester Verzinsung größer ist als bei der Aufnahme von Finanzierungsmitteln mit variabler Verzinsung.[2]

II. Beispiel

Der Kostensenkungseffekt wird häufig an einem Beispiel
erläutert:

Die Swappartner A, der eine hohe Bonität und B, der eine
geringere Bonität aufweist, können Finanzierungsmittel
mit fester und variabler Verzinsung zu folgenden Konditionen aufnehmen:

---

[1] Als Quality Spread läßt sich die Differenz zwischen den Zins-
     sätzen definieren, zu denen zwei Unternehmen unterschiedlicher
     Qualität oder Bonität Finanzierungsmittel gleicher Qualität
     aufnehmen können.

[2] Nach Lerbinger berücksichtigen Anleger das Ausfallrisiko von
     Emittenten festverzinslicher Titel stärker als das von Emit-
     tenten variabel verzinslicher Titel, siehe Lerbinger (1985a),
     S. 247. Bicksler und Chen verweisen auf Angaben im Federal Re-
     serve Bulletin, denen zufolge der durchschnittliche Quality
     Spread für festverzinsliche Anleihen von Aaa- und Baa-Unter-
     nehmen 2,33 % in 1982, 1,51 % in 1983, 1,48 % in 1984 und 1,31
     % in 1985 betrug. Der durchschnittliche Quality Spread für die
     Aufnahme von variabel verzinslichen Finanzierungsmitteln
     belief sich hingegen nur auf 0,5 %; siehe Bicksler und Chen
     (1986), S. 649.

Tab. 2.1 Zinssätze für die Aufnahme von Finanzierungsmitteln mit fester und variabler
Verzinsung

Swappartner Verzinsung	A	B	Quality Spread
fest	8,0 %	9,8 %	1,8 %
variabel	LIBOR + 0,3 %	LIBOR + 1,4 %	1,1 %

A wünscht Finanzierungsmittel mit variabler Verzinsung
und B wünscht Finanzierungsmittel mit fester Verzinsung.
Wenn sie die gewünschten Finanzierungsmittel direkt aufnehmen, zahlt A LIBOR + 0,3 % und B 9,8 %.

Wenn A hingegen festverzinsliche Finanzierungsmittel zu
8 % aufnimmt und mit B einen Swap vereinbart,[1] dem zufolge A LIBOR zahlt und 8,05 % erhält (Abbildung 2.1),
zahlt A netto LIBOR - 0,05 %. Im Vergleich zur direkten
Mittelaufnahme zu LIBOR + 0,3 % ist die Swapalternative
mit einer Zinsersparnis von 0,35 Prozentpunkten verbunden.

Wenn B statt der Finanzierungsmittel mit fester Verzinsung Finanzierungsmittel mit variabler Verzinsung zu
LIBOR + 1,4 % aufnimmt, im Swap 8,05 % zahlt und LIBOR
erhält, zahlt B netto 9,45 %. Damit ist auch für B die
Swapalternative im Vergleich zur direkten Mittelaufnahme
zu 9,8 % mit einer Zinsersparnis von 0,35 Prozentpunkten
verbunden.

---

[1] Der Basisbetrag im Swap entspricht dem Volumen der aufgenommenen Finanzierungsmittel.

44

Abb. 2.1   Zahlungen von A und B bei Realisierung
           der Swapalternative

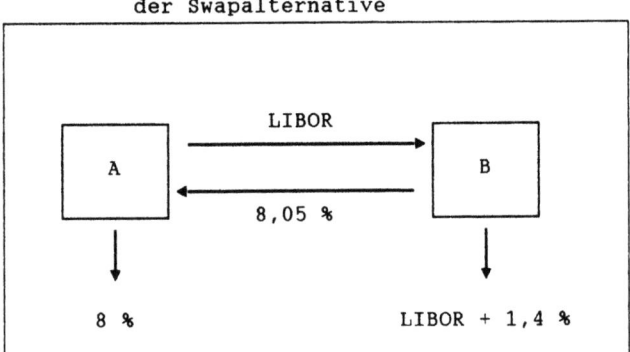

Beide Swappartner scheinen durch den Swap einen finanziellen Vorteil zu erlangen, den sie ohne Swap nicht erzielen könnten.[1] Der Gesamtvorteil von 0,7 Prozentpunkten entspricht der Differenz der Quality Spreads,[2] dem
Quality Spread Differential.[3]

Auf Abbildung 2.1, die sich in ähnlicher Form häufig in
der Literatur findet,[4] könnte die Vorstellung beruhen,
es handle sich bei Swaps um .Tauschgeschäfte zwischen
zwei Marktpartnern, bei denen gegenseitig Zinszahlungs-

---

[1]   Riley und Smith (1987), S. 5.

[2]   Wall und Pringle (1988), S. 26.

[3]   Loeys (1985), S 23; Felgran (1987), S. 24. Als Quality Spread
      Differential (QSD) läßt sich die Differenz der Zinssatzdiffe-
      renzen im festverzinslichen und im variabel verzinslichen Seg-
      ment definieren; $QSD = QS^f - QS^v$ mit QS^f = Zinssatzdifferenz
      im festverzinslichen Segment und QS^v = Zinssatzdifferenz im
      variabel verzinslichen Segment.

[4]   Loeys (1985); Bicksler und Chen (1986).

verbindlichkeiten ... übernommen werden."[1] A übernähme
die variablen Zinsverbindlichkeiten von B und B die
festen Zinsverbindlichkeiten von A. Um Mißverständnisse
zu vermeiden, sei hier kritisch angemerkt, daß keiner
der beiden Swappartner daran interessiert ist, die Verpflichtungen des Vertragspartners seinen Gläubigern gegenüber zu übernehmen. A wird nicht LIBOR + 1,4 % an die
Gläubiger von B zahlen und B auch nicht 8 % an die Gläubiger von A. Es gibt keine vertraglichen Beziehungen
zwischen A und den Gläubigern von B und auch nicht zwischen B und den Gläubigern von A. Eine Schuldübernahme
im rechtlichen Sinne liegt nicht vor.[2] A ist auch nach
Abschluß der Swapvereinbarung verpflichtet, seinen Gläubigern weiterhin 8 % zu zahlen, ebenso wie B an seine
Gläubiger LIBOR + 1,4 % zahlen muß. Die Gläubiger werden
in der Regel keine Kenntnis von einer Swapvereinbarung
haben; evtl. vermuten sie einen Abschluß.

Die Formulierung, es handle sich bei Swaps um Tauschge-
schäfte mit Übernahme der Zinszahlungsverbindlichkeiten,
läßt sich bei ökonomischer Betrachtungsweise dahingehend
interpretieren, daß die Swappartner nach Abschluß der
Swapvereinbarung wirtschaftlich möglicherweise so gestellt sind, *als ob* sie statt einer festverzinslichen
Verpflichtung eine variabel verzinsliche oder statt
einer variabel verzinslichen eine festverzinsliche Verpflichtung hätten.[3]

---

[1]   Büschgen (1989), S. 754. Sinngemäße Formulierungen verwenden
        u.a. Damm (1983), S. 572; Levedag (1983); Storck (1983b),
        S. 459; Reinhardt (1985), S. 21; Gondring und Hermann (1986),
        S. 328; Kümpel (1986), S. 668; Arnold und Burg (1987), S. 195;
        Lerbinger (1988), S. 8; Schwarze (1989), S. 145.

[2]   Eine rechtliche Würdigung von Zins- und Währungsswaps nehmen
        Kümpel (1986), S. 667-669 und Fülbier (1990a) vor.

[3]   Beim Vergleich einer Kupon-Anleihe mit einer synthetischen Ku-
        pon-Anleihe, die aus einer Floating Rate Note und einem Zins-
        swap gebildet wird, sollte man nicht übersehen, daß die syn-

III. Gründe für die Annahmen

Im Anschluß an das Beispiel lassen sich folgende Fragen stellen:

1. Warum unterstellen die Vertreter der Kostensenkungsthese unterschiedliche Interessenlagen der Swappartner hinsichtlich ihrer jeweiligen Zinsberechnungsbasis?

2. Warum gehen sie von Swappartnern unterschiedlicher Bonität aus?

3. Warum sind sie der Meinung, daß Anleger das Risiko im festverzinslichen Segment stärker berücksichtigen als im variabel verzinslichen Segment?

Zur Beantwortung dieser Fragen scheint es nützlich zu sein, die konkreten Zinssätze nach Tabelle 2.1 wie folgt zu verallgemeinern:

---

thetische Kupon-Anleihe der Kupon-Anleihe nur entspricht, wenn der Swappartner nicht ausfällt. Ansonsten ergeben sich für den Emittenten der Floating Rate Note Zinszahlungen, die von der Zinsentwicklung anhängen; entsprechendes gilt für den Vergleich einer Floating Rate Note mit einer synthetischen Floating Rate Note, die aus einer Kupon-Anleihe und einem Zinsswap gebildet wird.

Tab. 2.2 Feste und variable Zinssätze in allge-
meiner Form

Swappartner Verzinsung	A	B	Quality Spread
fest	i_A^f	i_B^f	$i_B^f - i_A^f$
variabel	i_A^v	i_B^v	$i_B^v - i_A^v$

mit

i_A^f = Zinssatz, zu dem A Finanzierungsmittel mit
fester Verzinsung aufnehmen kann

i_A^v = Zinssatz, zu dem A Finanzierungsmittel mit
variabler Verzinsung aufnehmen kann

i_B^f = Zinssatz, zu dem B Finanzierungsmittel mit
fester Verzinsung aufnehmen kann

i_B^v = Zinssatz, zu dem B Finanzierungsmittel mit
variabler Verzinsung aufnehmen kann

Angenommen, A wünscht Finanzierungsmittel mit variabler
Verzinsung. Nimmt er diese Mittel direkt auf, zahlt er
i_A^v. Nimmt A hingegen Finanzierungsmittel mit fester Verzinsung auf, für die er i_A^f zahlt und bietet er B zusätzlich einen Swap an,[1] dem zufolge A i^v zahlt und s erhält,[2] zahlt er bei Realisierung dieser Swapalternative
netto $i_A^f + i^v - s$.

---

[1]   Der Basisbetrag im Swap entspricht dem Volumen der aufgenommenen Finanzierungsmittel.

[2] i^v = Zinssatz auf risikofreie Anlagen mit variabler Verzinsung
s = Swap Rate (Festzinssatz im Swap)

Abb. 2.2 Zahlungen von A bei Aufnahme von Finanzierungsmitteln ohne und mit Swap

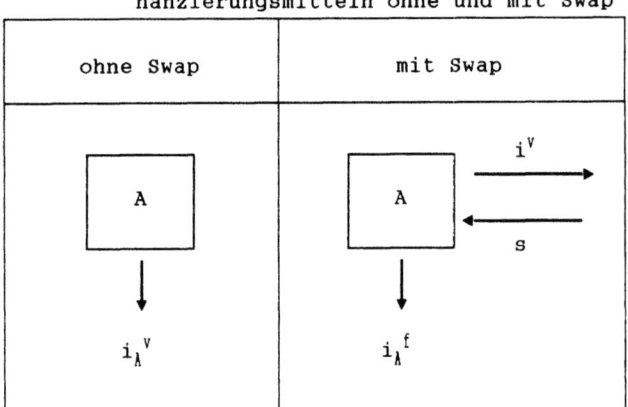

Durch Aufnahme von Finanzierungsmitteln mit fester Verzinsung und Vereinbarung des Swaps wird A wirtschaftlich
so gestellt, als ob er Finanzierungsmittel mit variabler
Verzinsung aufgenommen hätte. Die Swapalternative ist
der Nichtswapalternative vorzuziehen, wenn

(2.1) $\qquad i_A^f + i^v - s < i_A^v$

oder nach Umformung

(2.2) $\qquad s > i^v + i_A^f - i_A^v$

B kann mit dem angebotenen Swap Finanzierungsmittel mit
variabler Verzinsung in Finanzierungsmittel mit fester
Verzinsung transformieren, d.h. B wird wirtschaftlich so
gestellt, als ob er statt der zinsvariablen Finanzierungsmittel zinsfixe aufgenommen hätte. Eine Transformation von zinsfixen Finanzierungsmitteln in zinsvariable
wäre B mit dem angebotenen Swap nicht möglich; hierzu
müßte B Festzinsempfänger im Swap sein.

Da nicht beide Swappartner gleichzeitig Festzinszahler oder Festzinsempfänger sein können, kann nur ein Swappartner Finanzierungsmittel mit fester Verzinsung in Finanzierungsmittel mit variabler Verzinsung oder Finanzierungsmittel mit variabler Verzinsung in Finanzierungsmittel mit fester Verzinsung transformieren. Der andere Swappartner kann den Swap nur für eine entgegengesetzte Transformation nutzen. Dies erklärt die Annahme unterschiedlicher Interessenlagen der Swappartner hinsichtlich ihrer jeweiligen Zinsberechnungsbasis.

Wenn B Finanzierungsmittel mit variabler Verzinsung zu i_B^v aufnimmt, im Swap s zahlt und i^v erhält, zahlt er netto $i_B^v + s - i^v$. Bei direkter Aufnahme der Finanzierungsmittel mit fester Verzinsung hätte er i_B^f gezahlt. Für B ist die Swapalternative der Nichtswapalternative vorzuziehen, wenn

$$(2.3) \qquad i_B^v + s - i^v < i_B^f$$

oder nach Umformung

$$(2.4) \qquad s < i^v + i_B^f - i_B^v$$

Abb. 2.3 Zahlungen von B bei Aufnahme von Fi-
          nanzierungsmitteln ohne und mit Swap

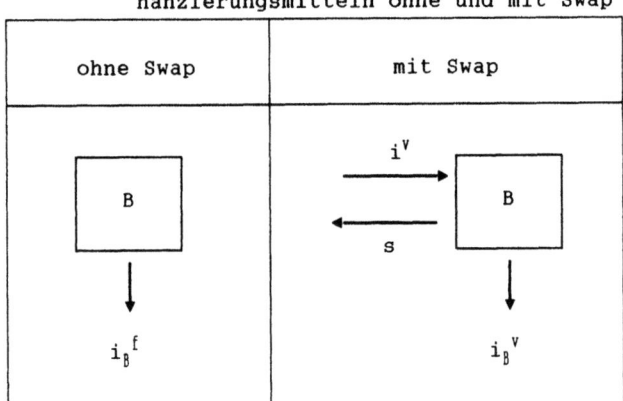

| ohne Swap | mit Swap |

Für beide Unternehmen ist die Swapalternative vorzuziehen, wenn $i^v + i_A^f - i_A^v < s < i^v + i_B^f - i_B^v$ oder

(2.5) $$i_B^f - i_A^f > i_B^v - i_A^v,$$

d.h. wenn der Quality Spread im festverzinslichen Segment größer ist als im variabel verzinslichen Segment.
Diese Bedingung könnte die Annahme unterschiedlicher Bonitäten nahelegen.

Wenn man die Zinssatzdifferenzen ausschließlich mit Bo-
nitätsunterschieden erklärt,[1] läßt sich Ungleichung
(2.5) für

$$i_A^f = i^f + d_A^f \qquad i_A^v = i^v + d_A^v$$
$$i_B^f = i^f + d_B^f \qquad i_B^v = i^v + d_B^v$$

mit i^f = Zinssatz auf risikofreie Anlagen mit fester
Verzinsung

i^v = Zinssatz auf risikofreie Anlagen mit variabler
Verzinsung

d_A^f = Risikoprämie[2] des Unternehmens A für Finanzierungsmittel mit fester Verzinsung

d_A^v = Risikoprämie des Unternehmens A für Finanzierungsmittel mit variabler Verzinsung

d_B^f = Risikoprämie des Unternehmens B für Finanzierungsmittel mit fester Verzinsung

---

[1] Abweichende Zinssatzdifferenzen im festverzinslichen und im
variabel verzinslichen Segment könnten auch auf andere Ursa-
chen zurückzuführen sein, z.B. auf unterschiedliche Laufzeiten
der Finanzierungsmittel mit fester oder variabler Verzinsung.
Vielfach werden Finanzierungsmittel mit fester Verzinsung mit
langfristigen Finanzierungsmitteln, Finanzierungsmittel mit
variabler Verzinsung hingegen mit kurzfristigen Finanzierungsmitteln gleichgesetzt; siehe u.a. Bicksler und Chen (1986), S.
649 und Felgran (1987), S. 24.

Unterschiedliche Zinssatzdifferenzen lassen sich auch auf abweichende Qualitäten der Finanzierungsmittel zurückführen;
beispielsweise können langfristige Finanzierungsmittel mit einem Kündigungsrecht ausgestattet sein, kurzfristige hingegen
nicht; Wall und Pringle (1988), S. 26; Smith, Smithson und
Wakeman (1988), S. 42. Auch Agency Costs könnten einen Hinweis
auf unterschiedliche Zinssatzdifferenzen geben, siehe Wall und
Pringle (1987), S. 194 f. und Arak, Estrella, Goodman und
Silver (1988), S. 13 f. Zu den Agency Costs siehe Barnea,
Haugen und Senbet (1985).

Einen nicht unerheblichen Einfluß auf die Zinssatzdifferenzen
kann auch von der Effektivzinsberechnungsmethode ausgehen,
Smith (1988a), S. 47 f.; zu den Berechnungsmethoden siehe Antl
(1986a).

[2] genauer: Ausfallrisikoprämie

d_B^V = Risikoprämie des Unternehmens B für Finanzierungsmittel mit variabler Verzinsung

umformen in

(2.6) $$d_B^f - d_A^f > d_B^V - d_A^V.$$

Wenn A kein Ausfallrisiko aufweist, d.h. wenn
$d_f^A = d_V^A = 0$, vereinfacht sich Ungleichung (2.6) zu

(2.7) $$d_B^f > d_B^V.$$

Auf Ungleichung (2.7) mag die Annahme zurückzuführen
sein, daß Anleger das Ausfallrisiko von Emittenten festverzinslicher Titel stärker berücksichtigen als das von
Emittenten variabel verzinslicher Titel.

Wenn B hingegen kein Ausfallrisiko aufweist, d.h. wenn
$d_B^f = d_B^V = 0$, vereinfacht sich Ungleichung (2.6) zu

(2.8) $$d_A^V > d_A^f.$$

In diesem Fall müßten die Anleger das Ausfallrisiko im
variabel verzinslichen Segment stärker berücksichtigen.

Der Vorteil, der sich für A bei Realisierung der Swapalternative aus dem Vergleich der Swapalternative mit der
Nichtswapalternative ergibt, beträgt

(2.9) $$g_A = i_A^V - (i_A^f + i^V - s)$$

g_A = Vorteil des Swappartners A

und für B

(2.10) $$g_B = i_B^f - (i_B^v - i^v + s)$$

g_B = Vorteil des Swappartners B.

Der Gesamtvorteil für A und B beträgt

(2.11) $$g_{A+B} = i_B^f - i_A^f - (i_B^v - i_A^v)$$

g_{A+B} = Gesamtvorteil der Swappartner A und B

und entspricht dem Quality Spread Differential. Voraussetzung für gleich große Vorteile, d.h. $g_A = g_B$, wäre nach den Gleichungen (2.9) und (2.10) eine Swap Rate von

(2.12) $$s = i^v + \frac{1}{2}\left[i_B^f + i_A^f - (i_B^v + i_A^v)\right].$$

Gleichung (2.11) läßt sich umformen in

(2.13) $$g_{A+B} = d_B^f - d_A^f - (d_B^v - d_A^v)$$

Es wird häufig behauptet, daß der Gesamtvorteil um so größer ist, je größer der Bonitätsunterschied zwischen den Swappartnern ist.[1] Trotz eines großen Bonitätsunterschiedes kann jedoch $d_B^f - d_A^f = d_B^v - d_A^v$ sein; damit wäre der Gesamtvorteil gleich null. Die Behauptung trifft nur zu, wenn das Ausfallrisiko in den beiden Zinssegmenten unterschiedlich eingeschätzt wird. Wenn der Quality Spread im festverzinslichen Segment ein Vielfaches des Quality Spreads im variabel verzinslichen Segment ausmacht, wenn $d_B^f - d_A^f = \lambda (d_B^v - d_A^v)$ mit $\lambda > 1$, ergibt sich nach Gleichung (2.13) ein Gesamtvorteil von

---

[1]   Damm (1983), S. 572; Reimnitz (1984); Lerbinger (1985a), S. 247; Büschgen (1986a), S. 322.

(2.14) $$g_{A+B} = (d_B^v - d_A^v)(\lambda - 1)$$

Damit ist der Gesamtvorteil um so größer, je größer der
Bonitätsunterschied der Swappartner ist.

Wenn unterschiedliche Bonitäten der Swappartner vorausgesetzt werden, liegt die Vermutung nahe, daß es sich
bei dem Vorteil nicht um einen Nettovorteil handeln
kann.[1] Die ersparten Finanzierungskosten des bonitätsmäßig besseren Partners ließen sich als Risikoprämie für
das zusätzlich übernommene Risiko interpretieren. Warum
auch der bonitätsmäßig schlechtere Partner seine Finanzierungskosten senken kann, scheint auf den ersten Blick
nicht plausibel zu sein.[2] Die Vertreter der Kostensenkungsthese führen geringere Finanzierungskosten für beide Swappartner auf komparative Kostenvorteile zurück,
die die Swappartner auf unterschiedlichen Finanzmärkten
besitzen.

---

[1]   Schmidt geht davon aus, daß „keine Partei einen Nettovorteil
hat, bestenfalls die eine Partei auf Kosten der anderen",
Schmidt (1988), S. 259. Für Turnbull stellen Zinsswaps auf
effizienten Märkten Nullsummenspiele dar, bei denen alle Be-
teiligten nicht gewinnen können; Turnbull (1987), S. 19f. Wall
und Pringle zeigen ebenfalls die Möglichkeit auf, daß es sich
bei Swaps um ein Nullsummenspiel handeln könnte; Wall und
Pringle (1989), S. 60. Riley und Smith räumen ein, daß Zinsswaps zwar den Anschein bedeutender Zinssenkungen erwecken,
aber sie halten die Vorteile mehr für illusionär als für real
gegeben; Riley und Smith (1987), S. 3. Dieser Ansicht ist auch
Loeys (1985) S. 23.

[2]   Loeys verweist darauf, daß geringeren Fremdfinanzierungskosten
höhere Eigenkapitalkosten gegenüberstehen können: Die Emission
kurzfristiger Floating Rate Notes birgt seiner Meinung nach
für den Swappartner geringerer Bonität die Gefahr in sich, daß
sich Gläubiger an seinen Anschlußemissionen bei einer erwarteten oder tatsächlichen Bonitätsverschlechterung nicht beteili-
gen, und daß sich damit das Verlustrisiko für die Eigenkapi-
talgeber erhöht, Loeys (1985), S. 24.

Inwieweit diese Sichtweise geeignet ist, Vorteile für beide Swappartner plausibel zu erklären, wird im nächsten Abschnitt untersucht. Es stellt sich auch die Frage, ob Ricardos Theorem der komparativen Kosten geeignet ist, die Kostensenkungsthese zu stützen.

B. Ricardos Theorem der komparativen Kosten als Erklärungsansatz des Kostensenkungseffekts

Die Kostensenkungsthese basiert auf der notwendigen Bedingung unterschiedlicher Zinssatzdifferenzen;[1] sie werden häufig als Ausdruck komparativer Kostenvorteile interpretiert,[2] und mit Marktineffizienzen oder Marktanomalien begründet.[3] Beidleman nennt u.a. folgende Marktanomalien: Marktsegmentierung, Marktsättigung, abweichende Risikoprämien auf unterschiedlichen Märkten und Unterschiede in der Besteuerung.[4]

Ohne ineffiziente nationale und internationale Geld- und Kapitalmärkte und ohne komparative Vorteile gäbe es nach Bicksler und Chen keinen Anreiz, sich in Swaps zu engagieren;[5] ein Swap bietet den Swappartnern die Möglichkeit, die komparativen Kostenvorteile zu ihrem Vorteil auszunutzen oder zu arbitrieren. Diese Sichtweise könnte

---

1   Loeys (1985), S. 23.

2   Levedag (1983); Füllenkemper und Rehm (1985), S. 569; Bicksler und Chen (1986), S. 646; Felgran (1987), S. 24; Güde (1987), S. 54; Hammond (1987), S. 68; Copeland und Weston (1988), S. 830; Demuth (1988), S. 171; Jentzsch (1989), S. 49.

3   Das am häufigsten genannte Argument zur Erklärung des Swapmarktes ist nach Smith, Smithson und Wakeman die Ausnutzung von Marktineffizienzen, siehe Smith, Smithson und Wakeman (1988), S. 41.

4   Beidleman (1985), S. 45-54.

5   Bicksler und Chen (1986), S. 646.

es nahelegen, einen Swap zu den Arbitrageinstrumenten[1] zu zählen oder als Arbitragegeschäft[2] zu interpretieren. Jentzsch sieht Arbitragemöglichkeiten als Existenzbedingung für einen Swap an.[3]

Mit der Interpretation unterschiedlicher Zinssatzdifferenzen als Ausdruck komparativer Kostenvorteile soll sicherlich bewußt eine Verbindung zu Ricardos Theorem der komparativen Kosten hergestellt werden. In der Literatur wird häufig die Ansicht vertreten, daß die Möglichkeit Finanzierungskosten via Swap zu senken, auf diesem Theorem beruht, das Ricardo als Erklärungsansatz für den internationalen Handel bereits im 18. Jahrhundert entwikkelt hat.[4] Ricardo hat gezeigt, daß sich durch Außenhandel das Güterangebot auch dann steigern läßt, wenn ein Land die Güter nur zu ungünstigeren Bedingungen als das andere herstellen kann. Durch Zinsswaps wird dieses Prinzip von den Gütermärkten auf die Finanzmärkte übertragen.[5] Die Analogie scheint offensichtlich zu sein; auch auf den Finanzmärkten gibt es Unternehmen, die Finanzierungsmittel nur zu ungünstigeren Konditionen als andere aufnehmen können. Warum sollten Unternehmen durch gegenseitige Vereinbarungen nicht auch Vorteile erzie-

---

[1]   Füllenkemper und Rehm (1985), S. 569; Deutsche Bundesbank (1987), S. 23; Marthinsen (1988), S. 10.

[2]   Storck (1983b), S. 459; Levedag (1985); Nabben (1990), S. 15; Peters (1990), S. 2; Heinrich (1992), S. 482.

[3]   Jentzsch (1989), S. 14.

[4]   Siehe u.a. Bicksler und Chen (1986), S. 645; Carstensen (1986a), S. 353; Rotberg (1986), S. xi; Baxmann (1987); Arnold und Burg (1987), S. 194-196; Gröschel (1987), S. 246-248; Clemm und Nonnenmacher (1988), S. 66; Wermuth (1988), S. 581; Andres (1989), S. 150; Behrens (1989); Jentzsch (1989), S. 32; Marshall und Kapner (1990), S. 10; Nabben (1990), S. 19; Heinrich (1992), S. 482.

[5]   Arnold und Burg (1987), S. 194; Unterberg (1988), S. 69; Andres (1989), S. 149 f.; Heinrich (1992), S. 482.

len? Der Vorteil liegt allerdings nicht in einem größeren Güterangebot, sondern in geringeren Zinskosten.

Wegen der scheinbar zentralen Bedeutung, durch Ausnutzung komparativer Kostenvorteile Finanzierungskosten via
Swap zu senken, wird im folgenden geprüft, inwieweit Ricardos Theorem geeignet ist, die Kostensenkungsthese zu
stützen. Es scheint nützlich zu sein, zunächst Ricardos
Theorem der komparativen Kosten darzustellen und anschließend der Frage nachzugehen, ob sich dieses Theorem
auf Zinsswaps übertragen läßt.

I. Ricardos Theorem der komparativen Kosten

Ricardos Theorem der komparativen Kosten als Erklärungsansatz des internationalen Handels befaßt sich mit der
Frage, ob und unter welchen Bedingungen zwei Länder ihr
Güterangebot durch Außenhandel erhöhen können. Es gelten
folgende Annahmen:

1. Annahmen

1. Die Länder A und B produzieren jeweils und
   ausschließlich die Güter X und Y.

2. Die Güter werden mit Arbeitskraft produziert
   und die Kosten in Arbeitsstunden gemessen.[1] A

---

[1] Hinter dieser Annahme verbirgt sich die von den Klassikern
vertretene Arbeits-(Kosten-)Wertlehre. Nur Güter, deren Herstellung gleich große Arbeitsmengen erfordern, sind im Sinne
der Arbeitswertlehre gleichwertig. Der Wert eines Gutes steigt
proportional zur Menge der eingesetzten Arbeit; die Arbeits-
produktivität ist konstant. Die Arbeitswertlehre reduziert die
Produktionsfunktion zu einer (linearen) Ein-Faktor-Produk-
tionsfunktion. Neben dem Faktor Arbeit wird anderen Faktoren
wie Kapital und Boden nur eine untergeordnete Bedeutung beige-
messen oder sie werden als Ergebnis geleisteter Arbeit aufge-
faßt (Arbeitsspeicher), siehe Heller (1973), S. 34. Zur Kritik
an der Arbeitswertlehre siehe Haberler (1933, Nachdruck 1970),
S. 97 und 101.

benötigt x_A Stunden zur Produktion einer Einheit X und y_A Stunden zur Herstellung einer
Einheit Y.[1]

3. Die vorhandenen Arbeitskräfte werden vollständig zur Güterproduktion eingesetzt. Im Land A
   leisten sie T_A Arbeitsstunden. Darüber hinaus
   besteht kein Arbeitskräftebedarf. Die Arbeitskräfte sind innerhalb eines Landes vollständig mobil. Jede Arbeitskraft ist in der Lage,
   beide Güter zu produzieren.

4. Es findet kein Austausch von Arbeitskräften
   zwischen den Ländern statt.

5. Produziert A ausschließlich X, erhält es T_A/x_A
   Einheiten X; produziert es hingegen ausschließlich Y, erhält es T_A/y_A Einheiten Y.
   Für jede Einheit X muß A auf die Produktion
   von x_A/y_A Einheiten Y verzichten und für jede
   Einheit Y auf die Herstellung von y_A/x_A Einheiten X, d.h. die Grenzkosten beider Güter
   sind konstant. In Abbildung 2.4 beinhaltet die
   Transformationsgerade sämtliche Güterkombinationen, die das Land A realisieren kann, z.B.
   die Kombination X_A,Y_A.

---

[1] Die Ausführungen, die sich auf das Land A beziehen, sind ana
log auch auf das Land B zu übertragen.

Abb. 2.4 Transformationsgerade des Landes A

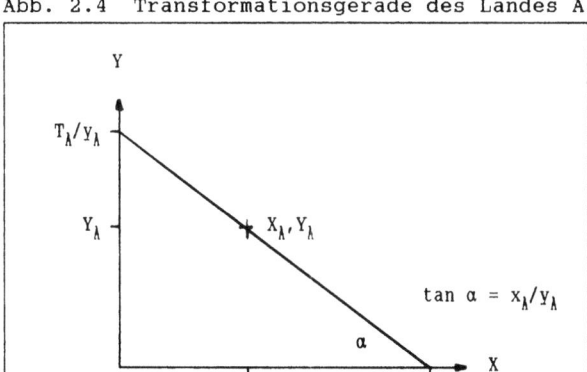

6. Es fallen keine Transport-, Informations- und Kommunikationskosten an.

7. Ein aus dem Güteraustausch zwischen den Ländern resultierendes höheres Güterangebot wird sofort nachgefragt.

2. Güterproduktion ohne Außenhandel

Ohne Außenhandel beträgt die gesamte Güterproduktion der Länder A und B $X_A + X_B$ Einheiten X und $Y_A + Y_B$ Einheiten Y (Abbildung 2.5).

Abb. 2.5 Güterproduktion in den Ländern A und B
ohne Außenhandel

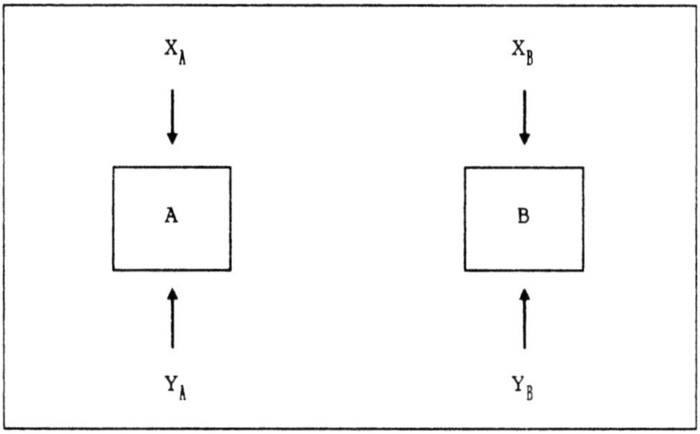

3. Güterproduktion mit Außenhandel

Kein Land kann die Produktion eines Gutes ausweiten, ohne die Herstellung des anderen Gutes zu verringern. Das Angebot von Y kann nur zu Lasten des Angebots von X erhöht werden. Es ist jedoch zu prüfen, ob und unter welchen Voraussetzungen sich durch gemeinsamen Außenhandel das Angebot beider Güter in beiden Ländern erhöhen läßt.

a) Komparative Vorteile als Voraussetzung für ein erweitertes Güterangebot

Unter der Voraussetzung, daß A und B statt der Güterkombination X_A, Y_A und X_B, Y_B die Güterkombinationen X_A', Y_A' und X_B', Y_B' realisieren, könnte die Gesamtproduktion ausgeweitet werden. Die neue Gesamtproduktion übersteigt die alte, wenn

(2.15) $$X_A' + X_B' > X_A + X_B$$

und

(2.16) $$Y_A' + Y_B' > Y_A + Y_B$$

Da ein Land die Produktion eines Gutes nur zu Lasten des anderen Gutes erhöhen kann, können nicht beide Länder vom gleichen Gut mehr produzieren, um ein insgesamt höheres Güterangebot von X und Y zu erreichen. Dieses höhere Güterangebot können A und B nur erzielen, wenn sie vom jeweils anderen Gut mehr produzieren, z.B. erhöht A die Produktion von Y, während B die Herstellung von X ausweitet.

Wenn A die Produktion von Y um ΔY_A erhöht, verringert sich die Produktion von X um $y_A/x_A \; \Delta Y_A$. Wenn B die Produktion von X um ΔX_B erhöht, verringert sich die Produktion von Y um $x_B/y_B \; \Delta X_B$ (Abbildung 2.6).

Abb. 2.6 Güterproduktion in den Ländern A und B unter Berücksichtigung des Außenhandels

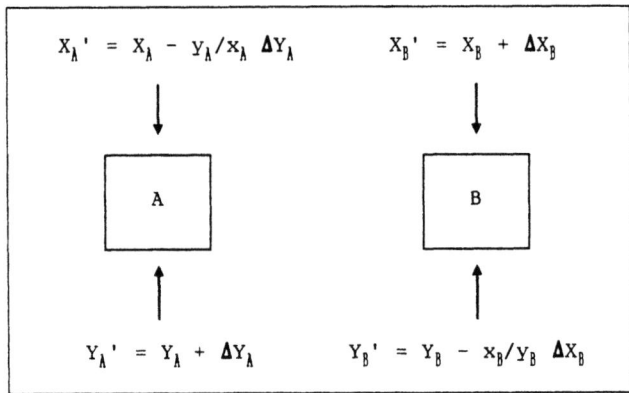

$$X_A' = X_A - y_A/x_A \; \Delta Y_A \qquad X_B' = X_B + \Delta X_B$$

A   B

$$Y_A' = Y_A + \Delta Y_A \qquad Y_B' = Y_B - x_B/y_B \; \Delta X_B$$

Die Gesamtproduktion von Y läßt sich nur steigern, wenn die zusätzliche Produktion von A größer ist als der Produktionsrückgang bei B:

$$(2.17) \qquad \Delta Y_A > \frac{x_B}{y_B} \Delta X_B$$

Die Gesamtproduktion von X läßt sich ebenfalls nur steigern, wenn die zusätzliche Produktion von B größer ist als der Produktionsrückgang bei A:

$$(2.18) \qquad \Delta X_B > \frac{y_A}{x_A} \Delta Y_A$$

oder nach Umformung

$$(2.19) \qquad \frac{x_A}{y_A} \Delta X_B > \Delta Y_A$$

Aus den Ungleichungen (2.17) und (2.19) ergibt sich folgende notwendige Bedingung für eine insgesamt höhere Güterproduktion:[1]

(2.20) $$\frac{x_A}{y_A} > \frac{x_B}{y_B}$$

In Ungleichung (2.20) werden die Verhältnisse der Arbeitsstunden, die die Länder A und B zur Herstellung jeweils einer Einheit X und Y benötigen, in Beziehung gesetzt. Sie lassen sich in zweifacher Weise interpretieren:

1. Die Arbeitsstundenverhältnisse geben die Stei-
    gungen[2] der Transformationsgeraden an. Nach
    dieser Interpretation läßt sich die Gesamtgü-
    terproduktion erhöhen, wenn die Transforma-
    tionsgeraden von A und B unterschiedliche
    Steigungen aufweisen; sie müssen sich nicht
    notwendigerweise schneiden (Abbildung 2.7).

---

[1] Für den Fall, daß A die Produktion von X erhöht, während B die
Herstellung von Y ausweitet, lautet die notwendige Bedingung
$x_A/y_A < x_B/y_B$.

[2] genauer: die negativen Steigungen

Abb. 2.7 Transformationsgeraden der Länder A
          und B

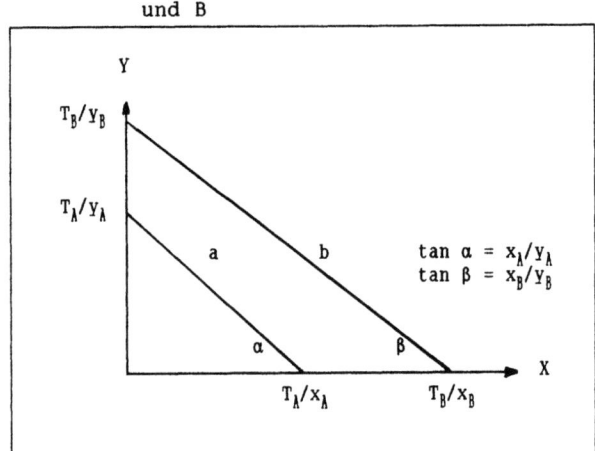

a = Transformationsgerade des Landes A
b = Transformationsgerade des Landes B

2. Die Arbeitsstundenverhältnisse geben die komparativen Kosten im Sinne der Arbeitswertlehre an.[1]

Für das Gut X betragen die komparativen Kosten im Land A x_A/y_A, d.h. es benötigt zur Produktion einer Einheit X,

a) wenn $x_A/y_A > 1$, das x_A/y_A-fache der Zeit, das es zur Produktion einer Einheit Y benötigt,

b) wenn $x_A/y_A < 1$, den y_A/x_A-ten Teil der Zeit, den es zur Produktion einer Einheit Y benötigt.

Für das Gut Y betragen die komparativen Kosten analog y_A/x_A.

---

[1] Zur Arbeitswertlehre siehe S. 57, Fußnote 1.

Einen komparativen Vorteil hat A in der Produktion des Gutes Y, wenn seine komparativen Kosten niedriger sind als die entsprechenden komparativen Kosten des Landes B, wenn also

(2.21)
$$\frac{y_A}{x_A} < \frac{y_B}{x_B}$$

Wenn A einen komparativen Vorteil in der Produktion des Gutes Y hat, hat B gleichzeitig einen komparativen Vorteil in der Produktion des Gutes X, denn durch Umformung der Ungleichung (2.21) ergibt sich

(2.22)
$$\frac{x_B}{y_B} < \frac{x_A}{y_A}$$

In den Gütern, in denen beide Länder absolute Kostenvorteile haben, besitzen sie auch komparative Vorteile. Wenn $x_A < x_B$ und $y_B < y_A$, hat A einen komparativen Vorteil im Gut X und B im Gut Y, da $x_A/y_A < x_B/y_B$. Wenn $x_B < x_A$ und $y_A < y_B$, hat B einen komparativen Vorteil im Gut X und A im Gut Y, da $x_B/y_B < x_A/y_A$.

Komparative Vorteile kann jedoch auch ein Land besitzen, daß in der Herstellung beider Güter absolute Kostennachteile hat, wenn z.B. $x_A < x_B$ und $y_A < y_B$. B kann beide Güter nur mit einem jeweils höheren Arbeitsstundeneinsatz als A produzieren. Dennoch können die Ungleichungen $x_A/y_A < x_B/y_B$ oder $x_B/y_B < x_A/y_A$ mit komparativen Vorteilen für B bei der Herstellung von Y oder X erfüllt sein.

Die Aussage, ein Land besitzt komparative Vorteile in der Herstellung des Gutes, das es mit dem größten abso-

66

luten Vorteil produziert,[1] kann, muß aber nicht richtig
sein. Wenn

$$(2.23) \qquad y_B - y_A > x_B - x_A > 0$$

hat A den größten absoluten Vorteil in der Herstellung
des Gutes Y. Einen komparativen Vorteil hat es in diesem
Gut, wenn

$$(2.24) \qquad \frac{y_A}{x_A} < \frac{y_B}{x_B}$$

Für den Fall, daß $x_A = \lambda y_A$ und $x_B = \lambda y_B$ mit $0 < \lambda < 1$, ist
Ungleichung (2.23) erfüllt, Ungleichung (2.24) hingegen
nicht.

Ricardo hat mit dem Theorem der komparativen Kosten gezeigt, daß Außenhandel nicht nur lohnt, wenn beide Länder ein Gut im Vergleich zum anderen Land absolut günstiger herstellen können, sondern auch, wenn ein Land
beide Güter nur mit absolut höheren Kosten produzieren
kann. Damit ließe sich die Darstellung von Ricardos
Theorem der komparativen Kosten abschließen; das Theorem
enthält keine Aussagen darüber, in welchem Umfang sich
das Güterangebot erhöht und in welchem Verhältnis beide
Länder ihre Güter austauschen. Wenn jedoch die Analogie
geringerer Zinskosten auf den Finanzmärkten mit einem
größeren Güterangebot auf den Gütermärkten zutreffend
sein sollte, ließen sich aus dem Ausmaß von Produktionserhöhungen ggf. Rückschlüsse auf den Umfang geringerer
Zinskosten via Swap ziehen. Daher könnten die folgenden
Ausführungen zum Ausmaß von Produktionserhöhungen und
zum Verhältnis des Güteraustausches nützlich sein.

---

[1]   Gröschel (1987), S. 247.

b) Ausmaß von Produktionserhöhungen

In welchem Ausmaß A die Herstellung von Y und B die Produktion von X ausdehnen sollte, ergibt sich aus den Ungleichungen (2.17) und (2.19). Danach ist

$$(2.25) \qquad \frac{\Delta Y_A}{\Delta X_B} > \frac{x_B}{y_B}$$

und

$$(2.26) \qquad \frac{\Delta Y_A}{\Delta X_B} < \frac{x_A}{y_A}$$

Das Verhältnis der jeweiligen Produktionserhöhungen
$\Delta Y_A / \Delta X_B$ liegt innerhalb der Grenzen von x_B / y_B und x_A / y_A:

$$(2.27) \qquad \frac{x_B}{y_B} < \frac{\Delta Y_A}{\Delta X_B} < \frac{x_A}{y_A}$$

ΔY_A und ΔX_B werden begrenzt durch die gesamten Arbeitsstunden, die Arbeitsstunden je Einheit und die bislang
hergestellten Mengen:

$$(2.28) \qquad \Delta Y_A \leq \frac{T_A}{y_A} - Y_A$$

$$(2.29) \qquad \Delta X_B \leq \frac{T_B}{x_B} - X_B$$

Setzt man diese Grenzen in die Ungleichung (2.27) ein,
ergeben sich weitere Begrenzungen für ΔY_A und ΔX_B:

$$(2.30) \qquad \Delta Y_A \leq \frac{x_A}{y_A} \left(\frac{T_B}{x_B} - X_B \right)$$

$$(2.31) \qquad \Delta X_B \leq \frac{y_B}{x_B} \left(\frac{T_A}{y_A} - Y_A \right)$$

Damit kann A die Produktion von Y um maximal

$$(2.32) \qquad \Delta Y_A^{max} = \min \left\{ \frac{T_A}{y_A} - Y_A; \frac{x_A}{y_A} \left(\frac{T_B}{x_B} - X_B \right) \right\}$$

erhöhen und B die Herstellung von X um höchstens

$$(2.33) \qquad \Delta X_B^{max} = \min \left\{ \frac{T_B}{x_B} - X_B; \frac{y_B}{x_B} \left(\frac{T_A}{y_A} - Y_A \right) \right\}$$

Nach Abbildung 2.6 beträgt die Gesamterhöhung von Y

$$(2.34) \qquad \Delta Y = \Delta Y_A - \frac{x_B}{y_B} \Delta X_B$$

und von X

$$(2.35) \qquad \Delta X = \Delta X_B - \frac{y_A}{x_A} \Delta Y_A$$

Die Gleichungen (2.34) und (2.35) lassen sich umformen in

$$(2.36) \qquad \Delta Y = \Delta Y_A \left(1 - \frac{x_B}{y_B} \frac{\Delta X_B}{\Delta Y_A} \right)$$

(2.37)
$$\Delta X = \Delta X_B \left(1 - \frac{y_A}{x_A} \frac{\Delta Y_A}{\Delta X_B} \right)$$

Bei einem gegebenen Verhältnis der Produktionserhöhungen $\Delta Y_A / \Delta X_B$, das die Ungleichung (2.27) erfüllt, ist der Gesamtzuwachs von Y am größten, wenn A seine Produktion von Y weitestmöglich ausdehnt; ebenso ist der Zuwachs von X maximal, wenn B möglichst viele Einheiten X herstellt. Das führt zu einer Spezialisierung mindestens eines Landes auf die Herstellung eines Gutes.[1]

c) Verhältnis des Güteraustausches

Damit die Güterproduktion nicht nur insgesamt größer ist, sondern auch beide Länder über mehr Güter verfügen, sollten die zusätzlich produzierten Güter nicht gänzlich exportiert und mehr als die von der Produktionseinschränkung betroffenen Güter importiert werden.

(2.38)
$$\Delta Y_A > Y_A^{Ex} = Y_B^{Im} > \frac{x_B}{y_B} \Delta X_B$$

(2.39)
$$\Delta X_B > X_B^{Ex} = X_A^{Im} > \frac{y_A}{x_A} \Delta Y_A$$

---

[1] Die Möglichkeit, daß die maximale Produktionserhöhung in beiden Ländern nicht zu einer vollständigen Spezialisierung führt, kann ausgeschlossen werden. Die Ungleichungen

$$x_A/y_A \ (T_B/x_B - X_B) < T_A/y_A - Y_A$$

und

$$y_B/x_B \ (T_A/y_A - Y_A) < T_B/x_B - X_B$$

sind gleichzeitig nur erfüllt, wenn $x_A/y_A < x_B/y_B$. Diese Bedingung steht jedoch im Widerspruch zu Ungleichung (2.21).

Abb. 2.8 Güteraustausch zwischen den Ländern A
und B

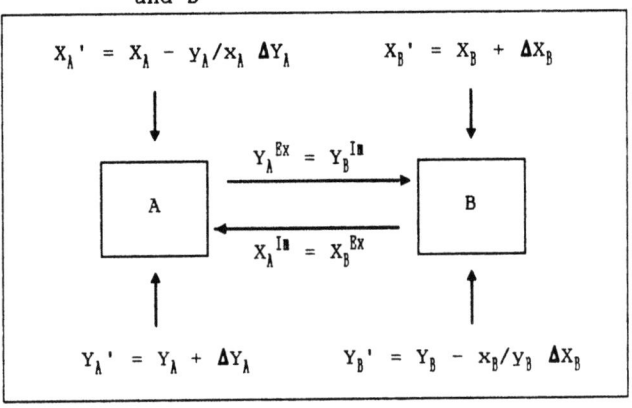

$$X_A' = X_A - y_A/x_A \, \Delta Y_A \qquad\qquad X_B' = X_B + \Delta X_B$$

$$Y_A^{Ex} = Y_B^{Im}$$

$$X_A^{Im} = X_B^{Ex}$$

$$Y_A' = Y_A + \Delta Y_A \qquad\qquad Y_B' = Y_B - x_B/y_B \, \Delta X_B$$

Aus $\Delta Y_A > Y_A^{Ex}$ und $X_A^{Im} > \dfrac{y_A}{x_A} \Delta Y_A$ folgt

(2.40) $$\frac{x_A}{y_A} > \frac{Y_A^{Ex}}{X_A^{Im}}$$

und aus $\Delta X_B > X_B^{Ex}$ und $Y_B^{Im} > \dfrac{x_B}{y_B} \Delta X_B$ folgt

(2.41) $$\frac{y_B}{x_B} > \frac{X_B^{Ex}}{Y_B^{Im}}$$

Da $X_B^{Ex} = X_A^{Im}$ und $Y_B^{Im} = Y_A^{Ex}$, lassen sich Ungleichungen
(2.40) und (2.41) zusammenfassen in

(2.42) $$\frac{x_A}{y_A} > \frac{Y_A^{Ex}}{X_A^{Im}} > \frac{x_B}{y_B}$$

Damit der Außenhandel in beiden Ländern zu einem höheren
Güterangebot führt, sollte das Austauschverhältnis kleiner als das Arbeitsstundenverhältnis im Land A und größer als das Arbeitsstundenverhältnis im Land B sein.

d) Beispiel

Die bisherigen Ausführungen lassen sich durch folgendes
Beispiel illustrieren; Tabelle 2.3 enthält die Anzahl
der Arbeitsstunden, die in den Ländern A und B geleistet
werden, die Anzahl der Stunden, die die Länder A und B
zur Herstellung einer Einheit X oder Y benötigen, die
Menge, die bei ausschließlicher Produktion des Gutes X
oder Y hergestellt werden kann und die komparativen Kosten der Güter X und Y.

Tab. 2.3 Ausgangsdaten für das Beispiel

Land		A	B
Arbeitsstunden		2.000	4.200
Stunden zur Herstel-lung einer Einheit	X	4	6
	Y	5	12
Maximale Menge bei Spezialisierung auf Gut	X	500	700
	Y	400	350
Komparative Kosten des Gutes	X	0,80	0,50
	Y	1,25	2,00

Ein Vergleich der komparativen Kosten zeigt, daß A einen
komparativen Vorteil in der Herstellung des Gutes Y besitzt, B hingegen in der Produktion des Gutes X. Es werden drei Szenarien betrachtet, die sich durch die Pro-

duktionsmengen der Länder A und B vor Aufnahme des Außenhandels unterscheiden:

Tab. 2.4   Produktionsmengen vor Aufnahme des
           Außenhandels

Szenarium	1		2		3	
Gut Land	A	B	A	B	A	B
X	300	500	450	100	300	100
Y	160	100	40	300	160	300

Ihre komparativen Vorteile können die beiden Länder nutzen, indem A die Produktion von Y und B die Herstellung
von X ausweitet. Die maximalen Produktionserhöhungen betragen nach den Gleichungen (2.32) und (2.33)

Tab. 2.5   Maximale Produktionserhöhungen

Szena-rium	ΔY_A^{max}	ΔX_B^{max}
1	min (240; 160) = 160	min (200; 480) = 200
2	min (360; 480) = 360	min (600; 720) = 600
3	min (240; 480) = 240	min (600; 480) = 480

Bei einem angenommenen Verhältnis der Produktionserhö-
hungen $\Delta Y_A / \Delta X_B$ von 0,6 erhöht A die Herstellung von Y und
B die Produktion von X um

Tab. 2.6   Tatsächliche Produktionserhöhungen

Szenarium	ΔY_A	ΔX_B
1	120	200
2	360	600
3	240	400

Diese Produktionserhöhungen, verbunden mit entsprechenden Produktionssenkungen des jeweils anderen Gutes führen zu folgenden Herstellungsmengen X' und Y':

Tab. 2.7   Produktionsmengen mit Außenhandel

Szenarium	1		2		3	
Gut \ Land	A	B	A	B	A	B
X	300	500	450	100	300	100
Y	160	100	40	300	160	300
ΔX	-150	+200	-450	+600	-300	+400
ΔY	+120	-100	+360	-300	+240	-200
X'	150	700	0	700	0	500
Y'	280	0	400	0	400	100

Es ergeben sich unterschiedliche Spezialisierungseffek-
te. Im Szenarium 1 spezialisiert sich nur B, im Szenarium 2 spezialisieren sich A und B und im Szenarium 3 spezialisiert sich nur A.

Der Außenhandel führt in beiden Ländern zu einem höheren
Güterangebot, wenn die zusätzlich hergestellten Mengen

eines Gutes nicht insgesamt exportiert und mehr als die vom Produktionsrückgang des anderen Gutes betroffenen Mengen importiert werden. Folgende Tabelle enthält mögliche Export- und Importmengen, die diese Bedingung erfüllen:

Tab. 2.8 Erhöhung des Güterangebots durch Außenhandel

Szenarium	1				2				3			
Land	A		B		A		B		A		B	
Gut	X	Y	X	Y	X	Y	X	Y	X	Y	X	Y
Produktion mit Außenhandel	150	280	700	0	0	400	700	0	0	400	500	100
Export	-	110	175	-	-	340	540	-	-	220	360	-
Import	175	-	-	110	540	-	-	340	360	-	-	220
Gesamtgütermenge	325	170	525	110	540	60	160	340	360	180	140	320
Produktion ohne Außenhandel	300	160	500	100	450	40	100	300	300	160	100	300
zusätzliche Gütermenge	+25	+10	+25	+10	+90	+20	+60	+40	+60	+20	+40	+20

Aus Tabelle 2.8 läßt sich ablesen, daß nicht beide Länder notwendigerweise im gleichen Umfang vom Außenhandel profitieren müssen.

II. **Zur Übertragbarkeit von Ricardos Theorem der komparativen Kosten auf Zinsswaps**

Ein Vertrag über den Austausch von 110 Einheiten Y gegen 175 Einheiten X (Außenhandelsvereinbarung nach dem Szenarium 1) ist nach Ungleichung (2.42) für A und B sinnvoll, wenn das Arbeitsstundenverhältnis von A (x_A/y_A) größer und das Arbeitsstundenverhältnis von B (x_B/y_B) kleiner als das Austauschverhältnis (Y_A^{Ex}/X_A^{Im}) ist.

Läßt man die Möglichkeit zu, daß die tatsächlichen Arbeitsstundenverhältnisse nach Vertragsabschluß von den
bei Vertragsabschluß erwarteten abweichen können,[1] kann
sich der Vertrag für A und/oder B als nicht sinnvoll erweisen. Für A wäre der Vertrag nicht sinnvoll, wenn sein
künftiges Arbeitsstundenverhältnis kleiner als das Austauschverhältnis ist, d.h. wenn A zur Herstellung von
110 Einheiten Y mehr Arbeitsstunden einsetzen muß als
zur Produktion von 175 Einheiten X. Ebenso wäre der Vertrag für B nicht sinnvoll, wenn sein künftiges Arbeitsstundenverhältnis größer als das Austauschverhältnis
ist, d.h. wenn B zur Herstellung von 175 Einheiten X
mehr Arbeitsstunden einsetzen muß als zur Produktion von
110 Einheiten Y.

Je nach Übereinstimmung der tatsächlichen mit den erwarteten Arbeitsstundenverhältnissen ergeben sich für A und
B unterschiedliche Vor- und Nachteile:

1. Wenn die tatsächlichen Arbeitsstundenverhält-
    nisse von A und B wie erwartet größer oder
    kleiner als das Austauschverhältnis sind,[2]
    können A und B gemeinsam Vorteile aus der Ver-
    einbarung ziehen.[3]

2. Wenn nur das Arbeitsstundenverhältnis von A

---

[1] Veränderungen der Arbeitsstundenverhältnisse können sich z.B.
     durch klimatische Veränderungen oder den technischen Fort-
     schritt ergeben.

[2] A erwartet ein Arbeitsstundenverhältnis, das größer als das
     Austauschverhältnis ist und B ein Arbeitsstundenverhältnis,
     das kleiner als das Austauschverhältnis ist.

[3] Ricardos Theorem der komparativen Kosten basiert auf Arbeits-
     stundenverhältnissen, die sich im Zeitablauf nicht verändern.
     Daher gibt es keine Abweichungen der tatsächlichen von den
     erwarteten Arbeitsstundenverhältnissen.

wie erwartet größer oder nur das Arbeitsstundenverhältnis von B wie erwartet kleiner als
das Austauschverhältnis ist, können nur A oder
B einen Vorteil aus der Vereinbarung ziehen.

3. Wenn die tatsächlichen Arbeitsstundenverhältnisse von A und B nicht wie erwartet größer
oder kleiner als das Austauschverhältnis sind,
haben beide keinen Vorteil. Sie sind im Gegen-
teil benachteiligt, wenn sie zur Produktion
des Liefergutes mehr Arbeitsstunden einsetzen
müssen als sie durch den Fremdbezug des anderen Gutes einsparen. In diesem Fall ist anzunehmen, daß A und B an einer Vertragserfüllung
nicht interessiert sind.

Ricardos Theorem der komparativen Kosten basiert auf unterschiedlichen Arbeitsstundenverhältnissen in beiden
Ländern. Wäre eine Außenhandelsvereinbarung auch sinnvoll, wenn es in beiden Ländern nur ein einheitliches
Arbeitsstundenverhältnis gäbe? Für A wäre die Vereinbarung vorteilhaft, wenn sich nach Vertragsabschluß ein
Arbeitsstundenverhältnis ergibt, das größer als das Austauschverhältnis ist und für B, wenn sich ein Arbeitsstundenverhältnis ergibt, das kleiner als das Austauschverhältnis ist. Es ist offensichtlich, daß bei diesen
konträren Erwartungen nur ein Vertragspartner gewinnen
kann. Die Vereinbarung ähnelt einer Wette. Je nachdem,
wie sich das Arbeitsstundenverhältnis entwickelt, wird
der eine oder der andere Vertragspartner begünstigt. Allerdings besteht auch die Möglichkeit, daß kein Vertragspartner gewinnt, wenn das zukünftige Arbeitsstundenverhältnis dem Austauschverhältnis entspricht.

Die Vorteilhaftigkeitsbedingungen einer Außenhandelsvereinbarung zwischen A und B sind für abweichende oder

identische Arbeitsstundenverhältnisse nach Abschluß der Vereinbarung in Tabelle 2.9 enthalten. Zum Vergleich ist der Außenhandelsvereinbarung eine Swapvereinbarung gegenübergestellt, in dem A 6 % gegen LIBOR zahlt.

Tab. 2.9 Vorteilhaftigkeitsbedingungen für eine Außenhandelsvereinbarung und eine Swapvereinbarung

	Außenhandels-vereinbarung		Swapvereinbarung
	$\begin{array}{c} 110\ Y \\ A \longleftrightarrow B \\ 175\ X \end{array}$		$\begin{array}{c} 6\ \% \\ A \longleftrightarrow B \\ LIBOR \end{array}$
Arbeits-stunden-verhältnis	$\dfrac{x_A}{y_A} \neq \dfrac{x_B}{y_B}$	$\dfrac{x_A}{y_A} = \dfrac{x_B}{y_B} = \dfrac{x}{y}$	
Für A sinn-voll, wenn	$\dfrac{x_A}{y_A} > \dfrac{110}{175}$	$\dfrac{x}{y} > \dfrac{110}{175}$	LIBOR > 6 %
Für B sinn-voll, wenn	$\dfrac{x_B}{y_B} < \dfrac{110}{175}$	$\dfrac{x}{y} < \dfrac{110}{175}$	LIBOR < 6 %

Die Vorteilhaftigkeitsbedingung einer Swapvereinbarung weist für A und B die gleiche Struktur wie die einer Außenhandelsvereinbarung auf. Beide Vereinbarungen enthalten bei Vertragsabschluß fixierte Werte: das Austauschverhältnis in der Außenhandelsvereinbarung und den Festzinssatz in der Swapvereinbarung. Von der Entwicklung der variablen Größen, den Arbeitsstundenverhältnissen und dem LIBOR-Zinssatz, hängt für die Vertragspartner der Erfolg ihrer Vereinbarung ab. Der für beide Swappartner einheitliche LIBOR-Zinssatz läßt sich mit dem identischen Arbeitsstundenverhältnis in der Außenhandelsvereinbarung vergleichen. Ein Äquivalent für abweichende Arbeitsstundenverhältnisse gibt es in einem Swap

nicht.[1] Wenn aber in beiden Ländern identische Arbeitsstundenverhältnisse herrschen, hat kein Vertragspartner
komparative Vorteile. Aus dem Vergleich einer Swapvereinbarung mit einer Außenhandelsvereinbarung zwischen
Ländern mit identischen Arbeitsstundenverhältnissen ergibt sich daher, daß auch in einem Swap die Vertragspartner keine komparativen Vorteile besitzen.[2] Damit
lassen sich auch keine komparativen Kostenvorteile zur
Senkung der Finanzierungskosten via Swap ausnutzen.[3] Es
bleibt festzuhalten, daß Ricardos Theorem der komparativen Kosten nicht geeignet ist, die Kostensenkungsthese
zu stützen.[4]

---

[1] Es ist nicht anzunehmen, daß für A ein anderer LIBOR-Satz gilt
als für B.

[2] Komparative Vorteile könnten sich ergeben, wenn dem Swap ein
gespaltener LIBOR-Satz zugrunde läge; diese Annahme ist aber
abwegig.

[3] Nach der Monatlichen Bilanzstatistik der Bundesbank sind bis
November 1993 unter der Position Zins- und Währungsswaps „...
Kapitalbeträge von Swapgeschäften auszuweisen, deren Zinsver-
bindlichkeiten oder/und Währungsbeträge *mit dem Ziel* getauscht
worden sind, *die relativen Vorteile, die jede Partei gegenüber
der jeweils anderen aufgrund ihrer individuellen Geschäfts-
situation in einem bestimmten Finanzmarkt hat, im Hinblick auf
die unterschiedliche Interessenlage gegenseitig zu nutzen*";
Deutsche Bundesbank (1991), S. 44. Die kursiv wiedergegebene
Textpassage hat die Bundesbank in ihre Richtlinien für die ab
Dezember 1993 geltenden Meldungen der Kreditinstitute zur
Monatlichen Bilanzstatistik nicht übernommen; Deutsche Bundesbank (1992), S. 33. Dieser Verzicht ist nach Ansicht des
Verfassers folgerichtig; relative Vorteile, die nicht existie-
ren, lassen sich nicht nutzen. Es bleibt die Frage, ob bis
November 1993 auch Swaps erfaßt werden, mit denen Kreditinsti-
tute andere Ziele verfolgen.

[4] Auf die in der Literatur vorgestellten Ansätze, Ricardos Theorem der komparativen Kosten auf Zinsswaps zu übertragen, siehe
u.a. Arnold und Burg (1987) und Wichmann (1988), geht der
Verfasser daher nicht mehr ein.

Ein Vergleich zu Ricardos Theorem der komparativen Kosten sollte auch deshalb nicht gezogen werden, weil die
Außenhandelsländer nach diesem Theorem bereits bei Vertragsabschluß mit Sicherheit davon ausgehen können, daß
die Vereinbarung für sie vorteilhaft ist. Sie wissen,
daß sie für die Herstellung der Güter, die sie exportie-
ren müssen, um das gewünschte Importgut zu erhalten, weniger Arbeitsstunden einzusetzen brauchen, als wenn sie
das Importgut selbst produzieren. Ein Vergleich mit den
Zinsswaps wäre überzeugender, wenn über das zukünftige
Arbeitsstundenverhältnis Unsicherheit bestünde;[1] in diesem Fall könnte sich die Außenhandelsvereinbarung auch
als nicht vorteilhaft erweisen, wenn zur Herstellung des
Exportgutes mehr Arbeitsstunden aufzuwenden wären als
zur Eigenproduktion des Importgutes. Unterschiedliche
Arbeitsstundenverhältnisse im Zeitpunkt des Vertragsab-
schlusses vorausgesetzt, könnte die Außenhandelsvereinbarung trotz einer Änderung der Arbeitsstundenverhältnisse für beide Partner vorteilhaft sein. Eine Änderung
des Zinsniveaus hingegen hat bei Zinsswap für einen
Swappartner regelmäßig höhere Auszahlungen und/oder geringere Einzahlungen zur Folge.

Die Vorstellung, mit Zinsswaps ließen sich Finanzierungskosten durch Ausnutzung komparativer Vorteile senken, scheint wenig überzeugend zu sein. Es stellt sich
daher die Frage, ob nicht ein anderer Ansatz besser geeignet ist, die steigende Nachfrage nach Zinsswaps zu
erklären. Im folgenden dritten Teil wird nach dem Barwertkriterium geprüft, unter welchen Voraussetzungen
sich der Abschluß einer Swapvereinbarung für die Swappartner lohnt und welche Einsatzmöglichkeiten sich daraus für einen Swap ergeben. Der Barwertansatz bietet die
Möglichkeit, die Swapvereinbarung unabhängig von anderen

---

[1] Damit bestünde auch Unsicherheit über die zukünftigen komparativen Kosten.

„Grund-" Geschäften zu betrachten. Damit läßt sich auch
der Eindruck vermeiden, daß es sich bei Swaps um Zusatz-
vereinbarungen handelt, die mit dem Grundgeschäft eine
Einheit bilden.

Teil 3
Der Barwert als Entscheidungskriterium für den Abschluß eines Zinsswaps

A. Unabhängigkeit der Swapentscheidung

Auch ohne den Hinweis auf Ricardos Theorem der komparativen Kosten scheinen Zweifel an der Kostensenkungsthese berechtigt zu sein, die sich aus folgenden Überlegungen ergeben:

Angenommen, A emittiert eine Floating Rate Note zu LIBOR, verwendet den Emissionserlös zum Kauf einer Floating Rate Note zu LIBOR + 1 % des Unternehmens B geringerer Bonität und begibt zusätzlich eine Kupon-Anleihe zu 6 %[1] (Abbildung 3.1); hat A damit seine Finanzierungskosten um einen Prozentpunkt auf 5 % senken können? Diese vielleicht überraschende Frage läßt sich nur verneinen.

Emissionsvolumen und Laufzeit der Anleihen stimmen überein.

Abb. 3.1 Emission einer Kupon-Anleihe, einer
Floating Rate Note und Erwerb einer Floating Rate Note

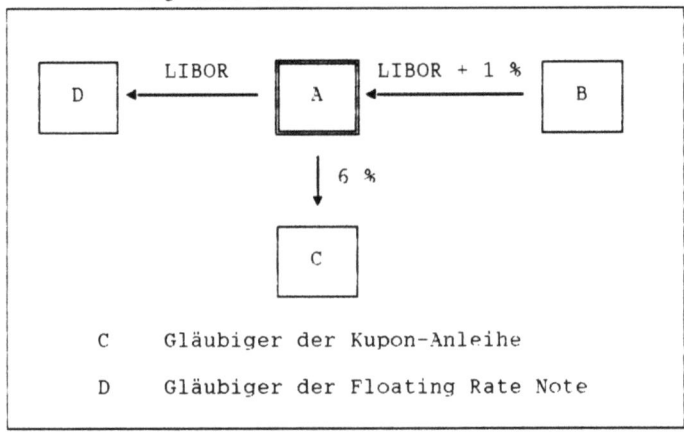

A hat mit dem Erwerb der Floating Rate Note zu LIBOR +
1 % ein Ausfallrisiko übernommen, für das er durch die
Renditedifferenz von einem Prozentpunkt einen angemessenen Ausgleich erhält. Die Risikoprämie soll A vor Nettoverlusten schützen; sie hingegen als Kostenreduktionspo-
tential für die ebenfalls aufgenommenen festverzinslichen Finanzierungsmittel anzusehen, erscheint nicht
sachgerecht. Beide Transaktionen, die Emission der Kupon-Anleihe und der Erwerb der Floating Rate Note, sollten unabhängig voneinander betrachtet werden.

Wenn A hingegen statt der Emission einer 6 %igen Kupon-
Anleihe einen Swap mit B vereinbart, demzufolge A an B
6 % gegen Erhalt von LIBOR + 1 % (oder 5 % gegen LIBOR)
auf einen dem Anleihevolumen entsprechenden Basisbetrag
zahlt, hat sich an der finanziellen Gesamtbelastung für
A grundsätzlich nichts geändert (Abbildung 3.2). Ließe
sich nun behaupten, A hätte durch diese Swapvereinbarung
Finanzierungsmittel zu 5 % aufgenommen?

Abb. 3.2 Emission einer Floating Rate Note und Vereinbarung eines Swaps fest gegen variabel

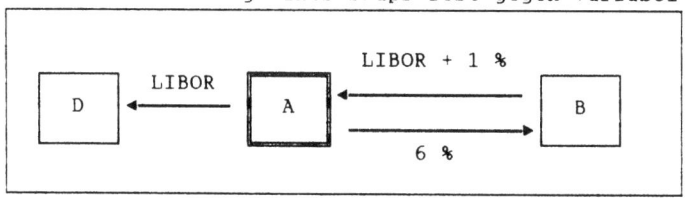

Statt Zinsen aus einer Kupon-Anleihe an andere Gläubiger
zu zahlen, erhält B diese Zahlungen im Swap. Dieser Emp-
fängerwechsel hat zunächst keinen Einfluß auf das von A
mit der Floating Rate Note übernommene Ausfallrisiko.
Die „Ersparnis" von einem Prozentpunkt wäre auch weiterhin als Risikoprämie zu interpretieren. Da im Swap jedoch nur Nettobeträge gezahlt werden, könnte A bei Ausfall von B aufrechnen und seinen Verlust reduzieren.
Durch diese Risikopositionsverbesserung wäre eine Risikoprämie von einem Prozentpunkt nicht mehr angemessen.
Der Teil der Risikoprämie, der zum Risikoausgleich nicht
benötigt wird, könnte tatsächlich als Gewinn oder Zins-
senkung für A interpretiert werden. Das würde aber vor-
aussetzen, daß B die Positionsverbesserung von A nicht
erkennt und weiterhin LIBOR + 1 % zahlt. Erkennt B hingegen das geringere Risiko für A, ist anzunehmen, daß B
nur zur Zahlung einer entsprechend geringeren Risikoprämie bereit sein wird.[1]

Finanzierungskosten durch vereinnahmte Risikoprämien
senken zu wollen, käme der Saldierung unterschiedlicher
Erfolgsquellen gleich. Das Entgelt für die Kapitalüber-
lassung mit dem Entgelt für die Risikoübernahme zu ver-
rechnen, erscheint wenig überzeugend zu sein.

---

[1] Der Frage nach einer angemessenen Risikoprämie im Swap wird im
Abschnitt C.I.2 nachgegangen.

Fraglich ist deshalb, ob die der Kostensenkungsthese
entsprechende Emission einer Floating Rate Note verbunden mit einem Swap fest gegen variabel eine sinnvolle
Alternative zur Emission einer Kupon-Anleihe ist (Abbildung 3.3).[1]

Abb. 3.3 Gegenüberstellung von Swapalternative und
          Nichtswapalternative nach der Kostensen-
          kungsthese

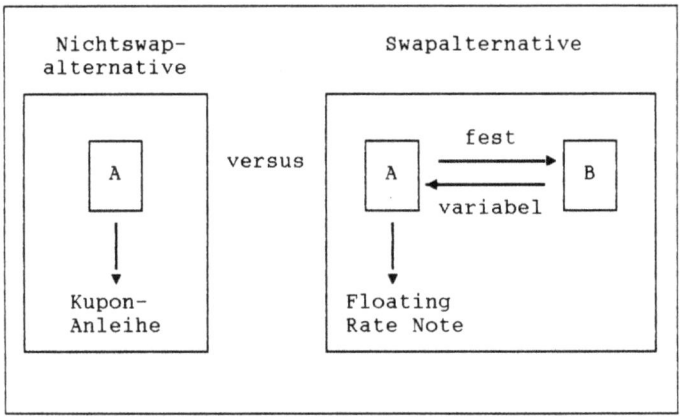

Warum sollte A seinen Finanzierungsmittelbedarf einer-
seits durch die Emission einer Floating Rate Note und
andererseits durch die Emission einer Kupon-Anleihe
decken? Es wäre sinnvoll, wenn A in jedem Fall die Anleihe emittiert, aus der er die geringeren Zinszahlungen
erwartet. Erwartet er sie bei der Floating Rate Note,
wäre nicht einzusehen, warum er die Emission einer Kupon-Anleihe in Betracht ziehen sollte. Ebenso erscheint
es nicht plausibel, warum A, wenn er aus dem Swap einen

---

[1] In diesen Zusammenhang kann auch der Begriff der „swapindu-
     zierten Anleihe", Röller (1985), gestellt werden. Offensicht-
     lich handelt es sich hierbei um eine Anleihe, die ohne Swap
     nicht begeben worden wäre, deren Emission also einen Swap vor-
     aussetzt.

Zahlungsüberschuß erwartet, den Swap nicht auch in Verbindung mit der Kupon-Anleihe abschließen sollte.

A steht nicht, wie man es nach der Kostensenkungsthese
vermuten könnte, vor der Entscheidung, ob er anstelle
einer Kupon-Anleihe eine Floating Rate Note emittiert
und gleichzeitig einen Swap fest gegen variabel vereinbart, sondern A steht vor zwei voneinander unabhängigen
Entscheidungen:

1. ob er eine Kupon-Anleihe oder eine Floating Rate Note emittiert und

2. ob er einen Swap vereinbart oder nicht;
   im Swap kann A Festzinszahler oder Festzinsempfänger sein.

Beide Entscheidungen kann A nach dem Barwertkriterium
treffen. Aus der Sicht der Marktteilnehmer, oder kurz
des Marktes, beträgt der Barwert einer Kupon-Anleihe und
einer Floating Rate Note ohne Berücksichtigung von Ausfallrisiken:[1]

---

[1] Der Einfachheit halber wird für diese Arbeit die Gültigkeit
der Erwartungstheorie unterstellt. Sie beruht auf der Annahme,
daß die heutigen Zinssätze für zukünftige Perioden (forward
rates) unverzerrte Schätzungen zukünftiger Periodenzinssätze
(future rates) sind; siehe Kessel (1965), S. 6. Zur Erwartungstheorie siehe auch Van Horne (1984), S. 104-112. Ferner
wird angenommen, daß der Markt die zukünftigen Zinssätze auf
einjährige Anlagen mit Sicherheit erwartet. Liquiditätsprämien, die nach der Liquiditätspräferenztheorie einen Ausgleich
für unsichere Zinserwartungen risikoaverser Marktteilnehmer
darstellen, werden daher nicht berücksichtigt. Zur Liquiditätspräferenztheorie, die sich als Modifikation oder Erweite-
rung der Erwartungstheorie ansehen läßt, siehe Van Horne
(1984), S. 112-115.

$$(3.1) \qquad PV_M = \sum_{t=1}^{n} \frac{c_t K}{\prod_{j=1}^{t} (1+I_j)} + \frac{K}{\prod_{t=1}^{n} (1+I_t)}$$

mit

$I_{t\,(j)}$ = vom Markt für das Jahr t (j) erwarteter Zinssatz auf einjährige risikofreie Anlagen,

K = Nennwert,

PV_M = Barwert einer Kupon-Anleihe oder einer Floating Rate Note aus der Sicht des Marktes,

c = Zinssatz einer Kupon-Anleihe,

c_t = $\begin{cases} c, \text{ wenn Kupon-Anleihe} \\ I_t, \text{ wenn Floating Rate Note,} \end{cases}$

n = Laufzeit,

t,j = Laufindices.

Die Barwerte der Kupon-Anleihe und der Floating Rate Note stimmen im Gleichgewicht überein; ansonsten wäre mit einer größeren Nachfrage nach den Finanzierungsmitteln mit dem günstigeren Barwert zu rechnen, die wiederum zu einer Angleichung der Barwerte führt.[1]

Aus der Sicht von A beträgt der Barwert einer Kupon-Anleihe und einer Floating Rate Note ohne Berücksichtigung von Ausfallrisiken:

---

[1] Auf der Annahme effizienter Märkte für festverzinsliche und variabel verzinsliche Finanzierungsmittel beruht die Analyse von Turnbull (1987), der der Frage nachgeht, ob Swaps ein Nullsummenspiel sind. Der Verfasser greift diese Fragestellung nicht mehr auf, da Turnbull auch die „zugrundeliegenden" Anleihen einbezieht und auf eine getrennte Betrachtung verzichtet.

$$(3.2) \qquad PV_A = \sum_{t=1}^{n} \frac{c_{A,t} K}{\prod_{j=1}^{t} (1+I_j+\boldsymbol{\varepsilon}_{A,j})} + \frac{K}{\prod_{t=1}^{n} (1+I_t+\boldsymbol{\varepsilon}_{A,t})}$$

mit

PV_A = Barwert einer Kupon-Anleihe oder einer Floating Rate Note aus der Sicht von A,

$c_{A,t}$ = $\begin{cases} c, \text{ wenn Kupon-Anleihe} \\ I_t + \varepsilon_{A,t}, \text{ wenn Floating Rate Note,} \end{cases}$

$\varepsilon_{A,t}$ = von A mit Sicherheit erwartete Zinsänderung für das Jahr t, mit $\varepsilon_{A,t} \geq -I_t$.[1]

Wenn A die gleichen sicheren Zinserwartungen wie der Markt hat ($\varepsilon_{A,t} = 0$), sollte er indifferent sein zwischen der Emission einer Kupon-Anleihe und einer Floating Rate Note, da ihre Barwerte übereinstimmen.[2] Erwartet er höhere Zinsen als der Markt ($\varepsilon_{A,t} > 0$), sollte er eine Kupon-Anleihe emittieren, da

$$\delta PV_A / \delta \varepsilon_A \quad \begin{cases} < 0, \text{ wenn Kupon-Anleihe,} \\ = 0, \text{ wenn Floating Rate Note.} \end{cases}$$

Erwartet er niedrigere Zinsen als der Markt ($\varepsilon_{A,t} < 0$), sollte er eine Floating Rate Note begeben.[3] Erwartet A teils höhere, teils niedrigere Zinsen, läßt sich eine

---

[1] Wenn $\varepsilon_{A,1} \neq 0$, erwartet A bereits für das erste Jahr einen vom Marktzins abweichenden Zinssatz. Es wird angenommen, daß sich der im Zeitpunkt der Emission bekannte Marktzins unmittelbar nach der Emission ändern kann. Insofern läßt sich auch der Zinssatz für das erste Jahr als Forward Rate interpretieren.

[2] Aufgrund der sicheren Zinserwartungen können Risikoaspekte vernachlässigt und der Barwert als einziges Entscheidungskriterium angesehen werden.

[3] Im Falle einer horizontalen Zinsstrukturkurve, d.h. $I_t = I$ und $r_n = I$, leistet der Emittent einer Kupon-Anleihe niedrigere (höhere) Zahlungen als der Emittent einer Floating Rate Note, wenn $\varepsilon > 0$ ($\varepsilon < 0$).

Empfehlung ohne genaue Kenntnis der jeweils erwarteten Zinsänderung nicht geben.

Wenn A hingegen keine Zinsprognose zu stellen vermag, und höhere Zinsen ebenso für möglich hält wie niedrigere, kann er ohne weitere Entscheidungsparameter keine Auswahl treffen. Für den Fall, daß A seine Zinszahlungen begrenzen möchte, sollte er eine Kupon-Anleihe emittieren. Wenn A hingegen vermeiden möchte, daß sich der Marktwert seiner Verbindlichkeiten aufgrund einer Zinsänderung unmittelbar nach der Emission erhöht, sollte er eine Floating Rate Note begeben.

Zwischen der Entscheidung, ob A eine Kupon-Anleihe oder eine Floating Rate Note emittiert, und der Entscheidung über den Abschluß einer Swapvereinbarung läßt sich kein Zusammenhang erkennen. Es handelt sich um unabhängige Geschäfte, die unabhängige Entscheidungen erfordern. Ob A einen Swap vereinbart, kann er ebenfalls nach dem Barwertkriterium entscheiden.

B. Barwert des Swaps

Mit einem Swap können für einen Swappartner Einzahlungen und Auszahlungen verbunden sein. Es erscheint plausibel, wenn er seine Zustimmung zum Swap davon abhängig macht, daß der Barwert der Einzahlungen nicht kleiner ist als der Barwert der Auszahlungen. Die Differenz beider Barwerte läßt sich als Barwert oder als Marktwert[1] des Swaps bezeichnen.

---

[1] Muffet (1987), S. 100.

I. Barwert des Swaps ohne Berücksichtigung von Ausfallrisiken

Ohne Berücksichtigung von Ausfallrisiken beträgt der
Barwert des Swaps aus der Sicht des Marktes für den
Festzinszahler

$$(3.3) \qquad PV(S_M^-) = \sum_{t=1}^{n} \frac{B(I_t - s)}{\prod\limits_{j=1}^{t}(1 + I_j)}$$

und für den Festzinsempfänger

$$(3.4) \qquad PV(S_M^+) = \sum_{t=1}^{n} \frac{B(s - I_t)}{\prod\limits_{j=1}^{t}(1 + I_j)}$$

mit B   Basisbetrag

$I_{t\,(j)}$ Zinssatz auf risikofreie Anlagen im Jahr
t (j)

$PV(S_M^-)$ Barwert des Swaps aus der Sicht des
Marktes für den Festzinszahler

$PV(S_M^+)$ Barwert des Swaps aus der Sicht des
Marktes für den Festzinsempfänger

s   Swap Rate

t, j   Laufindices

Die Summe aus $PV(S_M^+)$ und $PV(S_M^-)$ ergibt null. Da nicht
anzunehmen ist, daß sich im Markt eine Swap Rate bildet,
die für den Festzinszahler oder den Festzinsempfänger
einen positiven Barwert zur Folge hätte, ist $PV(S_M^+)$ =
$PV(S_M^-)$ = 0. Nach den Zinserwartungen des Marktes ist der
Barwert eines Swaps bei Abschluß der Vereinbarung gleich

null.[1] Wenn $PV(S_M^+) = PV(S_M^-) = 0$, beträgt die Swap Rate nach Umformung der Gleichung (3.3) oder (3.4)[2]

(3.5)
$$s = \frac{\sum_{t=1}^{n} \dfrac{I_t}{\prod_{j=1}^{t}(1 + I_j)}}{\sum_{t=1}^{n} \dfrac{1}{\prod_{j=1}^{t}(1 + I_j)}}$$

II. Barwert des Swaps mit Berücksichtigung von Ausfall- risiken

Mit Berücksichtigung von Ausfallrisiken beträgt der Barwert des Swaps aus der Sicht des Marktes für den risikoneutralen Festzinszahler

(3.6)
$$PV(S_M^-) = \sum_{t=1}^{n} \frac{P_t B (I_t - s)}{\prod_{j=1}^{t}(1 + I_j)}$$

und für den risikoneutralen Festzinsempfänger

(3.7)
$$PV(S_M^+) = \sum_{t=1}^{n} \frac{P_t B (s - I_t)}{\prod_{j=1}^{t}(1 + I_j)}$$

---

[1]   „When interest rate swaps are initiated ... the market value of the swap is zero", Tilley (1986), S. 252; Brown und Smith (1988), S. 49; Partridge-Hicks und Hartland-Swann (1988), S. 27.

[2]   „The fixed rate on the swap would have been set such that the present values of the inflows and outflows were equal", Brown und Smith (1988), S. 50.

mit P_t Wahrscheinlichkeit aus der Sicht des Marktes, daß die Zahlung im Zeitpunkt t vereinbarungsgemäß erfolgt[1]

Wenn $PV(S_M^+) = PV(S_M^-) = 0$, beträgt die Swap Rate nach Umformung der Gleichung (3.6) oder (3.7)

(3.8)
$$s = \frac{\sum_{t=1}^{n} \frac{P_t I_t}{\prod_{j=1}^{t}(1 + I_j)}}{\sum_{t=1}^{n} \frac{P_t}{\prod_{j=1}^{t}(1 + I_j)}}$$

C. Swap Rate als Determinante des Barwertes

In diesem Abschnitt werden zunächst die Probleme untersucht, die möglicherweise mit der Ermittlung der Swap Rate verbunden sind; anschließend wird die Swap Rate mit dem Kupon einer festverzinslichen Anleihe verglichen.

Wenn beide Swappartner keine Ausfallrisiken aufweisen, scheint die Ermittlung der Swap Rate nach Gleichung (3.5) unproblematisch zu sein. Die notwendigen Forward Rates (I_t) lassen sich aus der Zinsstrukturkurve auf Basis der Renditen für Nullkupon-Anleihen oder Kupon-Anleihen ableiten. Probleme könnten sich hingegen ergeben, wenn ein oder beide Swappartner dem Ausfallrisiko unterliegen. Zusätzlich zu den Forward Rates benötigt man nach Gleichung (3.8) die Wahrscheinlichkeiten (P_t), daß die Zahlungen in den einzelnen Zahlungszeitpunkten vereinbarungsgemäß erfolgen. Wie sich diese Wahrscheinlichkeiten ermitteln lassen, wird im folgenden anhand eines Beispiels zur Ermittlung der Swap Rate gezeigt.

---

[1] Wenn die Zahlung nicht vereinbarungsgemäß erfolgt, fällt sie ganz aus.

I. Ermittlung der Swap Rate

A als Festzinszahler und B als Festzinsempfänger vereinbaren einen Swap mit einer Laufzeit von 5 Jahren. Aus
der Zinsstrukturkurve auf Basis der Renditen für Nullkupon-Anleihen lassen sich folgende Forward Rates ablei-
ten: $I_1 = 4$ %, $I_2 = 5$ %, $I_3 = 6$ %, $I_4 = 7$ % und $I_5 = 8$ %.[1]

1. Swap Rate ohne Berücksichtigung von Ausfall-
risiken

Wenn A und B keine Ausfallrisiken aufweisen, beträgt die
Swap Rate nach Gleichung (3.5)

$$(3.9) \qquad s = \frac{\sum\limits_{t=1}^{n} I_t R_t}{\sum\limits_{t=1}^{n} R_t} \qquad \text{mit} \qquad R_t = \frac{1}{\prod\limits_{j=1}^{t} (1 + I_j)}$$

Für $I_t R_t$ und R_t ergeben sich folgende Werte:

Tab. 3.1 Werte für $I_t R_t$ und R_t

t	I_t	$I_t R_t$	R_t
1	4 %	0,038462	0,96154
2	5 %	0,045788	0,91575
3	6 %	0,051835	0,86392
4	7 %	0,056518	0,80740
5	8 %	0,059807	0,74759
	Σ	0,252410	4,29620

---

[1] Für die Darstellung der Probleme, die sich bei der Ermittlung
einer Swap Rate ergeben, bietet sich die Annahme einer nicht-
horizontalen Zinsstrukturkurve an.

Nach Division von 0,25241 durch 4,2962 beträgt die Swap Rate 5,8752 %.

2. Swap Rate mit Berücksichtigung von Ausfallrisiken

Wenn hingegen mindestens ein Swappartner dem Ausfallrisiko unterliegt, beträgt die Swap Rate nach Gleichung (3.8)

(3.10)
$$s = \frac{\sum_{t=1}^{n} P_t \, I_t \, R_t}{\sum_{t=1}^{n} P_t \, R_t}$$

Dem Ausfallrisiko unterliegt ein Swappartner, wenn die Gefahr besteht, daß er seinen Zahlungsverpflichtungen aus dem Swap oder seinen sonstigen Zahlungsverpflichtungen nicht nachkommt und ausfällt. Wenn der Swappartner ausfällt, wird angenommen, daß er gegenwärtig oder zukünftig keine Zahlungen leistet.

Die Wahrscheinlichkeit P_t hängt von den individuellen Ausfallwahrscheinlichkeiten der Swappartner A und B ab und ob A oder B Nettozahler im Zahlungszeitpunkt t ist. Ob A oder B Nettozahler ist, hängt wiederum von der Swap Rate ab. Da die Swap Rate jedoch erst zu ermitteln ist, ließe sich in einem ersten Iterationsschritt die Swap Rate unter ausfallrisikofreien Swappartnern heranziehen, um den Nettozahler zu ermitteln. Wenn sich nach der neu ermittelten Swap Rate herausstellen sollte, daß in einem oder mehreren Zahlungszeitpunkten A statt B oder B statt A Nettozahler ist, wäre ein weiterer Iterationsschritt notwendig.

a) Ein Swappartner mit Ausfallrisiken

Wenn nur ein Swappartner dem Ausfallrisiko unterliegt,
muß danach unterschieden werden, ob er zunächst Nettozahler oder Nettoempfänger ist. Deshalb orientieren sich
die folgenden Ausführungen an den Verhältnissen des eben
verwendeten Beispiels eines Swaps über fünf Jahre.

(1) Swappartner ist zunächst Nettozahler

A ist als Festzinszahler zunächst auch Nettozahler. Bei
steigenden Zinsen ist s > I_1; andernfalls wäre A in kei-
nem Zeitpunkt Nettozahler. Wenn A dem Ausfallrisiko unterliegt, könnte man annehmen, daß er eine höhere als
die unter ausfallrisikofreien Swappartnern vereinbarte
Swap Rate zu zahlen hat. Nach der unter ausfallrisikofreien Swappartnern vereinbarten Swap Rate von 5,8752 %
wäre A in t_1 und t_2 Nettozahler und in t_3-t_5 Nettoempfänger. Diese Zahlungsstruktur unterstellt, zahlt A in t_1
mit einer Wahrscheinlichkeit von $P(\bar{A})$[1], d.h. $P_1 = P(\bar{A})$.
Wenn A in t_1 gezahlt hat, sollte er auch in t_2 zahlen.
Unterbliebe diese Zahlung, würde A seine Zahlungsansprüche gegenüber B in t_3-t_5 verlieren. Da in t_2 der Barwert
der Zahlungen, die A zukünftig von B erhält, größer ist
als die Zahlung von A, würde A auf einen Vermögenszu-
wachs verzichten, wenn er nicht zahlt. Es wird angenommen, daß ein Swappartner einen Kredit in Höhe der fälligen Swapzahlung aufnehmen kann, wenn er ansonsten ausfallen würde und wenn der Barwert der erwarteten Netto-
einzahlungen größer als die Kreditsumme ist.

Die Wahrscheinlichkeit, daß A in t_1 und t_2 zahlt, beträgt
daher $P(\bar{A})$, d.h. $P_2 = P(\bar{A})$. B zahlt, nachdem A in t_1 und
t_2 gezahlt hat. Die Wahrscheinlichkeit, daß A in t_1 und

---

[1] P(A) Ausfallwahrscheinlichkeit von A pro Jahr
     $P(\bar{A})$ 1 - P(A)

t_2 gezahlt hat, und daß B in t zahlt, beträgt P_t = $P(\bar{A})$
für t = 3, ..., 5. Wenn P_t = $P(\bar{A})$, läßt sich Gleichung
(3.10) vereinfachen zu

$$(3.11) \qquad s = \frac{\sum_{t=1}^{n} I_t\, R_t}{\sum_{t=1}^{n} R_t}$$

Die Swap Rate entspricht damit der Swap Rate unter ausfallrisikofreien Swappartnern. Eine höhere Swap Rate
kann B nicht erwarten, da er mit dem Swap kein Ausfallrisiko eingeht. Er zahlt erst, nachdem A seinen Zahlungsverpflichtungen vollständig nachgekommen ist; eine
Risikoprämie ließe sich nicht rechtfertigen.[1]

(2) Swappartner ist zunächst Nettoempfänger

Bei steigenden Zinsen ist B als Festzinsempfänger zunächst auch Nettoempfänger, da s > I_1. Wenn B dem Ausfallrisiko unterliegt, ist anzunehmen, daß A für die
Übernahme dieses Risikos nur eine geringere als die
unter ausfallrisikofreien Swappartnern übliche Swap Rate
zu zahlen bereit ist. Zunächst wird wieder angenommen,
daß A in den Zahlungszeitpunkten t_1 und t_2 und B in den
Zahlungszeitpunkten t_3-t_5 Nettozahler ist. Nachdem A seine Zahlungen jeweils mit einer Wahrscheinlichkeit von 1
geleistet hat, d.h. P_1 = P_2 = 1, befindet er sich wirtschaftlich in der Situation eines Kreditgebers, der nach
Auszahlung der Kreditsumme das Kreditrisiko trägt. Da B
keine weiteren Zahlungsansprüche gegenüber A hat, leistet B seine Zahlungen mit einer Wahrscheinlichkeit von

---

[1] Es liegt der Vergleich zu einem Sparer nahe, der zunächst an-
sparen muß, bevor sein Guthaben ausgezahlt werden kann. Seine
Bonität beeinflußt den Sparzins nicht.

jeweils $P(\bar{B})^1$, d.h. $P_t = P(\bar{B})^t$ für $t = 3, \ldots, 5$.[2] Wenn

$$P_t = \begin{cases} 1 & \text{für } t = 1, 2 \\ P(\bar{B})^t & \text{für } t = 3, \ldots, 5, \end{cases}$$

ergeben sich bei einer angenommenen Ausfallwahrscheinlichkeit von $P(B) = 0,04$ für P_t, $P_t I_t R_t$ und $P_t R_t$ folgende Werte:

Tab. 3.2   Werte für P_t, $P_t I_t R_t$ und $P_t R_t$, wenn $P(B) = 0,04$.

t	I_t	R_t	P_t	$P_t I_t R_t$	$P_t R_t$
1	4 %	0,96154	1,00000	0,038462	0,96154
2	5 %	0,91575	1,00000	0,045788	0,91575
3	6 %	0,86392	0,88474	0,045860	0,76434
4	7 %	0,80740	0,84935	0,048003	0,68576
5	8 %	0,74759	0,81537	0,048765	0,60957
			Σ	0,226878	3,93696

Nach Division von 0,226878 durch 3,93696 beträgt die Swap Rate 5,7628 % und liegt damit um 0,1124 Prozentpunkte unterhalb der Swap Rate für ausfallrisikofreie Swappartner von 5,8752 %. Die Differenz läßt sich als Risikoprämie interpretieren. Da A auch bei einer Swap Rate von 5,7628 % in den Zahlungszeitpunkten t_1 und t_2 Nettozahler bleibt und B in den Zahlungszeitpunkten t_3-t_5, erübrigt sich ein weiterer Iterationsschritt.

---

[1] $P(B)$ Ausfallwahrscheinlichkeit von B pro Jahr
$P(\bar{B})$ $1 - P(B)$

[2]   In der Wahrscheinlichkeit $P_t = P(\bar{B})^t$ ist berücksichtigt, daß B bereits in t_1 oder t_2 hätte ausfallen können, da er nicht mehr in der Lage wäre, seinen sonstigen Zahlungsverpflichtungen nachzukommen. Ein Ausfall in t_1 oder t_2 hätte auch den Ausfall seiner späteren Swapzahlungen zur Folge.

b)   Beide Swappartner mit Ausfallrisiken

Wenn A und B dem Ausfallrisiko unterliegen, könnte man
annehmen, daß A mit zunehmendem Ausfallrisiko von B eine
geringere Swap Rate zahlt und umgekehrt, daß B mit zunehmendem Ausfallrisiko von A eine höhere Swap Rate for-
dert. Wie sich das beiderseitige Ausfallrisiko auf die
Wahrscheinlichkeit der vereinbarungsgemäßen Nettozahlung
im Zeitpunkt t auswirkt, läßt sich aus dem in Abbildung
3.4 enthaltenen Zahlungsbaum ermitteln.[1]

Abb. 3.4   Zahlungsbaum

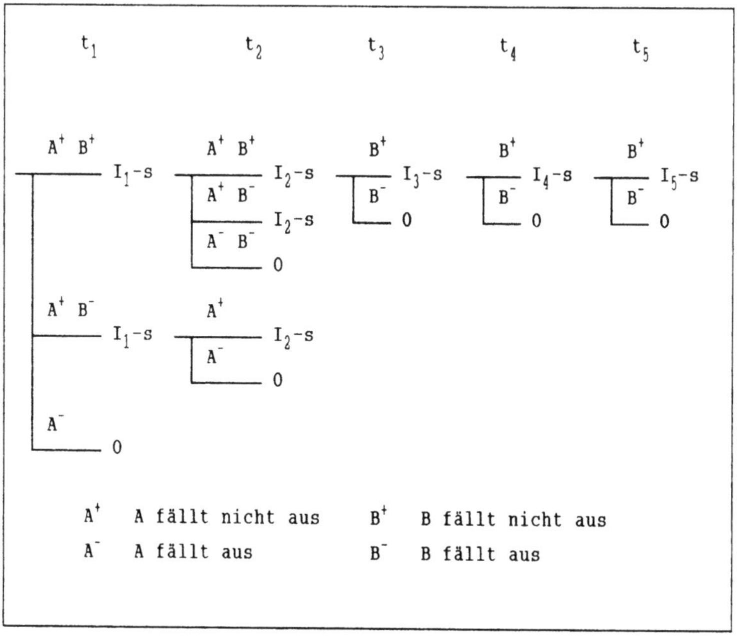

Abb. 3.4 Zahlungsbaum

t_1 t_2 t_3 t_4 t_5

A^+B^+ ─── I_1-s A^+B^+ ─── I_2-s B^+ ─── I_3-s B^+ ─── I_4-s B^+ ─── I_5-s

A^+B^- ─── I_2-s B^- ─── 0 B^- ─── 0 B^- ─── 0

A^-B^- ─── 0

A^+B^- ─── I_1-s A^+ ─── I_2-s

A^- ─── 0

A^- ─── 0

A^+ A fällt nicht aus B^+ B fällt nicht aus
A^- A fällt aus B^- B fällt aus

---

[1]   Zunächst wird wiederum unterstellt, daß A in t_1 und t_2 Nettozahler ist und B in den Zahlungszeitpunkten t_3-t_5.

In t_1 kommt A seiner Zahlungsverpflichtung mit einer Wahrscheinlichkeit von $P(\bar{A})$ nach, unabhängig davon, ob B in diesem Zeitpunkt ausfällt oder nicht, d.h. $P_1 = P(\bar{A})$.

Die Wahrscheinlichkeit, daß B in t_1 ausfällt und A in t_2 zahlt, beträgt $P(\bar{A})^2 P(B)$. Nachdem B in t_1 bereits ausgefallen ist, kann A zukünftig keine Zahlungen von B erwarten. A zahlt daher in t_2 nur, wenn er selbst nicht ausfällt. Für die fällige Swapzahlung einen Kredit aufzunehmen, wäre A nicht zu empfehlen.

Die Wahrscheinlichkeit, daß B in t_1 nicht ausfällt und A in t_2 seine Swapzahlung leistet, hängt davon ab, ob B in t_2 ausfällt oder nicht. Fällt B in t_2 aus, beträgt die Wahrscheinlichkeit $P(\bar{A})^2 P(\bar{B}) P(B)$; fällt B auch in t_2 nicht aus, beträgt die Wahrscheinlichkeit $P(\bar{A}) P(\bar{B})^2$. Wenn B in t_2 nicht ausfällt, kann A Zahlungen aus dem Swap von B erwarten, deren Barwert größer ist als seine fällige Swapzahlung in t_2. Die Swapzahlung kann A durch eine Kreditaufnahme sicherstellen, wenn er über eigene Mittel nicht verfügt.

Insgesamt beträgt die Wahrscheinlichkeit für eine Swapzahlung von A in t_2

$$P_2 = P(\bar{A})^2 P(B) + P(\bar{A})^2 P(\bar{B}) P(B) + P(\bar{A}) P(\bar{B})^2.$$

Die Zahlungen in t_3-t_5 leistet B, nachdem A seinen Zahlungsverpflichtungen aus dem Swap nachgekommen ist und B im jeweiligen Zahlungszeitpunkt nicht ausfällt. Die jeweilige Wahrscheinlichkeit beträgt

$$P_t = P(\bar{A}) P(\bar{B})^t \qquad \text{für } t = 3, \ldots, 5.$$

Aus den Wahrscheinlichkeiten

$$P_t = \begin{cases} P(\overline{A}) & \text{für } t = 1 \\ P(\overline{A})^2 P(B) + P(\overline{A})^2 P(\overline{B}) P(B) + P(\overline{A}) P(\overline{B})^2 & \text{für } t = 2 \\ P(\overline{A}) P(\overline{B})^t & \text{für } t = 3, \ldots, 5, \end{cases}$$

ergeben sich bei angenommenen Ausfallwahrscheinlichkeiten von $P(A) = 0,02$ und $P(B) = 0,04$ für P_t, $P_t I_t R_t$ und $P_t R_t$ folgende Werte

Tab. 3.3 Werte für P_t, $P_t I_t R_t$ und $P_t R_t$, wenn $P(A) = 0,02$ und $P(B) = 0,04$.

t	I_t	R_t	P_t	$P_t I_t R_t$	$P_t R_t$
1	4 %	0,96154	0,98000	0,037692	0,94231
2	5 %	0,91575	0,97846	0,044801	0,89603
3	6 %	0,86392	0,86704	0,044943	0,74905
4	7 %	0,80740	0,83236	0,047043	0,67205
5	8 %	0,74759	0,79907	0,047790	0,59737
			Σ	0,222269	3,85681

Nach Division von 0,222269 durch 3,85681 beträgt die Swap Rate 5,7630 %.

Wäre die Ausfallwahrscheinlichkeit für B z.B. $P(B) = 0,4$, ergäbe sich eine Swap Rate von 4,8243 %. Bei dieser Swap Rate ist B jedoch bereits in t_2 Nettozahler. Für den notwendigen zweiten Iterationsschritt wäre der Zahlungsbaum nach Abbildung 3.5 entsprechend zu modifizieren.

Abb. 3.5 Modifizierter Zahlungsbaum

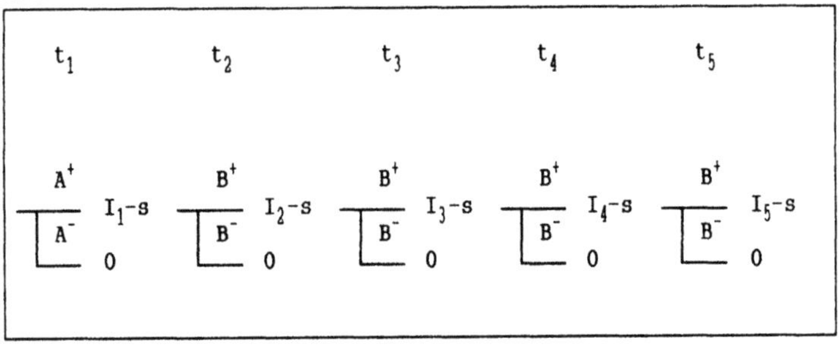

$$t_1 \qquad t_2 \qquad t_3 \qquad t_4 \qquad t_5$$

$$
\begin{array}{ccccc}
A^+ & B^+ & B^+ & B^+ & B^+ \\
\overline{}\, I_1\text{-s} & \overline{}\, I_2\text{-s} & \overline{}\, I_3\text{-s} & \overline{}\, I_4\text{-s} & \overline{}\, I_5\text{-s} \\
A^- & B^- & B^- & B^- & B^- \\
\underline{}\, 0 & \underline{}\, 0 & \underline{}\, 0 & \underline{}\, 0 & \underline{}\, 0
\end{array}
$$

Die Wahrscheinlichkeit, daß die Zahlung im Zeitpunkt t vereinbarungsgemäß erfolgt, beträgt nun

$$
P_t = \begin{cases} P(\bar{A}) & \text{für } t = 1 \\[2mm] P(\bar{A})\, P(\bar{B})^t & \text{für } t = 2, \ldots, 5. \end{cases}
$$

Diese Werte für P_t in Gleichung (3.10) eingesetzt, beträgt die Swap Rate für Ausfallwahrscheinlichkeiten von $P(A) = 0,02$ und $P(B) = 0,4$ 4,7616 %. Ein weiterer Iterationsschritt ist nicht erforderlich, da die Zahlungsstruktur nach Abbildung 3.5 der Swap Rate entspricht.

3. Zusammenfassung

Bei der angenommenen Zinsentwicklung beträgt die Swap
Rate in Abhängigkeit von den Ausfallwahrscheinlichkeiten
der Swappartner A (Festzinszahler) und B (Festzinsempfänger) nach folgender Tabelle:

Tab. 3.4   Swap Rate in Abhängigkeit von den Ausfall-
           wahrscheinlichkeiten der Swappartner bei
           einem erwarteten Zinsanstieg

P(A) \ P(B)	0,00	0,02	0,04	0,06	0,08	0,10
0,00	5,8752	5,8194	5,7628	5,7056	5,6479	5,5900
0,02	5,8752	5,8195	5,7630	5,7059	5,6484	5,5905
0,04	5,8752	5,8196	5,7633	5,7063	5,6489	5,5911
0,06	5,8752	5,8198	5,7636	5,7068	5,6494	5,5917
0,08	5,8752	5,8200	5,7639	5,7071	5,6499	5,5923
0,10	5,8752	5,8201	5,7642	5,7076	5,6504	5,5929

Die Swap Rate ist nicht größer als 5,8752 %, der Swap
Rate unter ausfallrisikofreien Swappartnern. Mit zunehmender Ausfallwahrscheinlichkeit von B vermindert sich
die Swap Rate ungleich stärker als mit zunehmender Ausfallwahrscheinlichkeit von A. Der größere Einfluß der
Ausfallwahrscheinlichkeit von B läßt sich damit begrün-
den, daß nur A befürchten muß, für bereits geleistete
Zahlungen keine äquivalente Gegenleistung zu erhalten.
Da B erst zahlt, nachdem A seinen Zahlungsverpflichtungen vollständig nachgekommen ist, trägt B dieses Risiko
nicht. A kann sich der erwarteten geringeren Gegenleistung anpassen, indem er seine Zahlungen reduziert.
Niedrigere Zahlungen ergeben sich für A aus einer geringeren Swap Rate. Es ist anzunehmen, daß B die sich dar-

aus ergebende Risikoprämie[1] nicht im vollen Umfang akzeptiert, wenn A ebenfalls dem Ausfallrisiko unterliegt; für eventuell nicht geleistete Zahlungen kann A keine Riskoprämie erwarten.[2]

Die Ausführungen zum Beispiel lassen sich auch auf andere erwartete Zinsentwicklungen übertragen. Wenn der Markt einen Zinsrückgang erwartet, d.h. $I_{t+1} < I_t$, wäre A als Festzinszahler zunächst Nettoempfänger. A zahlt erst, nachdem B seinen Zahlungsverpflichtungen vollständig nachgekommen ist. Wenn A dem Ausfallrisiko unterliegt, kann sich B den erwarteten geringeren Zahlungen von A anpassen, indem er seine Zahlungen reduziert. Niedrigere Zahlungen ergeben sich für B aus einer höheren Swap Rate. Es ist anzunehmen, daß A die sich daraus ergebende Risikoprämie nicht akzeptiert, wenn B ebenfalls dem Ausfallrisiko unterliegt; für eventuell nicht geleistete Zahlungen kann B keine Risikoprämie erwarten.

Wenn der Markt gleichbleibende Zinsen erwartet ($I_{t+1} = I_t = I$), läßt sich Gleichung (3.10) umformen in

$$(3.12) \qquad s = I \, \frac{\displaystyle\sum_{t=1}^{n} P_t \, R_t}{\displaystyle\sum_{t=1}^{n} P_t \, R_t} = I$$

---

[1] Differenz zwischen der Swap Rate unter ausfallrisikofreien Swappartnern und der Swap Rate, wenn der Festzinsempfänger dem Ausfallrisiko unterliegt.

[2] Zum Vergleich: Der Kupon- einer Pari-Anleihe mit gleicher Laufzeit beträgt für einen Emittenten ohne Ausfallrisiko bei gleichen Zinserwartungen ebenfalls 5,8752 %.

Es mag auf den ersten Blick überraschen, daß die Swap
Rate in diesem Fall unabhängig vom Ausfallrisiko der
Swappartner dem Zinssatz auf risikofreie Anlagen entspricht. Wenn jedoch s = I, zahlt kein Swappartner;
damit können auch keine Zahlungen zum Schaden eines
Swappartners ausbleiben; eine Risikoprämie ließe sich
nicht rechtfertigen.

Dem Beispiel lag ein Swap mit einer Laufzeit von 5 Jahren zugrunde. Unabhängig von der Laufzeit des Swaps ist
zu erwarten, daß die Swap Rate für einen Swap, in dem
mindestens ein Swappartner dem Ausfallrisiko unterliegt,

1. bei einem erwarteten Zinsanstieg ($I_{t+1} > I_t$) nicht
    größer ist als der Kupon einer ausfallrisikofreien
    Anleihe (Abbildung 3.6),[1]

2. bei unveränderten Zinsen ($I_{t+1} = I_t$) dem Kupon einer
    ausfallrisikofreien Anleihe entspricht, und

3. bei einem erwarteten Zinsrückgang ($I_{t+1} < I_t$) nicht
    kleiner ist als der Kupon einer ausfallrisikofreien
    Anleihe (Abbildung 3.7).

---

[1] Der Kupon einer Anleihe, dessen Emittent dem Ausfallrisiko un-
     terliegt, ist hingegen größer als der Kupon einer ausfall-
     risikofreien Anleihe.

Abb. 3.6 Kupon einer ausfallrisikofreien Anleihe
und Swap Rate eines Swaps zwischen ausfallrisikobehafteten Swappartnern bei
steigenden Zinsen

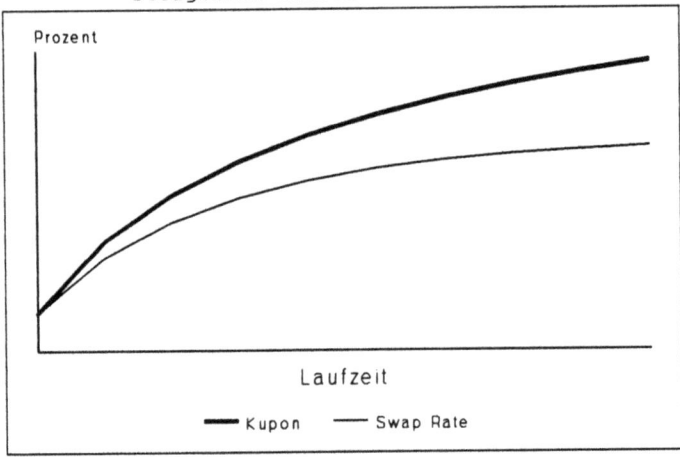

Abb. 3.7 Kupon einer ausfallrisikofreien Anleihe
und Swap Rate eines Swaps zwischen ausfallrisikobehafteten Swappartnern bei fallenden Zinsen

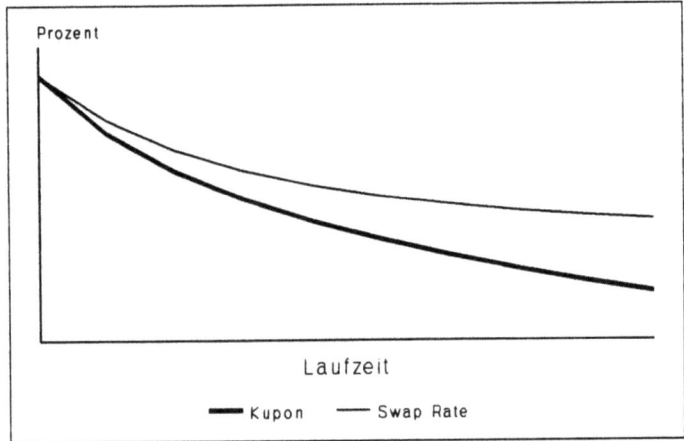

Die vorgestellte Ermittlung der Swap Rate basiert auf den vereinfachenden Annahmen, daß die Marktteilnehmer die zukünftigen risikofreien Zinssätze auf einjährige Anlagen und die Ausfallwahrscheinlichkeiten der Swappartner A und B mit Sicherheit erwarten.

Realistische Annahmen sollten jedoch Unsicherheit über die Zins- und Bonitätsentwicklung berücksichtigen. Aufgrund unsicherer Zinserwartungen könnten Swappartner cet. par. eine Risikoprämie (Liquiditätsprämie) als Ausgleich für mögliche höhere Auszahlungen oder geringere Einzahlungen fordern. Da jedoch beide Swappartner das Risiko unerwarteter Zinsänderungen laufen, könnten sich die geforderten Liquiditätsprämien ausgleichen, so daß sich eine Nettoliquiditätsprämie von null ergibt. Unsichere Erwartungen über die Bonitätsentwicklung könnten cet. par. ebenfalls zu höheren Risikoprämien für beide Swappartner führen, die sich per saldo ausgleichen. Ansätze, die Swap Rate unter der Annahme unsicherer Zins- und Bonitätserwartungen zu ermitteln, werden in dieser Arbeit nicht untersucht.[1]

II. Vergleich der Swap Rate mit dem Zinssatz einer Kupon-Anleihe

In diesem Abschnitt sei auf den Unterschied zwischen der Swap Rate und dem Kupon einer festverzinslichen Anleihe hingewiesen.

Der Kupon einer Anleihe im Nennwert von 1 DM läßt sich, auch unter Berücksichtigung eines möglichen Ausfallrisikos des Emittenten, aus Gleichung (3.13) bestimmen:

---

[1] Zu Fragen der Bewertung von Swaps siehe u.a. Kopprasch, Macfarlane, Ross und Showers (1985); Bicksler und Chen (1986), S. 652-655; Whittaker (1988); McNulty (1990); Smith, Smithson und Wilford (1990), S. 229-240; Sundaresan (1991); Alworth (1993).

$$(3.13) \qquad \sum_{t=1}^{n} P_t \, c \, R_t + P_n \, R_n = 1$$

mit c   Zinssatz einer Kupon-Anleihe

P_t Wahrscheinlichkeit, daß der Emittent
die Zahlung nach t Jahren leistet

$R_{t\,(n)}$ Abzinsungsfaktor für t (n) Jahre

t   Laufindex

Löst man Gleichung (3.13) nach c auf, ergibt sich

$$(3.14) \qquad c = \frac{1 - P_n \, R_n}{\displaystyle\sum_{t=1}^{n} P_t \, R_t} \; .$$

Wenn $P_t = P^t$ mit P = Nichtausfallwahrscheinlichkeit des Emittenten pro Jahr, läßt sich Gleichung (3.14) umformen in

$$(3.15) \qquad c = \frac{1 - P^n \, R_n}{\displaystyle\sum_{t=1}^{n} P^t \, R_t} \; .$$

Ersetzt man R_t durch $\dfrac{1}{\displaystyle\prod_{j=1}^{t} (1 + I_j)}$, läßt sich Gleichung

(3.15) für $I_j = I$, d.h. bei horizontaler Zinsstrukturkurve, weiter umformen in[1]

$$(3.16) \qquad c = \frac{1 + I}{P} - 1 \; .$$

---

[1]   Zur Umformung siehe Anhang F.

Der Zinssatz einer Kupon-Anleihe weicht regelmäßig von der Swap Rate ab, wie die Gegenüberstellung in Tabelle 3.5 zeigt. Nur wenn der Emittent der Kupon-Anleihe kein Ausfallrisiko aufweist und die Nettozahlungen im Swap mit Sicherheit erfolgen, stimmen der Kupon und die Swap Rate überein.

Tab. 3.5   Vergleich der Swap Rate mit dem Zinssatz einer Kupon-Anleihe

Zinsent- wicklung	Zinssatz einer festverzinsli- chen Anleihe	Swap Rate
$I_{t+1} \neq I_t$	$c = \dfrac{1 - P^n \, R_n}{\sum\limits_{t=1}^{n} P^t \, R_t}$	$s = \dfrac{\sum\limits_{t=1}^{n} P_t \, I_t \, R_t}{\sum\limits_{t=1}^{n} P_t \, R_t}$
$I_t = I$	$c = \dfrac{1 + I}{P} - 1$	$s = I$

D. Aus dem Barwert abgeleitete Einsatzmöglichkeiten
   eines Zinsswaps

Die Frage scheint berechtigt zu sein, warum Swappartner
eine Swapvereinbarung treffen, der die Marktteilnehmer
bei Abschluß einen Barwert von null beimessen. Zwei Ant-
worten sind nach Ansicht des Verfassers denkbar und zeigen die Einsatzmöglichkeiten eines Swaps auf:

1. Die Swappartner haben andere Zinserwartungen als
   der Markt und sind überzeugt, daß ihre Einzahlungen
   größer sind als ihre Auszahlungen. Aus ihrer Sicht
   ist der Barwert des Swaps bei Abschluß größer null.
   Sie nutzen den Swap zur Spekulation.[1]

2. Die Swappartner haben keine Zinserwartungen und
   halten höhere Zinsen ebenso für möglich wie niedrigere. Ihr Ziel ist es, zinsänderungsbedingte Nachteile zu vermeiden. Sie nutzen den Swap zur Absicherung gegen Zinsrisiken.

   I. Spekulation

Für den Festzinszahler A beträgt der Barwert des Swaps
ohne Berücksichtigung von Ausfallrisiken

(3.17)
$$PV(S_A^-) = \sum_{t=1}^{n} \frac{B(I_t + e_{A,t} - s)}{\prod_{j=1}^{t}(1 + I_j + e_{A,j})}$$

---

[1] Hammond (1987), S. 74.

und für den Festzinsempfänger B

$$(3.18) \qquad PV(S_B^+) = \sum_{t=1}^{n} \frac{B\,(s - I_t - \varepsilon_{B,t})}{\prod_{j=1}^{t} (1 + I_j + \varepsilon_{B,j})}$$

mit $PV(S_A^-)$ Barwert des Swaps aus der Sicht des
                   Festzinszahlers A

$PV(S_B^+)$ Barwert des Swaps aus der Sicht des
                   Festzinsempfängers B

$\varepsilon_{A,t}$ (j)   von A mit Sicherheit erwartete Änderung
                   des Zinssatzes auf einjährige risiko-
                   freie Anlagen im Jahr t (j)

$\varepsilon_{B,t}$ (j)   von B mit Sicherheit erwartete Änderung
                   des Zinssatzes auf einjährige risiko-
                   freie Anlagen im Jahr t (j)

Wenn die Zinserwartungen von A und B mit denen des Mark-
tes übereinstimmen ($\varepsilon_{A,t} = \varepsilon_{B,t} = 0$), ist auch $PV(S_A^-) = PV(S_B^+) = 0$. Ein Barwert größer oder kleiner null ergibt
sich für A und B, wenn sie andere Zinserwartungen als
der Markt haben.

$PV(S_A^-)$ ist größer null, wenn A höhere Zinsen auf einjährige Anlagen als der Markt erwartet ($\varepsilon_{A,t} > 0$) und kleiner
null, wenn er niedrigere Zinsen erwartet ($\varepsilon_{A,t} < 0$).

$PV(S_B^+)$ ist größer null, wenn B niedrigere Zinsen als der
Markt erwartet ($\varepsilon_{B,t} < 0$) und kleiner null, wenn er höhere
Zinsen erwartet ($\varepsilon_{B,t} > 0$).

Wenn A niedrigere und B höhere Zinsen erwarten, sollten
beide auf diesen Swap verzichten;[1] sie sollten ihn hin-

---

[1] Bei diesen Zinserwartungen sollten A und B einen Swap verein-
     baren, in dem A Festzinsempfänger und B Festzinszahler ist.

gegen vereinbaren, wenn A höhere und B niedrigere Zinsen
als der Markt erwarten. Der Erfolg des Swaps hängt von
der tatsächlichen Zinsentwicklung ab. Wenn sich die tatsächliche Zinsentwicklung unmittelbar nach Abschluß der
Swapvereinbarung mit $I_t + \varepsilon_t$ beschreiben läßt, beträgt
der Barwert des Swaps für den Festzinszahler A

$$(3.19) \qquad PV^\bullet(S_A^-) = \sum_{t=1}^{n} \frac{B(I_t + \varepsilon_t - s)}{\prod_{j=1}^{t}(1 + I_j + \varepsilon_j)}$$

und für den Festzinsempfänger B

$$(3.20) \qquad PV^\bullet(S_B^+) = \sum_{t=1}^{n} \frac{B(s - I_t - \varepsilon_t)}{\prod_{j=1}^{t}(1 + I_j + \varepsilon_j)}$$

mit $PV^\bullet(S_A^-)$ Barwert des Swaps für den Festzinszahler
A unmittelbar nach der Zinsänderung

$PV^\bullet(S_B^+)$ Barwert des Swaps für den Festzinsempfänger B unmittelbar nach der Zinsände-
rung

$\varepsilon_{t(j)}$ tatsächliche Änderung des Zinssatzes auf
einjährige risikofreie Anlagen im Jahr t
(j)

Die Summe aus $PV^\bullet(S_A^-)$ und $PV^\bullet(S_B^+)$ ergibt null. Stimmt die
tatsächliche Zinsentwicklung mit der vom Markt erwarte-
ten überein ($\varepsilon_t = 0$), sind $PV^\bullet(S_A^-) = PV(S_M^-) = 0$ und
$PV^\bullet(S_B^+) = PV(S_M^+) = 0$. Weicht hingegen die tatsächliche
Zinsentwicklung von der vom Markt erwarteten ab ($\varepsilon_t \neq 0$),
ist der Barwert des Swaps für einen Swappartner größer
und für den anderen kleiner null. Ein Zinsanstieg führt
zu einem positiven Barwert für den Festzinszahler und zu
einem negativen Barwert für den Festzinsempfänger; ein
Zinsrückgang wirkt entgegengesetzt. Mit einem Swap haben

A und B die Möglichkeit, aus ihren vom Markt abweichenden Zinserwartungen Gewinne zu erzielen. So genutzt,
läßt sich der Swap mit einer Wette vergleichen: A setzt
auf höhere und B auf niedrigere als vom Markt erwartete
Zinsen. Ob A oder B die Wette gewinnt, hängt von der
tatsächlichen Zinsentwicklung ab. Wie bei vergleichbaren
Wetten auf Kurse oder Marktzinssätze gibt es beim Swap
auch die Möglichkeit, daß kein Swappartner gewinnt; wenn
die tatsächliche Zinsentwicklung der vom Markt erwarteten entspricht.

II. Absicherung gegen Zinsrisiken

Ein zinsänderungsbedingter Nachteil könnte z.B. sein,
daß sich das Vermögen des Inhabers einer Kupon-Anleihe
durch den Kursverlust nach einem Zinsanstieg vermindert.
Da der Barwert des Swaps aus der Sicht des Festzinszahlers A bei einem Zinsanstieg größer und bei einem Zinsrückgang kleiner null ist, könnte A den Swap als Gegen-
position zur Kupon-Anleihe einsetzen.[1]

Ein Portefeuille aus einer Kupon-Anleihe und einem Swap
wäre gegen einen zinsänderungsbedingten Vermögensrück-
gang geschützt, wenn folgende Ungleichung erfüllt ist:

$$(3.21) \qquad \frac{\partial PV^*(S_A^-) + \partial PV^*(KA)}{\partial e} \geq 0$$

$$\text{mit} \quad \frac{\partial PV^*(S_A^-)}{\partial e} > 0 \quad \text{und} \quad \frac{\partial PV^*(KA)}{\partial e} < 0.$$

$PV^t(KA)$ Barwert der Kupon-Anleihe unmittelbar
nach der Zinsänderung

---

[1]   Der Kurs einer Anleihe läßt sich als Barwert der künftigen
Zins- und Tilgungszahlungen interpretieren.

Unabhängig von der Richtung und dem Ausmaß der Zinsänderung verfügt A über ein Vermögen, das nicht kleiner ist
als vor der Zinsänderung und vor dem Abschluß der Swapvereinbarung, wenn das nach einem Zinsanstieg geringere
Anleihevermögen durch ein höheres Swapvermögen oder das
nach einem Zinsrückgang geringere Swapvermögen durch
ein höheres Anleihevermögen ausgeglichen werden kann.

Ein anderer zinsänderungsbedingter Nachteil könnte z.B.
sein, daß das aus einer Kupon-Anleihe am Ende der Planperiode erzielbare Endvermögen kleiner als das erwartete
Endvermögen ist. Ein Portefeuille aus einer Kupon-Anleihe und einem Swap wäre gegen einen zinsänderungsbedingten Rückgang des erwarteten Endvermögens geschützt, wenn
folgende Ungleichung erfüllt ist:

(3.22) $$FV^*(S_A^-) + FV^*(KA) \geq FV(KA)$$

mit $FV^*(S_A^-)$ erzielbare Endvermögen des Festzinszahlers A aus dem Swap unmittelbar nach der
Zinsänderung

$FV^*(KA)$ erzielbare Endvermögen aus der Kupon-Anleihe unmittelbar nach der Zinsänderung

$FV(KA)$ erwartete Endvermögen aus der Kupon-Anleihe

Für den Festzinsempfänger B könnte ein zinsänderungsbedingter Nachteil z.B. sein, daß sich der Marktwert seiner Verbindlichkeiten aus einer Kupon-Anleihe durch den
Kursanstieg nach einem Zinsrückgang vergrößert. Da der
Barwert des Swaps aus der Sicht des Festzinsempfängers B
bei einem Zinsrückgang größer null und bei einem Zinsanstieg kleiner null ist, könnte B den Swap als Gegen-
position zur emittierten Kupon-Anleihe einsetzen. Die
sich aus der Kupon-Anleihe und dem Swap ergebende Netto-
verbindlichkeit läßt sich begrenzen, wenn folgende Un-

gleichung erfüllt ist:

$$(3.23) \qquad \frac{\partial PV^*(S_B^+) + \partial PV^*(KA)}{\partial t} \geq 0$$

$$\text{mit} \quad \frac{\partial PV^*(S_B^+)}{\partial t} < 0 \quad \text{und} \quad \frac{\partial PV^*(KA)}{\partial t} > 0.$$

Unabhängig von der tatsächlichen Zinsentwicklung hat B keine höheren Verbindlichkeiten, wenn das nach einem Zinsanstieg geringere Swapvermögen durch eine geringere Anleiheverbindlichkeit oder die nach einem Zinsrückgang ausgeglichen werden kann.

Ein Swap könnte auch eingesetzt werden, um zinsvariable Ein- oder Auszahlungen in Ein- oder Auszahlungen zu transformieren, deren Höhe von der Zinsentwicklung unabhängig ist. Angenommen, B hat eine Floating Rate Note erworben. Da er nicht ausschließen kann, daß die Zinseinzahlungen aufgrund der Zinsentwicklung einen bestimmten Betrag unterschreiten, vereinbart er als Festzinsempfänger einen Swap, um sich konstante Einzahlungen zu sichern. Geringere Einzahlungen aus der Floating Rate Note sind mit höheren Einzahlungen oder geringeren Auszahlungen aus dem Swap verbunden; höhere Einzahlungen aus der Floating Rate Note hingegen mit geringeren Einzahlungen oder höheren Auszahlungen aus dem Swap. Dem Ziel konstanter Einzahlungen kann jedoch das Ziel der Vermögenssicherung entgegenstehen. Das Vermögen ist in diesem Fall gesichert, wenn

(3.26)
$$\frac{\partial PV^*(S_B^+) + \partial PV^*(FRN)}{\partial e} \geq 0$$

mit $\quad \dfrac{\partial PV^*(S_B^+)}{\partial e} < 0 \quad$ und $\quad \dfrac{\partial PV^*(FRN)}{\partial e} < 0,$

d.h. wenn die Zinsen fallen.

Die Interessen der Swappartner an einem Swap können unterschiedlich sein: z.B. beabsichtigt ein Swappartner, mit dem Swap zu spekulieren, während sich der andere gegen Zinsrisiken absichern möchte. Da die Spekulation via Swap unproblematisch zu sein scheint,[1] soll im folgenden vierten Teil untersucht werden, wie sich ein Zinsswap zur Absicherung gegen Zinsrisiken einsetzen läßt.

---

[1]   Zur Spekulation via Swap siehe auch Gottschalk und Weissenberger (1988), S. 543.

Teil 4
Zinsswap als Instrument zur Absicherung gegen Zinsrisiken

A. Immunisierung gegen Zinsrisiken

Die Marktwerte zinstragender Forderungen und Verbindlichkeiten sind von der Zinsentwicklung ebenso abhängig
wie von der Bonitätsentwicklung des Emittenten. Von beiden Entwicklungen können negative Einflüsse auf die
Marktwerte ausgehen.

Vor dem Ausfallrisiko, dem Risiko, Vermögensverluste
nach einer Bonitätsverschlechterung des Emittenten zu
erleiden, kann sich ein Anleger durch ausreichende Diversifikation schützen.[1] Bei perfekter Diversifikation
sollten die durch Zinsaufschläge vereinnahmten Risikoprämien mögliche Verluste ausgleichen.

Vor dem Zinsrisiko, dem Risiko, Vermögensverluste nach
einer unerwarteten Änderung des Marktzinsniveaus zu erleiden,[2] kann sich der Anleger nicht durch Diversifikation schützen. Im Unterschied zum Ausfallrisiko, das die
Finanztitel eines einzelnen Emittenten betrifft, werden
vom Zinsrisiko alle Finanztitel erfaßt.

---

[1]   Zur Diversifikation siehe Krümmel (1966), S. 140-142 und
       Arnold (1976), Sp. 1510-1512.

[2]   Dieser vermögensorientierten Definition des Zinsrisikos folgt
       der Verfasser. Auswirkungen der Zinsänderung auf die Zahlungs-
       ebene stehen nicht im Mittelpunkt der Betrachtung; im Gegen-
       satz dazu siehe Peters (1990), S. 31. Die vermögensorientierte
       Sichtweise berücksichtigt, daß die „... Liquidität der Solvenz
       [folgt], nicht umgekehrt", H. Schmidt (1981), S. 251.

Im folgenden soll geprüft werden, wie sich ein Vermögen
aus zinstragenden Finanztiteln oder ein Reinvermögen aus
verzinslichen Forderungen und Verbindlichkeiten durch
den Einsatz von Zinsswaps vor Marktwertverlusten aufgrund unerwarteter Zinsänderungen schützen läßt. Die ihnen anvertrauten Vermögenswerte vor Verlusten zu schützen könnte gleichermaßen das Ziel einer Bankleitung oder
eines Vermögensverwalters sein. Eine Strategie, die darauf ausgerichtet ist, Vermögensverluste aufgrund unerwarteter Zinsänderungen zu vermeiden, wird im Schrifttum
als Immunisierungsstrategie bezeichnet.[1] Formal stellt
sich folgendes Problem:

Ein Anleger, der sein Vermögen in eine Kupon-Anleihe mit
einer Restlaufzeit von n Jahren investiert, erwartet am
Ende der Planperiode m (m < n) ein Endvermögen von

$$(4.1) \qquad P_m = \sum_{t=1}^{m} C_t \, q^{m-t} + \sum_{t=m+1}^{n} C_t \, q^{m-t} = \sum_{t=1}^{n} C_t \, q^{m-t}$$

mit C_t = Zahlung aus der Anleihe nach t Jahren

   P_m = erwartetes Endvermögen

   m   = Planperiode

   n   = Restlaufzeit der Kupon-Anleihe

   q   = 1 + I mit I = Zinssatz auf risikofreie An-
               lagen

   t   = Zeitpunkt.

Wenn sich der Marktzinssatz unmittelbar nach Erwerb der
Kupon-Anleihe unerwartet ändert und danach konstant

---

[1]   Siehe u.a. Fisher und Weil (1971), S. 415. Erstmals hat Redington (1952) den Begriff „Immunization" für diese Strategie
verwendet.

bleibt,[1] realisiert der Anleger ein Endvermögen von

$$P_m^* = \sum_{t=1}^{m} C_t \, (q+\varepsilon)^{m-t} + \sum_{t=m+1}^{n} C_t \, (q+\varepsilon)^{m-t}$$

(4.2)

$$= \sum_{t=1}^{n} C_t \, (q+\varepsilon)^{m-t}$$

mit P_n^* = realisiertes Endvermögen nach Zinsänderung

ε = Zinsänderung.

P_n und P_n^* können voneinander abweichen. Eine notwendige Bedingung der Immunisierungsstrategie ist, daß

(4.3) $P_m^* - P_m \geq 0$.

Zinserwartungen des Anlegers spielen keine Rolle, da diese Bedingung für jede Zinsänderung erfüllt sein muß.

Im folgenden werden zunächst Voraussetzungen für eine erfolgreiche Immunisierung abgeleitet. Anschließend soll geprüft werden, inwieweit sich Zinsswaps sinnvoll in das Immunisierungskonzept integrieren lassen.

Es lassen sich drei Immunisierungsobjekte unterscheiden:

1. eine einzelne Anleihe

2. ein Anleihenportefeuille

3. ein Reinvermögen als Differenz zwischen Anleiheforderungen und -verbindlichkeiten

---

[1] Die Zinsänderung führt zu einer Parallelverschiebung der horizontalen Zinsstrukturkurve.

Ferner kann danach unterschieden werden, ob nur eine oder mehrere Zinsänderungen möglich sind.

Es gelten folgende Annahmen:

1. Die Zinsstrukturkurve verläuft horizontal.

2a. Bei nur einer Zinsänderung ändert sich der Marktzinssatz unmittelbar nach Beginn der Planperiode.

2b. Bei mehreren möglichen Zinsänderungen ändert sich der Marktzinssatz unmittelbar nach Beginn der Planperiode und unmittelbar nach Wiederanlage der Kuponzahlungen.

3. Die Zinsänderung führt zu einer Parallelverschiebung der horizontalen Zinsstrukturkurve.

4. Der Anleger entnimmt zwischenzeitlich keine Beträge; er legt sie zum Marktzinssatz wieder an.

5. Die Restlaufzeit einer Kupon-Anleihe beträgt volle Jahre.

6. Transaktionskosten fallen nicht an; Steuern werden nicht erhoben.

7. Es bestehen keine Ausfallrisiken.

Zunächst wird nur eine Zinsänderung unmittelbar nach Beginn der Planperiode betrachtet.

I. Immunisierungsbedingungen

1. Immunisierungsbedingung für eine einzelne An-leihe

Für die weiteren Ausführungen werden die Gleichungen (4.1) und (4.2) umgeformt in[1]

$$(4.4) \qquad P_m = P_0 \, q^m$$

und

$$(4.5) \qquad P_m^* = \frac{P_0}{K_0} \, K_0^* \, (q+\varepsilon)^m$$

mit K_0 = Kurs der Anleihe in t_0 vor Zinsänderung

K_0^t = Kurs der Anleihe in t_0 nach Zinsänderung

P_0 = Vermögen des Anlegers in t_0

P_0/K_0 = Nennwert der Anleihe in t_0

Da $K_0 = c\dfrac{1-q^{-n}}{I} + \dfrac{1}{q^n}$ und $K_0^* = c\dfrac{1-(q+\varepsilon)^{-n}}{I+\varepsilon} + \dfrac{1}{(q+\varepsilon)^n}$ mit

c = Zinssatz der Anleihe, läßt sich Gleichung (4.5) um-formen in

$$(4.6) \qquad P_m^* = P_0 \, \frac{c\dfrac{1-(q+\varepsilon)^{-n}}{I+\varepsilon} + \dfrac{1}{(q+\varepsilon)^n}}{c\dfrac{1-q^{-n}}{I} + \dfrac{1}{q^n}} \, (q+\varepsilon)^m .$$

---

[1] Zur Umformung von (4.1) und (4.2) siehe Anhang A.

Die Differenz $P'_\mathbf{n} - P_\mathbf{n}$ beträgt

$$(4.7) \qquad P_\mathbf{m}^* - P_\mathbf{n} = P_0 \left(\frac{c \dfrac{1 - (q+e)^{-n}}{I+e} + \dfrac{1}{(q+e)^n}}{c \dfrac{1 - q^{-n}}{I} + \dfrac{1}{q^n}} \; (q+e)^\mathbf{m} - q^\mathbf{m} \right) .$$

Abbildung 4.1 enthält für unterschiedliche Planperioden die sich bei Zinsänderungen aus einer 8%igen Kupon-Anleihe im Nennwert von 100.000 mit einer Restlaufzeit von 5 Jahren ergebenden Differenzen zum erwarteten Endvermögen.

Abb. 4.1 Differenz zwischen dem tatsächlichen und dem erwarteten Endvermögen in Abhängigkeit von unterschiedlichen Planperioden

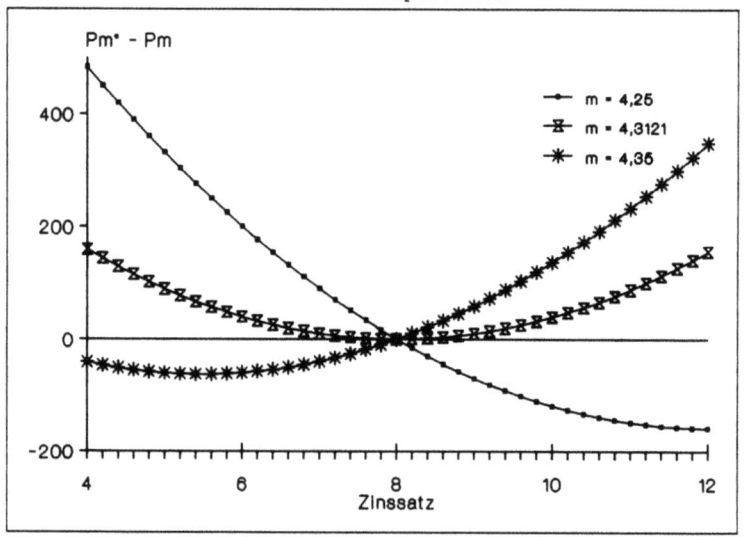

Wählt der Investor eine Planperiode von 4,25 Jahren, kann er bei einem Zinsanstieg ein geringeres Endvermögen als erwartet realisieren,[1] und wählt er eine Planperiode von 4,35 Jahren, kann sein tatsächliches Endvermögen bei einem Zinsrückgang kleiner als das erwartete sein.[2] Nur für die Planperiode von 4,3121 Jahren ist das realisierte Endvermögen unabhängig von der Zinsentwicklung nicht kleiner als das erwartete Endvermögen.

Wenn die Differenz aus dem Endvermögen nach einer Zinsänderung und dem Endvermögen vor einer Zinsänderung unabhängig von der Zinsentwicklung größer oder gleich null sein soll, muß die Funktion $P'_n - P_n$ an der Stelle $\varepsilon = 0$ ein Minimum aufweisen.[3] Ein Minimum ist gegeben, wenn die erste Ableitung an dieser Stelle gleich null und die zweite Ableitung größer null ist.[4]

---

[1] Bei einer Planperiode von m = 4,25 Jahren erwartet der Investor ein Endvermögen von 138.691,86. Nach einem Zinsanstieg auf 10 % beträgt das tatsächliche Endvermögen hingegen 138.572,64; 119,22 weniger als erwartet.

[2] Bei einer Planperiode von m = 4,35 Jahren erwartet der Investor ein Endvermögen von 139.763,36. Nach einem Zinsrückgang auf 6 % beträgt das tatsächliche Endvermögen hingegen 139.704; 59,36 weniger als erwartet.

[3] Darüber hinaus wäre zu prüfen, ob der Funktionswert für $P'_n - P_n$ bei jeder beliebigen Zinsänderung größer oder gleich null ist.

[4] Wenn nach einer beliebigen Zinsänderung das tatsächliche Endvermögen nicht vom erwarteten Endvermögen abweicht, sind die erste und die zweite Ableitung null.

Die erste Ableitung nach ε an der Stelle $\varepsilon = 0$ beträgt[1]

$$(4.8) \qquad \frac{\partial(P_m^* - P_m)}{\partial \varepsilon}_{(\varepsilon=0)} = q^{m-1} P_0 \left(m - \frac{q \frac{q^n-1}{I} - n\left(1 - \frac{I}{c}\right)}{q^n - 1 + \frac{I}{c}} \right)$$

und ist null, wenn

$$(4.9) \qquad m = \frac{q \frac{q^n-1}{I} - n(1 - \frac{I}{c})}{q^n - 1 + \frac{I}{c}} .$$

In Gleichung (4.9) ist m identisch mit der Duration, für die folgende Notation weit verbreitet ist:[2]

$$(4.10) \qquad D = \frac{\sum\limits_{t=1}^{n} t \, C_t (1+I)^{-t}}{\sum\limits_{t=1}^{n} C_t (1+I)^{-t}} .$$

Im Anhang C ist eine Möglichkeit angegeben, D in m umzu-formen.

Wenn c = I, d.h. der Zinssatz der Anleihe und der Marktzins sind identisch (Kupon-Anleihe zu pari), ver-einfacht sich Gleichung (4.9) zu

---

[1] Zur Herleitung siehe Anhang B.

[2] Siehe z.B. Uhlir und Steiner (1986), S. 73. Uhlir und Steiner verwenden anstelle C_t das Symbol Z_t.

(4.11) $\qquad m = q \, \dfrac{1 - q^{-n}}{I} \cdot 1$

Die zweite Ableitung nach ε an der Stelle $\varepsilon = 0$ beträgt[2]

$$
\begin{aligned}
\text{(4.12)} \qquad \frac{\partial^2 (P_m^* - P_m)}{\partial \varepsilon^2_{(\varepsilon=0)}} &= P_0 \, \frac{q^{m+n-1}}{I(cq^n - c + I)} \\
&\quad ((m-n)(m-n-1)q^{-n-1}(I^2 - cI) \\
&\quad + 2(\frac{c}{I}q - cm)(1 - q^{-n}) \\
&\quad -2cnq^{-n} + m(m-1)cIq^{-1}) \, .
\end{aligned}
$$

Wenn $c = I$, vereinfacht sich (4.12) zu

$$
\begin{aligned}
\text{(4.13)} \qquad \frac{\partial^2 (P_m^* - P_m)}{\partial \varepsilon^2_{(\varepsilon=0)}} &= \frac{q^{m-1}}{I^2} \, P_0 \, (2(q - mI)(1 - q^{-n}) \\
&\quad - 2nq^{-n}I + m(m-1)I^2 q^{-1}) \, .
\end{aligned}
$$

Unabhängig von der tatsächlichen Zinsentwicklung kann der Investor aus einer 8%igen Kupon-Anleihe mit einer Restlaufzeit von 5 Jahren und einem gegenwärtigen Zinssatz von 8 % ein Endvermögen realisieren, das seinem erwarteten entspricht, wenn er nach Gleichung (4.11) eine Planperiode von 4,3121 Jahren wählt (vgl. Abbildung 4.1). Die zweite Ableitung ist bei m = 4,3121 größer null;[3] es liegt ein Minimum vor.

---

[1] Bierwag (1987), S. 78; dort Gleichung (3B.18).

[2] Zur Herleitung siehe Anhang D.

[3] Bei einer Planperiode von 4,3121 Jahren beträgt die zweite Ableitung 196.197,41.

Das Endvermögen, das sich nach einer Zinsänderung in t_0 am Ende der Planperiode aus einer Kupon-Anleihe realisieren läßt, ist nicht kleiner als das erwartete, wenn

1. die Planperiode mit der Duration der Kupon-Anleihe übereinstimmt (m = D), und wenn

2. die zweite Ableitung der Funktion $P'_\text{m} - P_\text{m}$ nach ε an der Stelle $\varepsilon = 0$ größer (oder gleich) null ist.

Wenn die Duration der Anleihe nicht mit seiner Planperiode übereinstimmt, müßte der Anleger seine Planperiode der Duration anpassen, um immunisiert zu sein. Eine andere Möglichkeit besteht darin, daß er diese Anleihe mit einer zweiten kombiniert und ein Portefeuille bildet.

2. **Immunisierungsbedingung für ein Anleihenportefeuille**

Für ein Portefeuille, das aus den Kupon-Anleihen 1 und 2 besteht, erwartet der Anleger bei einem gleichbleibenden Zinssatz am Ende der Planperiode ein Endvermögen von

$$(4.14) \qquad P_\text{m} = (P_{0,1} + P_{0,2})\, q^\text{m}$$

mit $P_{0,i}$ = Marktwert der Kupon-Anleihe i in t_0,
i = 1, 2.

Mit Zinsänderung ergibt sich ein Endvermögen von

$$(4.15) \qquad P^{\bullet}_\text{m} = \left(\frac{P_{0,1}}{K_{0,1}} K^{\bullet}_{0,1} + \frac{P_{0,2}}{K_{0,2}} K^{\bullet}_{0,2} \right) (q+\varepsilon)^\text{m}$$

mit $K_{0,i}$ = Kurs der Anleihe i in t_0 vor Zinsänderung

$K'_{0,i}$ = Kurs der Anleihe i in t_0 nach Zinsänderung

$P_{0,i}/K_{0,i}$ = Nennwert der Anleihe i in t_0

für i = 1, 2.

Die Differenz $P'_{\blacksquare} - P_{\blacksquare}$ ist unabhängig von der Zinsentwicklung größer oder gleich null, wenn die erste Ableitung von $P'_{\blacksquare} - P_{\blacksquare}$ nach ε an der Stelle $\varepsilon = 0$ gleich null und die zweite Ableitung größer oder gleich null ist.

Die erste Ableitung lautet in Fortführung von (4.8):

$$(4.16) \quad \frac{\partial(P_{\blacksquare}^{\bullet}-P_{\blacksquare})}{\partial\varepsilon}_{(\varepsilon=0)} = q^{\blacksquare-1} \sum_{i=1}^{2} P_{0,i}\left(m - \frac{q\,\frac{q^{n_i}-1}{I}-n_i\left(1-\frac{I}{c_i}\right)}{q^{n_i}-1+\frac{I}{c_i}}\right)$$

mit n_i = Restlaufzeit der Kupon-Anleihe i

c_i = Zinssatz der Kupon-Anleihe i

für i = 1, 2.

Da

$$(4.17) \quad \frac{q\,\frac{q^{n_i}-1}{I} - n_i\left(1-\frac{I}{c_i}\right)}{q^{n_i} - 1 + \frac{I}{c_i}} = D_i$$

für i = 1, 2, läßt sich (4.16) umformen in

$$(4.18) \quad \frac{\partial(P_{\blacksquare}^{\bullet}-P_{\blacksquare})}{\partial\varepsilon}_{(\varepsilon=0)} = q^{\blacksquare-1}\left(P_{0,1}\,(m-D_1) + P_{0,2}\,(m-D_2)\right) \; .$$

Die erste Ableitung ist null, wenn

$$(4.19) \qquad m = \frac{P_{0,1}\, D_1 + P_{0,2}\, D_2}{P_{0,1} + P_{0,2}} \; .$$

Aus dieser Gleichung kann man die Planperiode bestimmen, für die ein gegebenes Portefeuille immunisiert ist.

Wenn $P_{0,1} + P_{0,2} = P_0$, läßt sich (4.19) umformen in

$$(4.20) \qquad m = \frac{P_{0,1}\, D_1 + (P_0 - P_{0,1})\, D_2}{P_0}$$

$$(4.21) \qquad m\, P_0 = P_{0,1}\, (D_1 - D_2) + P_0\, D_2$$

$$(4.22) \qquad P_{0,1} = \frac{P_0\, (D_2 - m)}{D_2 - D_1} \; .$$

Aus dieser Gleichung läßt sich für ein gegebenes Anlagevolumen der Anteil der Kupon-Anleihe 1 in Abhängigkeit von der Planperiode bestimmen. Der Anteil der Kupon-Anleihe 2 ergibt sich aus der Differenz von Anlagevolumen und dem Anteil der Kupon-Anleihe 1.

Da $P_0 \geq P_{0,1} \geq 0$ ist, muß die Planperiode m zwischen D_1 und D_2 liegen. Wenn $P_{0,1} = P_0$, dann ist m = D_1 und wenn $P_{0,1}$ = 0, dann ergibt sich für m = D_2. Durch eine Portefeuillebildung gelingt es dem Anleger, sich für jede Planperiode zu immunisieren, die im Intervall zwischen D_1 und D_2 liegt.

Beispiel: Einem Anleger, der sich z.B. für eine Planperiode von 3 Jahren gegen Zinsrisiken immunisieren möchte, stehen zwei 8%ige Anleihen mit Restlaufzeiten

von 4 Jahren (Anleihe 1) und 3 Jahren (Anleihe 2) zur
Portefeuillebildung zur Verfügung. Das Anfangsvermögen
beträgt 100.000 und der Marktzins 8 %. Die Anleihe 1
weist eine Duration von 3,5771 und Anleihe 2 eine Duration von 2,7833 auf. Nach Gleichung (4.22) beträgt der
Anteil für Anleihe 1 am Portefeuille $P_{0,1}$ = 27.300 und für
Anleihe 2 $P_{0,2}$ = 72.700. Wenn sich der Anleger ein Portefeuille aus den Anleihen A und B mit diesen Anteilen zu-
sammenstellt, realisiert er nach Gleichung (4.15) ein
Endvermögen, das das erwartete nicht unterschreitet:

Tab. 4.1 Erwartetes und realisiertes Endvermögen in Abhängigkeit von der Zinsänderung

Planperiode	Zinsänderung		
m = 3	- 0,04	0,00	+ 0,04
$P_{0,1}$	27.300	27.300	27.300
$P_{0,2}$	72.700	72.700	72.700
q	1,08	1,08	1,08
P_m	125.971,20	125.971,20	125.971,20
$K_{0,1}$	100	100	100
$K'_{0,1}$	114,52	100	87,85
$K_{0,2}$	100	100	100
$K'_{0,2}$	111,10	100	90,39
q + ε	1,04	1,08	1,12
P'_m	126.022,63	125.971,20	126.017,24
$P'_m - P_m$	+ 51,43	0	+ 46,04

Die zweite Ableitung lautet in Fortführung von (4.12)

(4.23)
$$\frac{\partial^2 (P_m^* - P_m)}{\partial \varepsilon^2_{(\varepsilon=0)}} = \sum_{i=1}^{2} P_{0,i} \frac{q^{m+n_i-1}}{I(c_i q^{n_i} - c_i + I)}$$
$$((m-n_i)(m-n_i-1) q^{-n_i-1}$$
$$(I^2 - c_i I) + 2(\frac{c_i}{I} q - c_i m)(1 - q^{-n_i})$$
$$-2 c_i n_i q^{-n_i} + m(m-1) c_i \frac{I}{q}) .$$

Wenn $c_i = I$, vereinfacht sich (4.23) zu

(4.24)
$$\frac{\partial^2 (P_m^* - P_m)}{\partial \varepsilon^2_{(\varepsilon=0)}} = \frac{q^{m-1}}{I^2} \sum_{i=1}^{2} P_{0,i} (2(q-mI)(1-q^{-n_i})$$
$$- 2 n_i q^{-n_i} I + m(m-1) I^2 q^{-1}) .$$

Für das Anleihenportefeuille im o.a. Beispiel ist die zweite Ableitung größer null.[1]

Wenn das Portefeuille aus k Anleihen mit $P_{0,i} \geq 0$ für i = 1, ..., k besteht, muß in Fortführung von Gleichung (4.18) zur erfolgreichen Immunisierung folgende Bedingung erfüllt sein:[2]

(4.25)
$$\sum_{i=1}^{k} P_{0,i} (m - D_i) = 0$$

---

[1] Die zweite Ableitung an der Stelle $\varepsilon = 0$ beträgt 62.746,70.

[2] Auf die Bedingung, daß die zweite Ableitung größer oder gleich null sein soll, wird im folgenden nicht mehr ausdrücklich hingewiesen.

oder nach Umformung

$$(4.26) \qquad m = \sum_{i=1}^{k} x_{0,i} \, D_i$$

mit $x_{0,i} = \dfrac{P_{0,i}}{P_0}$ = relativer Anteil der Anleihe i am Por-

tefeuille; i = 1, ..., k.

Der Investor ist immunisiert, wenn die mit den relativen Anteilen der Anleihe am Portefeuille gewichteten Durations der Planperiode entsprechen.

3. Immunisierungsbedingung für ein Reinvermögen

Wenn ein Investor neben den Forderungen aus den Anleihen 1 und 2 Verbindlichkeiten aus einer Anleihe 3 hat, erwartet er bei einem gleichbleibenden Zinssatz am Ende der Planperiode ein Endvermögen[1] von

$$(4.27) \qquad P_m = (P_{0,1} + P_{0,2} - P_{0,3}) \, q^m \, .$$

Mit Zinsänderung ergibt sich ein Endvermögen von

$$(4.28) \qquad P_m^{\bullet} = \left(\frac{P_{0,1}}{K_{0,1}} K_{0,1}^{\bullet} + \frac{P_{0,2}}{K_{0,2}} K_{0,2}^{\bullet} - \frac{P_{0,3}}{K_{0,3}} K_{0,3}^{\bullet} \right) q^m \, .$$

Die Differenz $P'_m - P_m$ ist unabhängig von der Zinsentwicklung größer oder gleich null, wenn die erste Ableitung von $P'_m - P_m$ nach ε an der Stelle $\varepsilon = 0$ gleich null ist.

---

[1]   genauer: Endreinvermögen

Die erste Ableitung lautet in Fortführung von (4.18)

$$(4.29) \qquad \frac{\partial (P_m^* - P_m)}{\partial \varepsilon_{(\varepsilon = 0)}} =$$

$$q^{m-1} \left(P_{0,1} (m - D_1) + P_{0,2} (m - D_2) - P_{0,3} (m - D_3) \right)$$

und ist null, wenn

$$(4.30) \qquad m = \frac{P_{0,1} \, D_1 + P_{0,2} \, D_2 - P_{0,3} \, D_3}{P_{0,1} + P_{0,2} - P_{0,3}} \; .$$

Aus dieser Gleichung läßt sich die Planperiode bestimmen, für die ein gegebenes Reinvermögen immunisiert ist.

Löst man Gleichung (4.30) nach $P_{0,1}$ auf, ergibt sich

$$(4.31) \qquad P_{0,1} = - \frac{P_{0,2} (m - D_2) - P_{0,3} (m - D_3)}{m - D_1} \; .$$

Aus dieser Gleichung kann man in Abhängigkeit von den Marktwerten der Anleihen 2 und 3 und der Planperiode den Marktwert der Anleihe 1 bestimmen; analog lassen sich die Marktwerte der Anleihen 2 und 3 ermitteln.

Beispiel: Ein Anleger, der eine Anleiheforderung über 200.000 aus einer 8%igen Anleihe mit einer Restlaufzeit von 3 Jahren (Anleihe 2, D_2 = 2,7833) und eine Anleiheverbindlichkeit über 100.000 aus einer 8%igen Anleihe mit einer Restlaufzeit von 4 Jahren (Anleihe 3, D_3 = 3,5771) hat, wäre für eine Planperiode von 3 Jahren bei einem Marktzins von 8 % immunisiert, wenn er nach Gleichung (4.31) zusätzlich 77.013,95 in eine 8%ige Anleihe mit einer Restlaufzeit von 5 Jahren (Anleihe 1, D_1 = 4,3121) angelegt hätte.

Tab. 4.2 Erwartetes und realisiertes Endvermögen in Abhängigkeit von der Zinsänderung

Planperiode	Zinsänderung		
$m = 3$	- 0,04	0,00	+ 0,04
$P_{0,1}$	77.013,95	77.013,95	77.013,95
$P_{0,2}$	200.000	200.000	200.000
$-P_{0,3}$	-100.000	-100.000	-100.000
q	1,08	1,08	1,08
P_m	222.986,60	222.986,60	222.986,60
$K_{0,1}$	100	100	100
$K^*_{0,1}$	117,81	100	85,58
$K_{0,2}$	100	100	100
$K^*_{0,2}$	111,10	100	90,39
$K_{0,3}$	100	100	100
$K^*_{0,3}$	114,52	100	87,85
$q + \varepsilon$	1,04	1,08	1,12
P^*_m	223.184,42	222.986,60	223.156,71
$P^*_m - P_m$	+ 197,82	0	+ 170,11

Mit einem Anfangsreinvermögen von 177.013,95 erzielt der
Anleger am Ende der Planperiode bei einem unveränderten
Zinssatz von 8 % ein Endreinvermögen von 222.986,60. Ein
höheres Endvermögen erzielt der Investor, wenn sich der
Zinssatz unmittelbar nach Beginn der Planperiode verän-
dert.

Wenn das Reinvermögen aus k Anleiheforderungen mit
$P_{0,i} \geq 0$ für i = 1, ..., k und 1 - k Anleiheverbindlichkeiten mit $P_{0,j} \geq 0$ für j = k + 1, ..., l besteht, muß in
Fortführung von Gleichung (4.25) zur erfolgreichen Immunisierung folgende Bedingung erfüllt sein:

$$(4.32) \qquad \sum_{i=1}^{k} P_{0,i}\,(m-D_i) \;-\; \sum_{j=k+1}^{l} P_{0,j}\,(m-D_j) \;=\; 0$$

mit $P_{0,i}$ = Marktwert der Anleiheforderung i in t_0;

$\qquad\qquad$ i = 1, ..., k,

$\quad P_{0,j}$ = Marktwert der Anleiheverbindlichkeit j in

$\qquad\qquad t_0$; j = k + 1, ..., l.

Gleichung (4.32) läßt sich umformen in

$$(4.33) \qquad m\left(\sum_{i=1}^{k} P_{0,i} - \sum_{j=k+1}^{l} P_{0,j}\right) = \sum_{i=1}^{k} P_{0,i}\,D_i - \sum_{j=k+1}^{l} P_{0,j}\,D_j \; .$$

Wenn die Summe der Forderungen der Summe der Verbind-
lichkeiten entspricht, d.h. $\sum_{i=1}^{k} P_{0,i} = \sum_{j=k+1}^{l} P_{0,j} = P_0$, läßt sich

Gleichung (4.33) umformen in

$$(4.34) \qquad \sum_{i=1}^{k} x_{0,i}\,D_i = \sum_{j=k+1}^{l} x_{0,j}\,D_j$$

mit $x_{0,i} = \dfrac{P_{0,i}}{P_0}$ und $x_{0,j} = \dfrac{P_{0,j}}{P_0}$ als relative Anteile der

Forderungen an den Gesamtforderungen und der Verbindlichkeiten an den Gesamtverbindlichkeiten. Der Investor
ist immunisiert, wenn die durchschnittliche Duration der
Forderungen der durchschnittlichen Duration der Verbindlichkeiten entspricht.

4.   Zusammenfassung

In Tabelle 4.3 sind die Immunisierungsbedingungen für
die Immunisierungsobjekte Anleihe, Anleihenportefeuille
und Reinvermögen zusammengefaßt. Die rechte Spalte enthält die Bedingungen für $m > 0$, d.h. unter welchen Voraussetzungen kann ein Investor, unabhängig von einer
Zinsänderung in t_0, am Ende der Planperiode mindestens
über das von ihm erwartete (Rein-) Vermögen verfügen.
Die linke Spalte enthält die Bedingungen für $m = 0$, d.h.
unter welchen Voraussetzungen kann ein Investor sicherstellen, daß eine Zinsänderung in t_0 nicht zu einer sofortigen Verminderung seines (Rein-)Vermögens führt.[1]

Die Bedingung für die Immunisierung eines Reinvermögens
mit $m > 0$ ist die umfassendste; alle anderen Bedingungen
lassen sich als Spezialfälle ansehen. Die in der Tabelle
4.3 enthaltenen Immunisierungsbedingungen werden im folgenden Immunisierungsbedingung I genannt.

---

[1]   Die Immunisierungsbedingungen für $m = 0$, bezogen auf eine Anleihe und ein Anleihenportefeuille sind der Vollständigkeit
halber aufgeführt. Da die Duration einer Kupon-Anleihe oder
einer Floating Rate Note regelmäßig größer null ist, wird es
dem Investor nicht gelingen, seine Anleihe oder sein Anleihenportefeuille vor Vermögensverlusten in t_0 zu schützen.

Tab. 4.3 Immunisierungsbedingung I

	Immunisierungsbedingung für	
	$m = 0$	$m > 0$
eine Anleihe	$-P_0 D = 0$	$P_0 (m - D) = 0$
Anleihenporte-feuille	$-\sum\limits_{i=1}^{j} P_{0,i} D_i = 0$	$\sum\limits_{i=1}^{j} P_{0,i} (m-D_i) = 0$
Reinvermögen	$\sum\limits_{j=k+1}^{l} P_{0,j} D_j$ $-\sum\limits_{i=1}^{k} P_{0,i} D_i = 0$	$\sum\limits_{i=1}^{k} P_{0,i} (m-D_i)$ $-\sum\limits_{j=k+1}^{l} P_{0,j} (m-D_j) = 0$

Daneben muß die zweite Ableitung von $P'_\text{n} - P_\text{n}$ nach ε an der Stelle $\varepsilon = 0$ größer oder gleich null sein. Diese Bedingung, im folgenden Immunisierungsbedingung II genannt, lautet in der umfassendsten Form für die Immunisierung eines Reinvermögens auf einen späteren Zeitpunkt:

(4.35)

$$\frac{\partial^2 (P_m^* - P_m)}{\partial \varepsilon^2_{(\varepsilon = 0)}} =$$

$$\sum_{i=1}^{k} P_{0,i} \frac{q^{m+n_i-1}}{I(c_i q^{n_i} - c_i + I)} ((m-n_i)(m-n_i-1) q^{-n_i-1}$$

$$(I^2 - c_i I) + 2(\frac{c_i}{I} q - c_i m)(1 - q^{-n_i}) - 2c_i n_i q^{-n_i}$$

$$+ m(m-1) c_i \frac{I}{q}) -$$

$$\sum_{j=k+1}^{l} P_{0,j} \frac{q^{m+n_j-1}}{I(c_j q^{n_j} - c_j + I)} ((m-n_j)(m-n_j-1) q^{-n_j-1}$$

$$(I^2 - c_j I) + 2(\frac{c_j}{I} q - c_j m)(1 - q^{-n_j}) - 2c_j n_j q^{-n_j}$$

$$+ m(m-1) c_j \frac{I}{q}) .$$

II. Anpassungstransaktionen

Es wird wohl eher die Ausnahme sein, daß die Immunisierungsbedingungen für eine einzelne Anleihe, ein Anleihenportefeuille oder ein Reinvermögen erfüllt sind. Ein
Anleger kann sich z.B. vor Vermögenseinbußen aufgrund
unerwarteter Zinsänderungen in t_0 nicht schützen, wenn
sein Vermögen aus einer festverzinslichen Anleihe oder
aus einem Anleihenportefeuille mit mindestens einer
festverzinslichen Anleihe besteht, da ein höherer Marktzins zu einem Kursrückgang der festverzinslichen Anleihe
führt. Wenn die Immunisierungsbedingungen nicht erfüllt
sind, wäre zu überlegen, ob sie sich durch eine Anpassungstransaktion erfüllen lassen. Der Investor könnte
z.B. versuchen, die durchschnittliche Duration seiner
Anleiheforderungen seiner Planperiode anzupassen oder
die durchschnittliche Duration seiner Anleiheforderungen
mit der durchschnittlichen Duration seiner Anleiheverbindlichkeiten in Einklang zu bringen. Allerdings könnte
sich der Verkauf einer Anleihe unter Buchwert oder die
vorzeitige Rückzahlung einer Anleihe über Buchwert nach-
teilig auswirken. Der Investor könnte auch eine festverzinsliche Anleihe emittieren und den Emissionserlös in
einer Anleihe mit einer abweichenden Zinsbindungsfrist
anlegen. Mit dieser Anpassungstransaktion läßt sich die
Immunisierungsbedingung I wie folgt erweitern:

$$(4.36) \qquad \sum_{i=1}^{k} P_{0,i}\,(m-D_i) - \sum_{j=k+1}^{l} P_{0,j}\,(m-D_j)$$

$$+ P_{0,i*}\cdot(m-D_{i*}) - P_{0,j*}\cdot(m-D_{j*}) = 0$$

mit $P_{0,i*}$ = Marktwert der zusätzlichen Anleiheforderung in t_0

$P_{0,j*}$ = Marktwert der zusätzlichen Anleiheverbindlichkeit in t_0

D_{i*} = Duration der zusätzlichen Anleiheforderung

D_{j*} = Duration der zusätzlichen Anleiheverbindlichkeit.

Da $P_{0,i*} = P_{0,j*}$, d.h. das Reinvermögen ändert sich durch
die Anpassungstransaktion nicht, läßt sich Gleichung
(4.36) nach $P_{0,i*}$ auflösen:

$$(4.37) \qquad P_{0,i*} = \frac{\sum_{j=k+1}^{l} P_{0,j}\,(m-D_j) - \sum_{i=1}^{k} P_{0,i}\,(m-D_i)}{D_{j*}-D_{i*}}\;.$$

$P_{0,i*}$ gibt das Volumen der Anpassungstransaktion an. Es
läßt sich als Hedge-Ratio oder als Hedge-Volumen[1] interpretieren. Gleichung (4.37) läßt sich zur Bestimmung des
Anpassungsvolumens bei sämtlichen Immunisierungsobjekten
heranziehen.

---

[1] Knippschild (1991), S. 304.

Die Immunisierungsbedingung II läßt sich ebenfalls wie folgt erweitern:

$$(4.38) \quad \frac{\partial^2 (P_m^* - P_m)}{\partial \varepsilon_{(\varepsilon=0)}^2} = \sum_{i=1}^{k} P_{0,i} \varphi_i - \sum_{j=k+1}^{l} P_{0,j} \varphi_j$$
$$+ P_{0,i'} \cdot \varphi_{i'} - P_{0,j'} \cdot \varphi_{j'} \geq 0$$

mit

$$\varphi_s = \frac{q^{m+n_s-1}}{I(c_s q^{n_s} - c_s + I)} \left((m - n_s)(m - n_s - 1) q^{-n_s-1} \right.$$
$$(I^2 - c_s I) + 2 \left(\frac{c_s}{I} q - c_s m \right) (1 - q^{-n_s}) - 2 c_s n_s q^{-n_s}$$
$$\left. + m(m-1) c_s \frac{I}{q} \right)$$

für $s = i, i', j, j'$

1. Anpassungstransaktionen bei einer Zinsänderung

Es folgt jeweils ein Beispiel für die Anpassungstransaktion bei den Immunisierungsobjekten einzelne Anleihe,
Anleihenportefeuille und Reinvermögen. Das Reinvermögen
wird danach unterschieden, ob die Forderungen größer als
die Verbindlichkeiten sind oder ob die Forderungen den
Verbindlichkeiten entsprechen. Die Planperiode beträgt
a) 0 und b) 3 Jahre. Die Kuponzahlungen werden zum aktuellen Marktzins angelegt; ebenso die Kapitalrückzahlun-
gen aus Anleihen mit einer Restlaufzeit von weniger als
3 Jahren. In allen Beispielen sind die Anleihen für die
Anpassungstransaktion mit einem Kupon von 8 % ausgestattet. Der Marktzins beträgt in der Ausgangslage 8 % und
steigt in t_0 auf 10 % oder fällt auf 6 %. Während der
dreijährigen Planperiode sind weitere Zinsänderungen
ausgeschlossen.

a)   Anpassungstransaktion für eine einzelne Anleihe

Beispiel 1a: Ein Anleger hat sein Vermögen von 100 in
eine 8%ige Anleihe mit einer Restlaufzeit von 5 Jahren
und einer Duration von 4,3121 angelegt, das er für den
Zeitpunkt t_0 immunisieren möchte. Bei einem Marktzins von
8 % notiert diese Anleihe zu 100. Ein Zinsrückgang auf
6 % hat einen Kursanstieg auf 108,42, ein Zinsanstieg
auf 10 % hingegen einen Kursrückgang auf 92,42 zur Folge. Um sich vor dieser möglichen Vermögenseinbuße zu
schützen, emittiert der Anleger eine Anleihe mit einer
Restlaufzeit von 3 Jahren und einer Duration von 2,7833
und legt den Emissionserlös in einer Anleihe mit einer
Restlaufzeit von einem Jahr und einer Duration von 1 an.
Das Anpassungsvolumen beträgt nach Gleichung (4.37):

$$\frac{100 \times 4,3121}{2,7833 - 1} = 241,81 .$$

Die 2. Ableitung nach Gleichung (4.38) ist größer null.
Durch die Anpassungstransaktion ist sichergestellt, daß
sich das Vermögen nach einem Zinsanstieg nicht verringert. Aus der Tabelle 4.4 ergibt sich das Reinvermögen
$P'_{0,E}$ in t_0 nachdem der Anleger die Anpassungstransaktion
durchgeführt hat bei Zinssätzen von 6 %, 8 % und 10 %.[1]

---

[1]   In der Tabelle wird anstelle der Restlaufzeit die Zinsbindungsfrist (ZBF) angegeben. Bei Kupon-Anleihen ist die Zinsbindungsfrist identisch mit der Restlaufzeit. Die Zinsbindungsfrist einer variabel verzinslichen Anleihe mit einer
Restlaufzeit von n Jahren beträgt 1.

Tab. 4.4 Reinvermögen in t_0 bei einer Anleihe mit Anpassungstransaktion

i	ZBF_i	$P^t_{0,i}$			j	ZBF_j	$P^t_{0,j}$		
		6 %	8 %	10 %			6 %	8 %	10 %
1	5	108,42	100,00	92,42	j^t	3	254,74	241,81	229,78
i^t	1	246,37	241,81	237,41	E	-	100,05	100,00	100,05

Die Tabellenwerte lassen sich aus folgenden Gleichungen ermitteln:

$$P^*_{0,i} = \frac{P_{0,i}}{K_{0,i}} K^*_{0,i} \qquad \text{für } i = 1, i^t$$

$$P^*_{0,j^*} = \frac{P_{0,j^*}}{K_{0,j^*}} K^*_{0,j^*}$$

$$P^*_{0,E} = P^*_{0,1} + P^*_{0,i^*} - P^*_{0,j^*}$$

Das Reinvermögen ist bei einer Zinsänderung, und zwar unabhängig davon, ob sich der Marktzinssatz erhöht oder verringert, größer als das Reinvermögen ohne Zinsänderung. Wenn sich der Anleger für eine Aufnahme-Anlage-Kombination mit anderen Restlaufzeiten entscheidet, muß er ein anderes Anpassungsvolumen beachten, wie aus Tabelle 4.5, jeweils erste Zeile, hervorgeht; in der Kopfzeile ist die Restlaufzeit und die Duration (kursiv) der zusätzlichen Verbindlichkeit und in der Vorspalte die Restlaufzeit oder die Zinsbindungsfrist und die Duration (kursiv) der zusätzlichen Forderung angegeben. Darüber hinaus enthält die Tabelle den Wert der 2. Ableitung (kursiv) und das Reinvermögen (fett), das sich nach Durchführung der Anpassungstransaktion bei Zinssätzen von 10 % (3. Zeile) und 6 % (4. Zeile) in t_0 ergibt.

Tab. 4.5 Aufnahme-Anlage-Kombinationen für die Immunisierung einer Anleihe auf den Zeitpunkt t_0

Aufnahme RLZ/ZBF *Duration*	3 *2,7833*	5 *4,3121*	8 *6,2064*
Anlage RLZ/ZBF *Duration*			
0 *0,0000*	154,93 *663,77* 100,13 100,14	100,00 *0,00* 100,00 100,00	69,48 *-925,80* 99,83 99,79
1 *1,0000*	241,81 *270,40* 100,05 100,05	130,19 *-412,17* 99,92 99,91	82,82 *-1.365,63* 99,75 99,69
2 *1,9259*	502,97 *-113,53* 99,98 99,97	180,71 *-815,00* 99,85 99,83	100,74 *-1.796,62* 99,67 99,60

Einige Aufnahme-Anlage-Kombinationen führen zu einem
kleineren als dem ursprünglichen Reinvermögen. Der Grund
liegt darin, daß die 2. Ableitung kleiner null und daß
damit die Immunisierungsbedingung II nicht erfüllt ist.
Diese Kombinationen sind nicht geeignet, das Immunisie-
rungsziel zu erreichen.

Beispiel 1b: Der Anleger möchte sein Vermögen über
100, das ebenfalls aus einer 8%igen Anleihe mit einer
Restlaufzeit von 5 Jahren und einer Duration von 4,3121
besteht, für das Ende der Planperiode in t_3 immunisieren.
Bei einem gleichbleibenden Marktzinssatz erwartet er ein
Endvermögen von 125,97. Ein Zinsrückgang auf 6 % in t_0
führt nach Gleichung (4.2) zu einem tatsächlichen Endvermögen von 129,14, das um 3,17 über dem erwarteten
Endvermögen liegt; ein Zinsanstieg auf 10 % führt hingegen zu einem tatsächlichen Endvermögen von 123,01, das

damit um 2,96 unter dem erwarteten Endvermögen liegt. Um sich vor dieser möglichen Vermögenseinbuße zu schützen, emittiert der Anleger eine Anleihe mit einer Restlauf- zeit von 5 Jahren und legt den Emissionserlös in einer Anleihe mit einer Restlaufzeit von 2 Jahren und einer Duration von 1,9259 an. Das Anpassungsvolumen beträgt nach Gleichung (4.37):

$$- \frac{100 \ (3 - 4,3121)}{4,3121 - 1,9259} = 54,99$$

Die 2. Ableitung nach Gleichung (4.38) ist größer null. Aus der Tabelle 4.6 ergibt sich das Reinvermögen $P'_{3,E}$ in t_3 bei Zinssätzen von 6 %, 8 % und 10 %.

Tab. 4.6   Reinvermögen in t_3 bei einer Anleihe mit Anpassungstransaktion

i	ZBF_i	$P'_{3,i}$			j	ZBF_j	$P'_{3,j}$		
		6 %	8 %	10 %			6 %	8 %	10 %
1	5	129,14	125,97	123,01	j'	5	71,01	69,27	67,64
i'	2	67,90	69,27	70,65	E	-	126,03	125,97	126,02

Die Tabellenwerte lassen sich aus folgenden Gleichungen ermitteln:

$$P^{\bullet}_{3,i} = \frac{P_{0,i}}{K_{0,i}} \ K^{\bullet}_{0,i} \ (q + e)^3 \quad \text{für } i = 1, \ i'$$

$$P^{\bullet}_{3,j^{\bullet}} = \frac{P_{0,j^{\bullet}}}{K_{0,j^{\bullet}}} \ K^{\bullet}_{0,j^{\bullet}} \ (q + e)^3$$

$$P^{\bullet}_{3,E} = P^{\bullet}_{3,1} + P^{\bullet}_{3,i^{\bullet}} - P^{\bullet}_{3,j^{\bullet}}$$

Andere Aufnahme-Anlage-Kombinationen führen zu einem abweichenden Anpassungsvolumen, wie aus Tabelle 4.7 hervorgeht:

Tab. 4.7 Aufnahme-Anlage-Kombinationen für die Immunisierung einer Anleihe auf den Zeitpunkt t_1

Aufnahme RLZ/ZBF Duration	3 2,7833	5 4,3121	8 6,2064
Anlage RLZ/ZBF Duration			
0 0,0000	47,14 802,93 **126,13** **126,13**	30,42 548,52 **126,08** **126,08**	21,14 193,68 **126,01** **126,01**
1 1,0000	73,58 652,16 **126,10** **126,11**	39,62 390,50 **126,05** **126,06**	25,20 25,03 **125,98** **125,98**
2 1,9259	153,05 505,00 **126,07** **126,08**	54,99 236,10 **126,02** **126,03**	30,65 -140,08 **125,95** **125,94**

b)   Anpassungstransaktion für ein Anleihenportefeuille

Beispiel 2a: Ein Anleger hat sein Vermögen von 100 in folgende Anleihen angelegt:

Tab. 4.8   Musterportefeuille

i	$P_{0,i}$	r_i	RLZ_i	D_i
1	20	6	5	4,4393
2	30	8	7	5,6229
3	50	10	10	6,9658

Für den Zeitpunkt t_0 könnte der Anleger sein Vermögen immunisieren, wenn er eine Anleihe mit einer Restlaufzeit von 3 Jahren begibt und den Emissionserlös in eine Anleihe mit einer Restlaufzeit von einem Jahr anlegt. Das Anpassungsvolumen beträgt nach Gleichung (4.37):

$$\frac{20 \times 4,4393 + 30 \times 5,6229 + 50 \times 6,9658}{2,7833 - 1} = 339,69$$

Die zweite Ableitung ist positiv. Unter Berücksichtigung der Anpassungstransaktion zeigt Tabelle 4.9 das Vermögen bei einem Marktzinssatz von 6 %, 8 % und 10 % an; ein Anstieg oder Rückgang des Marktzinssatzes führt nicht zu einer Vermögenseinbuße.

Tab. 4.9   Reinvermögen in t_0 bei einem Anleihenportefeuille mit Anpassungstransaktion

i	ZBF_i	$P^*_{0,i}$			j	ZBF_j	$P^*_{0,j}$		
		6 %	8 %	10 %			6 %	8 %	10 %
1	5	21,74	20,00	18,44	j^*	3	357,85	339,69	322,79
2	7	33,35	30,00	27,08	E	–	100,40	100,00	100,32
3	10	57,06	50,00	44,08					
i^*	1	346,10	339,69	333,51					

Andere Aufnahme-Anlage-Kombinationen führen zu einem abweichenden Anpassungsvolumen, wie aus Tabelle 4.10 hervorgeht:

Tab. 4.10   Aufnahme-Anlage-Kombinationen für die Im-
            munisierung eines Anleihenportefeuilles
            auf den Zeitpunkt t_0

Aufnahme RLZ/ZBF *Duration*	3 *2,7833*	5 *4,3121*	8 *6,2064*
Anlage RLZ/ZBF *Duration*			
0 *0,0000*	217,64 *2.336,65* 100,42 100,51	140,48 *1.404,12* 100,25 100,31	97,60 *103,80* 100,01 100,03
1 *1,0000*	339,69 *1.784,02* 100,32 100,40	182,89 *825,14* 100,14 100,19	116,35 *-514,50* 99,89 99,90
2 *1,9259*	706,56 *1.244,68* 100,21 100,29	253,86 *259,24* 100,04 100,07	141,52 *-1.119,79* 99,79 99,76

Beispiel 2b: Wenn der Anleger sein o.a. Portefeuille
für den Zeitpunkt t_3 vor Vermögenseinbußen schützen möchte, kann er ebenfalls eine Anleihe mit einer Restlaufzeit von 3 Jahren begeben und den Emissionserlös in eine
Anleihe mit einer Restlaufzeit von 1 Jahr anlegen. Das
Anpassungsvolumen beträgt nach Gleichung (4.37):

$$- \frac{20\,(3-4,4393) + 30\,(3-5,6229) + 50\,(3-6,9658)}{2,7833 - 1} = 171,46$$

Unter Berücksichtigung der Anpassungstransaktion zeigt
Tabelle 4.11 das Vermögen in t_3 bei einem Marktzinssatz
von 6 %, 8 % und 10 % an; ein Anstieg oder Rückgang des
Marktzinssatzes führt nicht zu einer Vermögenseinbuße.

Tab. 4.11   Reinvermögen in t_3 bei einem Anleihen-
             portefeuille mit Anpassungstransaktion

i	ZBF_i	$P'_{3,i}$			j	ZBF_j	$P'_{3,j}$		
		6 %	8 %	10 %			6 %	8 %	10 %
1	5	25,89	25,19	24,54	j^*	3	215,13	215,99	216,86
2	7	39,72	37,79	36,04	E	-	126,50	125,97	126,46
3	10	67,96	62,99	58,68					
i^*	1	208,06	215,99	224,06					

Andere Aufnahme-Anlage-Kombinationen führen zu einem abweichenden Anpassungsvolumen, wie aus Tabelle 4.12 hervorgeht:

Tab. 4.12   Aufnahme-Anlage-Kombinationen für die Im-
             munisierung eines Anleihenportefeuilles
             auf den Zeitpunkt t_3

Aufnahme RLZ/ZBF *Duration*	3 2,7833	5 4,3121	8 6,2064
Anlage RLZ/ZBF *Duration*			
0 0,0000	109,86 *2.910,23* 126,53 126,58	70,91 *2.317,32* 126,41 126,45	49,27 *1.490,34* 126,26 126,28
1 1,0000	171,46 *2.558,84* 126,46 126,50	92,32 *1.949,11* 126,34 126,38	58,73 *1.097,32* 126,18 126,20
2 1,9259	356,64 *2.215,92* 126,39 126,44	128,14 *1.589,31* 126,27 126,31	71,43 *712,57* 126,10 126,12

c)   Anpassungstransaktion für ein Reinvermögen

Zunächst wird ein Reinvermögen betrachtet, dessen Forderungen größer als die Verbindlichkeiten sind.

Beispiel 3a: Ein Anleger hat folgendes Reinvermögen von 100:

Tab. 4.13   Forderungen und Verbindlichkeiten in t_0
              (Beispiel 3a)

i	$P_{0,i}$	r_i	ZBF_i	D_i	j	$P_{0,j}$	r_j	ZBF_j	D_j
1	100	6	5	4,4393	4	100	5	6	5,2691
2	100	8	7	5,6229	5	100	7	8	6,3349
3	100	10	10	6,9658					

Für den Zeitpunkt t_0 könnte der Anleger sein Reinvermögen immunisieren, wenn er eine Anleihe mit einer Restlaufzeit von 3 Jahren begibt und den Emissionserlös in eine Anleihe mit einer Restlaufzeit von einem Jahr anlegt. Das Anpassungsvolumen beträgt nach Gleichung (4.37):

$$\frac{100\ (4,4393 + 5,6229 + 6,9658 - 5,2691 - 6,3349)}{2,7833 - 1} = 304,16$$

Unter Berücksichtigung der Anpassungstransaktion zeigt Tabelle 4.14 das Vermögen bei einem Marktzinssatz von 6 %, 8 % und 10 % an; ein Anstieg oder Rückgang des Marktzinssatzes führt nicht zu einer Vermögenseinbuße.

Tab. 4.14   Reinvermögen in t_0 aus Anleiheforderungen und Anleiheverbindlichkeiten mit Anpassungstransaktion

i	ZBF_i	$P'_{0,i}$			j	ZBF_j	$P'_{0,j}$		
		6 %	8 %	10 %			6 %	8 %	10 %
1	5	108,68	100,00	92,20	4	6	110,39	100,00	90,82
2	7	111,16	100,00	90,26	5	8	112,69	100,00	89,12
3	10	114,12	100,00	88,17	j'	3	320,42	304,16	289,03
i'	1	309,90	304,16	298,63	E	-	100,36	100,00	100,29

Andere Aufnahme-Anlage-Kombinationen führen zu einem abweichenden Anpassungsvolumen, wie aus Tabelle 4.15 hervorgeht:

Tab. 4.15   Aufnahme-Anlage-Kombinationen für die Immunisierung von Anleiheforderungen und Anleiheverbindlichkeiten auf den Zeitpunkt t_0

Aufnahme RLZ/ZBF *Duration*	3 *2,7833*	5 *4,3121*	8 *6,2064*
Anlage RLZ/ZBF *Duration*			
0 *0,0000*	194,88 *2.133,55* 100,38 100,46	125,79 *1.298,52* 100,23 100,28	87,39 *134,35* 100,01 100,03
1 *1,0000*	304,16 *1.638,77* 100,29 100,36	163,76 *780,19* 100,13 100,17	104,18 *-419,32* 99,92 99,91
2 *1,9259*	632,66 *1.155,82* 100,20 100,26	227,31 *273,43* 100,03 100,06	126,72 *-961,41* 99,81 99,79

Beispiel 3b: Wenn der Anleger sein o.a. Reinvermögen für den Zeitpunkt t_3 vor Vermögenseinbußen schützen möchte, kann er ebenfalls eine Anleihe mit einer Restlaufzeit von 3 Jahren begeben und den Emissionserlös in eine Anleihe mit einer Restlaufzeit von einem Jahr anlegen. Das Anpassungsvolumen beträgt nach Gleichung (4.37):

$$- \frac{100 \ (1,4393 + 2,6229 + 3,9658 - 2,2691 - 3,3349)}{2,7833 - 1} = 135,93$$

Unter Berücksichtigung der Anpassungstransaktion zeigt Tabelle 4.16 das Vermögen in t_3 bei einem Marktzinssatz von 6 %, 8 % und 10 % an; ein Anstieg oder Rückgang des Marktzinssatzes führt nicht zu einer Vermögenseinbuße.

Tab. 4.16   Reinvermögen in t_3 aus Anleiheforderungen und Anleiheverbindlichkeiten mit Anpassungstransaktion

i	ZBF_i	$P'_{3,i}$			j	ZBF_j	$P'_{3,j}$		
		6 %	8 %	10 %			6 %	8 %	10 %
1	5	129,44	125,97	122,72	4	6	131,48	125,97	120,88
2	7	132,40	125,97	120,14	5	8	134,21	125,97	118,61
3	10	135,92	125,97	117,35	j'	3	170,55	171,23	171,92
i'	1	164,95	171,23	177,63	E	–	126,47	125,97	126,43

Andere Aufnahme-Anlage-Kombinationen führen zu einem abweichenden Anpassungsvolumen, wie aus Tabelle 4.17 hervorgeht:

149

Tab. 4.17   Aufnahme-Anlage-Kombinationen für die Immunisierung von Anleiheforderungen und Anleiheverbindlichkeiten auf den Zeitpunkt t_3

Aufnahme RLZ/ZBF Duration	3 2,7833	5 4,3121	8 6,2064
Anlage RLZ/ZBF Duration			
0 0,0000	87,09 2.654,40 126,49 126,53	56,21 2.184,37 126,40 126,43	39,06 1.528,77 126,27 126,29
1 1,0000	135,93 2.375,85 126,43 126,47	73,19 1.892,47 126,33 126,38	46,56 1.217,18 126,20 126,23
2 1,9259	282,74 2.103,99 126,37 126,42	101,59 1.607,21 126,28 126,31	56,63 912,12 126,15 126,17

Das nächste Beispiel bezieht sich auf ein Reinvermögen, dessen Forderungen Verbindlichkeiten in gleicher Höhe gegenüberstehen.

Beispiel 4a: Ein Anleger hat folgende Forderungen und Verbindlichkeiten:

Tab. 4.18   Forderungen und Verbindlichkeiten in t_0
(Beispiel 4a)

i	$P_{0,i}$	r_i	ZBF_i	D_i	j	$P_{0,j}$	r_j	ZBF_j	D_j
1	100	8	5	4,3121	2	100	var	0	0,0000

Für den Zeitpunkt t_0 könnte der Anleger sein Reinvermögen immunisieren, wenn er eine Anleihe mit einer Restlaufzeit von 3 Jahren begibt und den Emissionserlös in eine Anleihe mit Zinsanpassung anlegt. Das Anpassungsvolumen beträgt nach Gleichung (4.37):

$$\frac{100 \, (3-0) - 100 \, (3-4,3121)}{2,7833} = 154,93$$

Unter Berücksichtigung der Anpassungstransaktion zeigt Tabelle 4.19 das Vermögen bei einem Marktzinssatz von 6 %, 8 % und 10 % an; ein Anstieg oder Rückgang des Marktzinssatzes führt nicht zu einer Vermögenseinbuße.[1]

Tab. 4.19   Reinvermögen in t_0 mit Anpassungs-transaktion

i	ZBF_i	$P'_{0,i}$			j	ZBF_j	$P'_{0,j}$		
		6 %	8 %	10 %			6 %	8 %	10 %
1	5	108,42	100,00	92,42	2	0	100,00	100,00	100,00
i'	0	154,93	154,93	154,93	j'	3	163,21	154,93	147,22
					E	–	0,14	0,00	0,13

Beispiel 4b: Wenn der Anleger seine o.a. Forderungen und Verbindlichkeiten für den Zeitpunkt t_3 vor Vermögens-einbußen schützen möchte, kann er ebenfalls eine Anleihe mit einer Restlaufzeit von 3 Jahren begeben und den Emissionserlös in eine Anleihe mit Zinsanpassung anlegen. Das Anpassungsvolumen beträgt wie im Beispiel 4a 154,93. Wenn die Summe der Forderungen mit der Summe der Verbindlichkeiten übereinstimmt, ist das Anpassungsvolumen unabhängig von der Planperiode. Für diesen Fall läßt sich Gleichung (4.37) vereinfachen in

---

[1]   Auf die Darstellung anderer Aufnahme-Anlage-Kombinationen wird an dieser Stelle verzichtet.

(4.39)

$$P_{0,l} = \frac{\sum\limits_{i=1}^{k} P_{0,i} D_i - \sum\limits_{j=k+1}^{l} P_{0,j} D_j}{D_j \cdot - D_l \cdot}$$

Unter Berücksichtigung der Anpassungstransaktion zeigt Tabelle 4.20 das Vermögen in t_3 bei einem Marktzinssatz von 6 %, 8 % und 10 % an; ein Anstieg oder Rückgang des Marktzinssatzes führt nicht zu einer Vermögenseinbuße.

Tab. 4.20   Reinvermögen in t_3 mit Anpassungstransaktion

i	ZBF_i	$P'_{3,i}$			j	ZBF_j	$P'_{3,j}$		
		6 %	8 %	10 %			6 %	8 %	10 %
1	5	129,14	125,97	123,01	2	0	119,10	125,97	133,10
i'	0	184,52	195,17	206,21	j'	3	194,39	195,17	195,96
					E	–	0,17	0,00	0,16

2.   Anpassungstransaktionen bei mehreren Zinsänderungen

Im folgenden wird angenommen, daß auch in den Zahlungszeitpunkten t_1 und t_2 Zinsänderungen möglich sind.

Im Beispiel 1b der Anpassungstransaktionen bei einer Zinsänderung erzielt der Anleger am Ende der Planperiode ein Endvermögen[1] von mindestens 125,97, wenn er zusätzlich zu seiner 8%igen Anleihe über 100 mit einer Restlaufzeit von 5 Jahren eine weitere 8%ige Anleihe in Höhe von 54,99 mit einer Restlaufzeit von ebenfalls 5 Jahren emittiert und den Emissionserlös in eine 8%ige Kupon-Anleihe mit einer Restlaufzeit von 2 Jahren anlegt (vgl. Tabelle 4.6). Dieser Schutz besteht allerdings nur, wenn sich der Marktzinssatz ausschließlich in t_0 ändern kann

---
[1]   genauer: Endreinvermögen

und danach bis zum Ende der Planperiode konstant bleibt. Wenn der Marktzinssatz in t_1 ebenfalls steigen und fallen kann, wäre der Schutz nicht mehr gegeben; hierzu es bedarf einer weiteren Anpassungsmaßnahme in t_1. Das Anpassungsvolumen ist abhängig vom Marktzinssatz in t_1, das durch die Zinsänderung in t_0 bestimmt wird.

Wenn sich der Marktzinssatz in t_0, unmittelbar nachdem der Anleger seine Anpassungstransaktion durchgeführt hat, auf 4 % vermindert und danach konstant bleibt, verfügt er in t_1 über ein Reinvermögen von 116,66 (Tabelle 4.21). Es wird angenommen, daß der Anleger die empfangenen Kupon-Zahlungen als Sichtguthaben (SG) unterhält und Sichtverbindlichkeiten (SV) für die Kupon-Zahlungen eingeht, die er zu leisten hat. Sichtguthaben und Sichtverbindlichkeiten werden zum Marktzinssatz verzinst. Auf eine Saldierung der Sichtguthaben und der Sichtverbindlichkeiten wird zugunsten einer Bruttobetrachtung verzichtet. Die für die Ermittlung der Duration erforderliche Zinsbindungsfrist entspricht bei der Kupon-Anleihe ihrer Restlaufzeit und ist null für Sichtguthaben und Sichtverbindlichkeiten.

Tab. 4.21   Reinvermögen in t_1 bei einem Marktzinssatz von 4 %

	Nenn- wert	Kupon	ZBF	Kurs	Markt- wert	Dura- tion
Aktiva						
SG		var	0		12,40	0,0000
Anleihe 1	100,00	8	4	114,52	114,52	3,6072
Anleihe 2	54,99	8	1	103,85	57,11	1,0000
Passiva						
SV		var	0		4,40	0,0000
Anleihe 1	54,99	8	4	114,52	62,97	3,6072
			Reinvermögen		116,66	

Mit dem Reinvermögen kann der Anleger nach einer weiteren Anpassungstransaktion in t_1, unabhängig von der
weiteren Zinsentwicklung, ein Endvermögen von 116,66 *
$1,04^2$ = 126,18 erzielen; ein Endvermögen, das um 0,21
größer als das ursprünglich erwartete Endvermögen von
125,97 ist.

Wenn sich der Marktzinssatz in t_0 hingegen auf 12 % erhöht und danach konstant bleibt, verfügt er in t_1 über
ein Reinvermögen von 100,57 (Tabelle 4.22).

Tab. 4.22   Reinvermögen in t_1 bei einem Markt-
              zinssatz von 12 %

	Nenn-wert	Kupon	ZBF	Kurs	Markt-wert	Dura-tion
Aktiva						
SG		var	0		12,40	0,0000
Anleihe 1	100,00	8	4	87,85	87,85	3,5461
Anleihe 2	54,99	8	1	96,43	53,03	1,0000
Passiva						
SV		var	0		4,40	0,0000
Anleihe 1	54,99	8	4	87,85	48,31	3,5461
			Reinvermögen		100,57	

Mit diesem Reinvermögen kann der Anleger nach einer weiteren Anpassungstransaktion in t_1, unabhängig von der
weiteren Zinsentwicklung, ein Endvermögen von 100,57 *
$1,12^2$ = 126,16 erzielen; ein Endvermögen, das um 0,19
größer als das ursprünglich erwartete Endvermögen von
125,97 ist.

Angenommen, der Marktzinssatz beträgt in t_1 vor einer
möglichen Zinsänderung 12%. Wenn sich der Anleger ent-
schließt, für die Anpassungstransaktion in t_1 eine 12%ige

Kupon-Anleihe mit einer Restlaufzeit von 9 Jahren und einer Duration von 5,9676 zu emittieren und den Emissionserlös in einer 12%igen Kupon-Anleihe mit einer Restlaufzeit von 10 Jahren und einer Duration von 6,3282 anzulegen, bedarf es nach Gleichung (4.37) eines Anpassungsvolumens in Höhe von:[1]

$$(4,40 \ (2 - 0) + 48,31 \ (2 - 3,5461) - [12,40 \ (2 - 0)$$
$$+ \ 87,85 \ (2 - 3,5461) + 53,03 \ (2 - 1)]) \ (5,9676 - 6,3282)^{-1} = 21,90$$

Wenn sich der Marktzinssatz in t_1, unmittelbar nachdem der Anleger seine Anpassungstransaktion durchgeführt hat, auf 8 % vermindert und danach konstant bleibt, verfügt er in t_2 über ein Reinvermögen von 117,08 (Tabelle 4.23).[2]

Tab. 4.23   Reinvermögen in t_2 bei einem Marktzinssatz von 8 %

	Nenn-wert	Kupon	ZBF	Kurs	Markt-wert	Dura-tion
Aktiva						
SG		var	0		83,41	0,0000
Anleihe 1	100,00	8	3	100,00	100,00	2,7833
Anleihe 3	21,90	12	9	124,99	27,37	6,2957
Passiva						
SV		var	0		11,78	0,0000
Anleihe 1	54,99	8	3	100,00	54,99	2,7833
Anleihe 2	21,90	12	8	122,99	26,93	5,8124
				Reinvermögen	117,08	

---

[1]   Zu beachten ist, daß sich die Planperiode durch Zeitablauf um 1 Jahr verkürzt hat.

[2]   Mit der Rückzahlung in t_2 erlischt die Forderung aus der Anleihe 2. Den Rückzahlungsbetrag von 54,99 reinvestiert der Anleger nicht in eine weitere Anleihe, sondern unterhält auch diese Zahlung fortan als Sichtguthaben.

Mit diesem Reinvermögen kann der Anleger nach einer weiteren Anpassungstransaktion in t_2, unabhängig von der weiteren Zinsentwicklung, ein Endvermögen von 117,08 * 1,08 = 126,38 erzielen; ein Endvermögen, das um 0,48 größer als das ursprünglich erwartete Endvermögen von 125,97 und um 0,29 größer als das in t_1 erwartete Endvermögen von 126,16 ist.

Wenn sich der Marktzinssatz in t_1 hingegen auf 16 % erhöht und danach konstant bleibt, verfügt er in t_2 über ein Reinvermögen von 108,95 (Tabelle 4.24).

Tab. 4.24   Reinvermögen in t_2 bei einem Marktzinssatz von 16 %

	Nenn-wert	Kupon	ZBF	Kurs	Markt-wert	Dura-tion
Aktiva						
SG		var	0		84,40	0,0000
Anleihe 1	100,00	8	3	82,03	82,03	2,7594
Anleihe 3	21,90	12	9	81,57	17,86	5,6383
Passiva						
SV		var	0		12,13	0,0000
Anleihe 1	54,99	8	3	82,03	45,11	2,7594
Anleihe 2	21,90	12	8	82,63	18,10	5,3119
				Reinvermögen	108,95	

Mit diesem Reinvermögen kann der Anleger nach einer weiteren Anpassungstransaktion in t_2, unabhängig von der weiteren Zinsentwicklung, ein Endvermögen von 108,95 * 1,16 = 126,38 erzielen; ein Endvermögen, das um 0,41 größer als das ursprünglich erwartete Endvermögen von 125,97 und um 0,22 größer als das in t_1 erwartete Endvermögen von 126,16 ist.

Angenommen, der Marktzinssatz beträgt in t_2 vor einer
möglichen Zinsänderung 16%. Wenn sich der Anleger ent-
schließt, für die Anpassungstransaktion in t_2 eine 16%ige
Kupon-Anleihe mit einer Restlaufzeit von 10 Jahren und
einer Duration von 5,6065 zu emittieren und den Emissionserlös in einer 16%igen Kupon-Anleihe mit einer Restlaufzeit von 11 Jahren und einer Duration von 5,8332 anzulegen, bedarf es nach Gleichung (4.37) eines Anpassungsvolumens in Höhe von:

$$(12,13 \ (1 - 0) + 45,11 \ (1 - 2,7594) + 18,10 \ (1 - 5,3119)$$
$$- [84,40 \ (1 - 0) + 82,03 \ (1 - 2,7594) + 17,86 \ (1 - 5,6383)])$$
$$(5,6065 - 5,8332)^{-1} = 11,11$$

Wenn sich der Marktzinssatz in t_2, unmittelbar nachdem
der Anleger seine Anpassungstransaktion durchgeführt
hat, auf 12 % vermindert und danach konstant bleibt,
verfügt er am Ende der Planperiode über ein Reinvermögen
von 126,65 (Tabelle 4.25).

Tab. 4.25   Reinvermögen in t_3 bei einem Marktzinssatz von 12 %

	Nenn-wert	Kupon	ZBF	Kurs	Markt-wert	Dura-tion
Aktiva						
SG		var	0		106,94	0,0000
Anleihe 1	100,00	8	2	93,24	93,24	1,9234
Anleihe 3	21,90	12	8	100,00	21,90	5,5638
Anleihe 4	11,11	16	10	122,60	13,62	6,0068
Passiva						
SV		var	0		22,40	0,0000
Anleihe 1	54,99	8	2	93,24	51,27	1,9234
Anleihe 2	21,90	12	7	100,00	21,90	5,1114
Anleihe 3	11,11	16	9	121,31	13,48	5,6672
				Reinvermögen	126,65	

Das Endvermögen ist um 0,68 größer als das ursprünglich erwartete Endvermögen von 125,97, um 0,49 größer als das in t_1 erwartete Endvermögen von 126,16 und um 0,27 größer als das in t_2 erwartete Endvermögen von 126,38.

Wenn sich der Marktzinssatz in t_2 hingegen auf 20 % erhöht und danach konstant bleibt, verfügt er am Ende der Planperiode über ein Reinvermögen von 126,61 (Tabelle 4.26).

Tab. 4.26   Reinvermögen in t_3 bei einem Marktzinssatz von 20 %

	Nenn-wert	Kupon	ZBF	Kurs	Markt-wert	Dura-tion
Aktiva						
SG		var	0		113,69	0,0000
Anleihe 1	100,00	8	2	81,67	81,67	1,9184
Anleihe 3	21,90	12	8	69,30	15,18	5,0604
Anleihe 4	11,11	16	10	83,23	9,25	5,2238
Passiva						
SV		var	0		23,37	0,0000
Anleihe 1	54,99	8	2	81,67	44,91	1,9184
Anleihe 2	21,90	12	7	71,16	15,58	4,7451
Anleihe 3	11,11	16	9	83,88	9,32	5,0295
				Reinvermögen	126,61	

Das Endvermögen ist um 0,64 größer als das ursprünglich erwartete Endvermögen von 125,97, um 0,45 größer als das in t_1 erwartete Endvermögen von 126,16 und um 0,23 größer als das in t_2 erwartete Endvermögen von 126,38.

Folgende Abbildung enthält die Vermögensentwicklung unter Berücksichtigung der Zinsänderungen und der Anpassungstransaktionen im Vergleich zur Vermögensentwicklung ohne Zinsänderungen (Abbildung 4.2).

Abb. 4.2   Vermögensentwicklung bei steigenden
            Zinsen

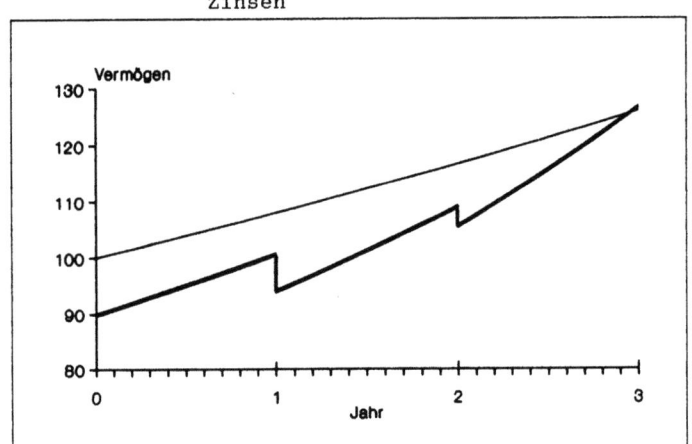

Ohne Zinsänderungen wäre das Vermögen während der Planperiode streng monoton gewachsen. Die Zinserhöhungen in
den Zeitpunkten t_0, t_1 und t_2 führen hingegen zu unmit-
telbaren Vermögensrückgängen, denen verbesserte Wieder-
anlagemöglichkeiten gegenüberstehen. Am Ende der Planperiode realisiert der Anleger ein Vermögen, das nicht
kleiner ist als das zu Beginn der Planperiode erwartete.

Bevor auf den Einsatz eines Zinsswaps zur Immunisierung
eingegangen wird, erscheint es nützlich, in Ergänzung
des vorangegangenen Beispiels folgende Strategie (An-
passungsstrategie II) zu betrachten: Der Anleger emittiert in jedem Zinsänderungszeitpunkt eine Kupon-Anleihe
zu pari und legt den Emissionserlös in eine variabel
verzinsliche Anleihe an. Die Restlaufzeiten beider Anleihen sind mit der jeweiligen Restplanperiode identisch. Nach dieser Strategie emittiert der Anleger in t_0
eine 8%ige Anleihe mit einer Restlaufzeit von 3 Jahren
und einer Duration von 2,7833 und erwirbt eine Floating

Rate Note (Duration = 1). Nach Gleichung (4.37) beträgt
das Anpassungsvolumen:

$$- \frac{100 \ (3 - 4,3121)}{2,7833 - 1} = 73,58$$

Bei einem Anstieg des Marktzinssatzes in t_0 von 8 % auf
12 % verfügt der Anleger am Ende der ersten Periode über
folgendes Reinvermögen:

Tab. 4.27   Reinvermögen in t_1 bei einem Marktzinssatz von 12 %

	Nenn-wert	Kupon	ZBF	Kurs	Markt-wert	Dura-tion
Aktiva						
SG		var	0		13,89	0,0000
Anleihe 1	100,00	8	4	87,85	87,85	3,5461
Anleihe 2	73,58	var	1	100,00	73,58	1,0000
Passiva						
SV		var	0		5,89	0,0000
Anleihe 1	73,58	8	2	93,24	68,61	1,9234
			Reinvermögen		100,82	

Bei dieser Reinvermögensstruktur emittiert der Anleger
in t_1 eine 12%ige Anleihe mit einer Restlaufzeit von 2
Jahren und einer Duration von 1,8929 und erwirbt eine
Floating Rate Note gleicher Restlaufzeit. Nach Gleichung
(4.37) beträgt das Anpassungsvolumen:

(5,89 (2 - 0) + 68,61 (2 - 1,9234) - [13,89 (2 - 0)
+ 87,85 (2 - 3,5461) + 73,58 (2 - 1)]) $(1,8929 - 1)^{-1}$ = 57,68

Bei einem Anstieg des Marktzinssatzes in t_1 von 12 % auf
16 % verfügt der Anleger am Ende der zweiten Periode
über folgendes Reinvermögen:

Tab. 4.28   Reinvermögen in t_2 bei einem Marktzinssatz von 16 %

	Nenn-wert	Kupon	ZBF	Kurs	Markt-wert	Dura-tion
Aktiva						
SG		var	0		39,86	0,0000
Anleihe 1	100,00	8	3	82,03	82,03	2,7594
Anleihe 2	73,58	var	1	100,00	73,58	1,0000
Anleihe 3	57,68	var	1	100,00	57,68	1,0000
Passiva						
SV		var	0		19,64	0,0000
Anleihe 1	73,58	8	1	93,10	68,51	1,0000
Anleihe 2	57,68	12	1	96,55	55,69	1,0000
Reinvermögen					109,32	

In t_2 eine Anleihe mit einer Restlaufzeit von einem Jahr
zu emittieren und eine Floating Rate Note gleicher Restlaufzeit zu erwerben, wäre nicht sinnvoll, da beide Anleihen eine Duration von 1 aufweisen. Statt dessen emittiert der Anleger eine 16%ige Anleihe mit einer Restlaufzeit von einem Jahr und legt den Emissionserlös als
Sichtguthaben (Duration = 0) an. Nach Gleichung (4.37)
beträgt das Anpassungsvolumen:

$$19,64 \ (1 - 0) + 68,51 \ (1 - 1) + 55,69 \ (1 - 1) - (39,86 \ (1 - 0)$$
$$+ \ 82,03 \ (1 - 2,7594) + 73,58 \ (1 - 1) + 57,68 \ (1 - 1)) = 124,10$$

Wenn sich der Marktzinssatz in t_2 von 16 % auf 20 % erhöht, verfügt der Anleger am Ende der Planperiode über
folgendes Reinvermögen:

Tab. 4.29   Reinvermögen in t_j bei einem Marktzinssatz von 20 %

	Nenn-wert	Kupon	ZBF	Kurs	Markt-wert	Dura-tion
Aktiva						
SG		var	0		225,76	0,0000
Anleihe 1	100,00	8	2	81,67	81,67	1,9184
Anleihe 2	73,58	var	0	100,00	73,58	0,0000
Anleihe 3	57,68	var	0	100,00	57,68	0,0000
Passiva						
SV		var	0		56,23	0,0000
Anleihe 1	73,58	8	0	100,00	73,58	0,0000
Anleihe 2	57,68	12	0	100,00	57,68	0,0000
Anleihe 3	124,10	16	0	100,00	124,10	0,0000
				Reinvermögen	127,09	

Auch mit dieser Strategie erreicht der Anleger sein
Ziel, keine Vermögenseinbußen aufgrund unerwarteter
Zinsänderungen zu erleiden. Ein Vergleich der Tabellen
4.26 und 4.29 zeigt, daß der Anleger mit der zuletzt genannten Strategie bei Zinsänderungen über ein höheres
Endvermögen verfügt. Ursache hierfür sind die abweichenden Anpassungstransaktionen. Es ist allerdings nicht das
Ziel der Arbeit, Bedingungen für eine optimale Immunisierung herzuleiten, aus denen sich konkrete Handlungs-
anweisungen ergeben, mit welchem Kupon oder welcher
Zinsbindungsfrist die Anpassungsanleihe auszustatten
ist, die der Anleger emittiert oder erwirbt.[1]

---

[1]   Man könnte sich der optimalen Immunisierung nähern, wenn
man aus einer Mehrzahl möglicher Anpassungstransaktionen
diejenige auswählt, mit der sich das Reinvermögen,
unabhängig von einer Zinsänderung im Anpassungszeitpunkt,
im folgenden Zinsänderungszeitpunkt maximieren läßt.

Die Immunisierung führt nicht nur, wie im vorangegangenen Beispiel, bei steigenden Zinsen zum Erfolg, auch bei
fallenden oder wechselnden Zinssätzen läßt sich diese
Strategie erfolgreich anwenden.

III. Zinsswaps als spezielle Anpassungstransaktionen

Sämtliche bisherigen Anpassungstransaktionen sind dadurch gekennzeichnet, daß der Anleger eine Anleihe mit
einer bestimmten Zinsbindungsfrist emittiert und den
Emissionserlös in eine Anleihe mit einer abweichenden
Zinsbindungsfrist oder als Sichtguthaben anlegt. In den
Beispielen sind es Pari-Anleihen oder Floating Rate
Notes; es wären auch Nullkupon-Anleihen oder Anleihen
mit einem vom Marktzinssatz abweichenden Kupon denkbar.
Der Gläubiger der Anleihe, die der Anleger emittiert,
muß nicht identisch sein mit dem Schuldner der Anleihe,
die der Anleger erwirbt; es können unterschiedliche Per-
sonen sein.

Unter bestimmten Voraussetzungen läßt sich eine Anpassungstransaktion durch einen Zinsswap ersetzen, d.h. der
Zinsswap kann als spezielle Anpassungstransaktion interpretiert werden. Die erste Voraussetzung lautet:

1.   Der Gläubiger der Anleihe, die der Anleger
      emittiert, ist auch Schuldner der Anleihe,
      die der Anleger erwirbt. Das Volumen der
      emittierten Anleihe entspricht dem Volumen
      der erworbenen Anleihe.

Die Personenidentität zwischen Gläubiger und Schuldner
ist eine notwendige, aber nicht hinreichende Bedingung.
Wenn A in t_0 eine Anleihe über 100 mit einer Restlaufzeit
von 5 Jahren emittiert, B diese Anleihe erwirbt und A
seinerseits in t_1 eine von B emittierte Anleihe über

ebenfalls 100 mit einer Restlaufzeit von 4 Jahren erwirbt, ist A zwar Schuldner und Gläubiger von B, die Beträge sind auch identisch, durch einen Zinsswap ließe
sich der zeitversetzte gegenseitige Anleihenerwerb nicht
ersetzen. B hat in t_0 100 an A gezahlt und A in t_1 100 an
B. Zinsswaps u.a. dadurch gekennzeichnet, daß Kapitalzahlungen nicht erfolgen. Auf Kapitalzahlungen kann verzichtet werden, wenn sich Forderungen und Verbindlichkeiten in einem Zeitpunkt ausgleichen, wenn z.B. A eine
Anleihe emittiert, die B erwirbt und A den Emissionserlös gleichzeitig in eine von B emittierte Anleihe investiert. Hieraus leitet sich die zweite Voraussetzung ab:

2. Zwei Beteiligte emittieren Anleihen mit
   einem bestimmten Volumen und erwerben
   gleichzeitig die Anleihen des jeweils anderen. Da sich die Forderungen und Verbindlichkeiten aus der Emission und Anlage
   der Anleihen kompensieren, kann eine
   Kapitalzahlung entfallen.

Die dritte Voraussetzung, nach der sich eine Anpassungstransaktion durch einen Zinsswap fest gegen variabel ersetzen läßt, lautet:

3. Ein Beteiligter emittiert eine festverzinsliche, der andere eine variabel verzinsliche Anleihe. Die Restlaufzeiten beider Anleihen stimmen überein.

Wenn der Anleger einen Gläubiger findet, der die von ihm
in einem Anpassungszeitpunkt emittierten Anleihen mit
fester Verzinsung übernimmt und der Anleger den Emissionserlös gleichzeitig in die vom Gläubiger emittierten
Anleihen mit variabler Verzinsung investieren kann, sind
die genannten drei Voraussetzungen erfüllt und die An-

passungstransaktion ließe sich durch einen Zinsswap ersetzen. In diesem Fall kann auf die effektive Emission
und Anlage eines bestimmten Anleihevolumens verzichtet
werden. Die Swappartner sind keine Nettoschuldner und
auch keine Nettogläubiger, da sich die Kapitalforderun-
gen und -verbindlichkeiten genau kompensieren. Anstelle
des Anpassungsvolumens wird ersatzweise ein Swapvolumen
(notional amount) vereinbart.

Der Anleger hätte zur Immunisierung seiner 8%igen Anleihe mit einer Restlaufzeit von 5 Jahren auch folgende
Zinsswaps vereinbaren können:[1]

1. in t_0 einen Zinsswap über 73,58; er zahlt
    8 % fest und erhält variabel (Dauer der
    Swapvereinbarung: 3 Jahre)

2. in t_1 einen Zinsswap über 57,68; er zahlt
    12 % fest und erhält variabel (Dauer der
    Swapvereinbarung: 2 Jahre)

In t_2 sollten der variable Zinssatz und der feste Zinssatz eines einjährigen Swaps übereinstimmen. Andernfalls
wäre ein Swappartner Nettozahler in t_3 und würde den Swap
nicht vereinbaren. Bei gleichen Zinssätzen ergäbe sich
eine Zahlung von null, die einen Swap gegenstandslos
machen würde. Daher vereinbart der Anleger keinen weiteren Swap, sondern emittiert eine einjährige Anleihe
über 124,10 zu 16 % und legt den Emissionserlös variabel
als Sichtguthaben an.

---

[1] Da sich ein Zinsswap als spezielle Anpassungstransaktion
     interpretieren läßt (gleichzeitige Emission und Anlage von
     Anleihen mit fester und variabler Verzinsung gleicher Rest-
     laufzeit), ist Gleichung (4.37) auch geeignet, das zur Im-
     munisierung notwendige Swapvolumen in jedem Zinsänderungs-
     zeitpunkt zu ermitteln.

Aus der 8%igen Anleihe, den beiden Swaps und der in t_2 emittierten Anleihe resultieren folgende Zahlungen bei Zinsänderungen von 8 % auf 12 % in t_0, von 12 % auf 16 % in t_1 und von 16 % auf 20 % in t_2:

Tab. 4.30   Immunisierung mit Zinsswaps

	t_1	t_2	t_3
8%ige Anleihe	+8,00	+8,00	+89,67
Swap I	0,00	+2,94	+5,89
Swap II	-	0,00	+2,31
Emission einer einjährigen Anleihe in t_2 (16 %)	-	+124,10	-143,96
Anlage des Emissionserlöses als Sichtguthaben	-	-124,10	+148,92
Nettozahlung	+8,00	+10,94	+102,83

Aus der 8%igen Anleihe erhält der Anleger in t_1 bis t_3 Zinszahlungen von 8,00; in t_3 zusätzlich den Kurswert von 81,67. Aus dem Swap I erfolgt in t_1 keine Zahlung, da der variable Zinssatz mit 8 % dem Festzinssatz von 8 % entspricht. In t_2 (t_3) beträgt der variable Zinssatz 12 % (16 %); es ergibt sich eine Zinssatzdifferenz von 4 % (8 %)-Punkten, die bei einem Swapvolumen von 73,58 eine Zahlung von 2,94 (5,89) zur Folge hat. Aus dem Swap II über 57,68 beträgt die Zahlung in t_3 bei einer Zinssatzdifferenz von 4 %-Punkten (12 % fest gegenüber 16 % variabel) 2,31. Die in t_2 emittierte Anleihe in Höhe von 124,10 ist in t_3 mit 143,96 zurückzuzahlen, während die Anlage des Emissionserlöses zu einer Einzahlung von 148,92 in t_3 führt. Es ergeben sich Nettozahlungen in t_1 von 8,00, in t_2 von 10,94 und in t_3 von 102,83. Aufgezinst auf den Zeitpunkt t_3 ergibt sich ein Endvermögen von

$$8 * 1,16 * 1,2 + 10,94 * 1,2 + 102,83 = 127,09.$$

Dieses Ergebnis stimmt mit dem Ergebnis aus Tabelle 4.29 überein. Zinsswaps sind geeignet, zwei Transaktionen in Anleihen (die Emission einer Anleihe und der Erwerb einer anderen Anleihe) durch eine einzige, den Zinsswap zu ersetzen.

Nach der dritten Voraussetzung dafür, einen Zinsswap als spezielle Anpassungstransaktion zu interpretieren, muß ein Beteiligter eine festverzinsliche, der andere eine variabel verzinsliche Anleihe emittieren und die Restlaufzeiten beider Anleihen müssen mit der Planperiode übereinstimmen. Unter der Prämisse der Gläubiger-Schuldner-Identität und äquivalenter Emissions- und Anlagevolumina[1] wären auch andere Anpassungstransaktionen denkbar, die sich durch einen (modifizierten) Zinsswap ersetzen ließen.[2] In Tabelle 4.31 sind drei andere mögliche Anpassungstransaktionen enthalten. Der Anleger könnte eine 8%ige Anleihe mit einer Restlaufzeit von 10 Jahren emittieren und den Emissionserlös in eine 8%ige Anleihe mit einer Restlaufzeit von 5 Jahren anlegen. In t_1 und t_2 ergeben sich keine Nettozahlungen, erst in t_3 ist der Anleger je nach Zinsentwicklung Nettozahler oder Nettoempfänger.[3] Der Anleger hätte auch eine 6%ige Anleihe mit einer Restlaufzeit von 5 oder 10 Jahren emit-

---

[1] nach Marktwerten

[2] Diese Anpassungstransaktionen unterscheiden sich von der bisherigen dadurch, daß die Durationen der Anleiheforderung und der Anleiheverbindlichkeit beide von null abweichen. Auch in diesem Fall ist Gleichung (4.37) geeignet, das zur Immunisierung notwendige Swapvolumen zu ermitteln.

[3] Für die Zahlung in t_3 wird angenommen, daß der Anleger die Anleihe vor Fälligkeit verkauft oder zurückzahlt.

Tab. 4.31 Anpassungstransaktionen, die sich durch einen Zinsswap ersetzen lassen

Planperiode 3 Jahre	Forde-rung	Verbindlichkeit			Swap		
		a	b	c	A	B	C
Nennwert	100,00	100,00	108,68	115,50			
Kurs	100,00	100,00	92,01	86,58			
Marktwert	100,00	100,00	100,00	100,00			
Kupon	8 %	8 %	6 %	6 %			
RLZ	5	10	5	10			
Zahlungen bei einem Zinsniveau von 6 %							
t_1	8,00	8,00	6,52	6,93	0,00	1,48	1,07
t_2	8,00	8,00	6,52	6,93	0,00	1,48	1,07
t_3	111,67	119,16	115,20	122,43	-7,49	-3,53	-10,76
Zahlungen bei einem Zinsniveau von 10 %							
t_1	8,00	8,00	6,52	6,93	0,00	1,48	1,07
t_2	8,00	8,00	6,52	6,93	0,00	1,48	1,07
t_3	104,53	98,26	107,66	99,94	6,27	-3,13	4,59

tieren können. In diesem Fall hätte der Anleger Einzah-lungsüberschüsse in t_1 und t_2. Ob sich in t_3 ein Ein- oder Auszahlungsüberschuß ergibt, hängt von der Restlaufzeit der emittierten Anleihe und der Zinsentwicklung in t_3 ab. Alle drei Anpassungstransaktionen als Kombinationen der Forderung mit der Verbindlichkeit (a), (b) oder (c) ließen sich durch Swaps ersetzen. Diese Swaps wären al-lerdings keine „plain-vanilla" Zinsswaps fest gegen va-riabel. Im Swap A z.B. verpflichtet sich der Anleger in t_3 zur Zahlung von

$$MAX\left(\left(\frac{1}{(1+r)^2} - \frac{1}{(1+r)^7}\right)\left(\frac{8}{r} - 100\right); 0\right) . \quad ^1$$

Sein Vertragspartner verpflichtet sich zur Zahlung von

$$MAX\left(\left(\frac{1}{(1+r)^2} - \frac{1}{(1+r)^7}\right)\left(100 - \frac{8}{r}\right); 0\right) .$$

Ist der Zinssatz r in t_3 kleiner als 8 %, zahlt der Anleger, und wenn der Zinssatz größer als 8 % ist, zahlt der Vertragspartner.

Dieses Beispiel zeigt, daß neben dem einfachen „plain-vanilla" Zinsswap andere Swapkonstruktionen denkbar sind, die sich konkret auf die Wünsche der Vertragspartner zuschneiden lassen.

Zusammenfassend läßt sich feststellen, daß ein Swap geeignet ist, eine Anleihe, ein Anleihenportefeuille oder ein Reinvermögen vor Marktwertverlusten aufgrund unerwarteter Zinsänderungen zu schützen. Die Interpretation eines Swaps als Emission einer Anleihe bei gleichzeitiger Anlage des Emissionserlöses in eine Anleihe mit einer abweichenden Restlaufzeit oder Zinsbindungsfrist erlaubt es, auf die Duration der Anleiheforderung und die Duration der Anleiheverbindlichkeit zur Ermittlung des notwendigen Swapvolumens zurückzugreifen.[2]

---

[1]   r gibt hier den Zinssatz in t_3 an.

[2]   Die Duration als Maß für die „durchschnittliche Bindungsdauer", Schmidt (1979), oder „durchschnittliche Selbstliquidationsperiode", Rudolph (1979), läßt sich sinnvollerweise nur für einen Finanztitel ermitteln, dessen Barwert größer null ist. Da ein Swap bei Vertragsabschluß einen Barwert von null aufweist, scheidet die direkte Ermittlung einer Duration für den Swap aus.

Durch eine entsprechende Vertragsgestaltung könnten die
Swappartner neben dem „plain-vanilla" Zinsswap auch vereinbaren, daß nur einer oder keiner von beiden in vorher
festgelegten Zahlungszeitpunkten zahlt. Durch diese Vertragsgestaltung ließen sich individuelle Wünsche der
Swappartner berücksichtigen.

Aus dem Einsatz eines Swaps zur Absicherung gegen Zinsrisiken könnten sich u.a. folgende Vorteile ergeben:

Durch Swapvereinbarungen lassen sich ansonsten notwendige Umstrukturierungen in einem bestehenden Portefeuille
innerhalb der Planperiode vermeiden, z.B. der vorzeitige
Verkauf von Forderungen, möglicherweise unter Realisierung von Kursverlusten, oder die vorzeitige Rückzahlung
von Verbindlichkeiten mit einem anschließenden Neuenga-
gement.[1]

Swaps können auch eine bewußte Ausweitung der durchschnittlichen Duration der Forderungen ermöglichen. Kreditinstitute, die über einen überwiegend kürzerfristigen
Einlagenbestand verfügen, könnten das längerfristige
Kreditgeschäft unter Beachtung des Grundsatzes II ausweiten und ihr Marktwertrisiko durch Swaps absichern.

B.   Bonitätsverbesserung und Zinsrisiko

In der Literatur wird diskutiert, wie ein Emittent einen
Swap nutzen kann, der eine Verbesserung seiner Bonität
erwartet.[2] In welcher Weise der Swap in diesem Zusammenhang hilfreich sein kann, soll im folgenden geprüft werden.

---

[1]   Tilley (1986), S. 250.

[2]   Arak, Estrella, Goodman und Silver (1988).

Angenommen, A unterliegt dem Ausfallrisiko und hat einen
Finanzierungsmittelbedarf[1] für 2 Jahre, den er durch die
Emission einer zweijährigen Kupon-Anleihe, einer zwei-
jährigen Floating Rate Note oder durch die revolvierende
Emission einjähriger Festzinstitel (Notes) decken kann.
Aus diesen Anleihen können unterschiedliche Zahlungsverpflichtungen resultieren. Während die Zinszahlung in t_1
für jede der drei Alternativen bereits in t_0 fixiert
wird, hängt die Zinszahlung in t_2 bei der Floating Rate
Note und dem zweiten einjährigen Festzinstitel von der
weiteren Zinsentwicklung ab. Die vom Anleger für die
Übernahme des Ausfallrisikos geforderte Risikoprämie ändert sich für die Kupon-Anleihe und die zweijährige
Floating Rate Note während der Laufzeit nicht; hingegen
kann die Risikoprämie für die zweite einjährige Note von
der Risikoprämie der ersten einjährigen Note abweichen.
Aus den Anleihen erwartet A in t_1 und t_2 folgende Zahlungsverpflichtungen:

Tab. 4.32   Erwartete Zahlungen aus einer
2jährigen Kupon-Anleihe, ei-
ner 2jährigen Floating Rate
Note und zwei einjährigen re-
volvierenden Notes

Zeitpunkt Anleihe	t_1	t_2
Kupon-Anleihe, 2 Jahre	$I + e_1$	$1 + I + e_1$
Floating Rate Note, 2 Jahre	$I + e_1$	$1 + I + \varepsilon + e_1$
einjährige Notes, revolvierend	$I + e_1$	$1 + I + \varepsilon + e_2$

---

[1]   Der Einfachheit halber wird ein Finanzierungsmittelbedarf
von 1 DM unterstellt.

e_1 ist die vom Markt tatsächlich geforderte Risikoprämie
zu Beginn des ersten Jahres, e_2 die von A zu Beginn des
zweiten Jahres erwartete Risikoprämie und ε die von A
mit Sicherheit erwartete Zinsänderung ($\varepsilon > -I$). Es wird
angenommen, daß sich der Marktzinssatz nur unmittelbar
nach der Emission in t_0 durch Parallelverschiebung der
horizontalen Zinsstrukturkurve ändern kann und anschließend konstant bleibt.

Für die Ermittlung der Risikoprämie wird weiterhin angenommen, daß die Wahrscheinlichkeit, mit der der Emittent seinen Zahlungsverpflichtungen nachkommt,[1] im Zeitablauf konstant und unabhängig von den bereits geleiste-
ten Zahlungen ist und daß die Anleger keine Änderungen
des Zinssatzes auf risikofreie Anlagen und der Nichtausfallwahrscheinlichkeit erwarten.

Unter diesen Annahmen ergibt sich der Barwert einer ausfallrisikobehafteten Anleihe im Nennwert von 1 DM bei
einem Zinssatz auf risikofreie Anlagen von I und einer
Nichtausfallwahrscheinlichkeit von P aus folgender Gleichung

$$(4.40) \qquad PV = \sum_{t=1}^{n} (I + e_1) \left(\frac{P}{1+I}\right)^t + \left(\frac{P}{1+I}\right)^n .$$

Nach der Summenformel $\sum_{i=1}^{n} q^i = q \frac{1-q^n}{1-q}$ für $q \neq 1$[2],

läßt sich Gleichung (4.40) umformen in

---

[1] Probability of the firm's survival, Bierman und Hass
(1975), S. 758. Teilausfälle werden nicht berücksichtigt.

[2] Schwarze (1978), S. 132.

$$(4.41) \quad PV = (I + e_1) \left(\frac{P}{1+I}\right) \frac{1 - \left(\frac{P}{1+I}\right)^n}{1 - \left(\frac{P}{1+I}\right)} + \left(\frac{P}{1+I}\right)^n .$$

Für PV = 1, dem Barwert einer vergleichbaren Anleihe, deren Emittent aber nicht vom Ausfallrisiko bedroht ist, ergibt sich nach weiteren Umformungen die Risikoprämie

$$(4.42) \qquad e_1 = \frac{1+I}{P} - (1+I) .$$

Die Risikoprämie ist unter den getroffenen Annahmen unabhängig von der Laufzeit der Anleihe und wird nur beeinflußt durch die Nichtausfallwahrscheinlichkeit und den Zinssatz auf risikofreie Anlagen.[1] Für einen Zinssatz auf risikofreie Anlagen von $I + \varepsilon$ und eine Nichtausfallwahrscheinlichkeit von $P + \tau$ läßt sich die in t_2 erwartete Risikoprämie e_2 aus folgender Gleichung bestimmen:[2]

$$(4.43) \qquad PV = \sum_{t=1}^{n} (I + \varepsilon + e_2) \left(\frac{P+\tau}{1+I+\varepsilon}\right)^t + \left(\frac{P+\tau}{1+I+\varepsilon}\right)^n$$

Für PV = 1 erhält man die Risikoprämie

$$(4.44) \qquad e_2 = \frac{1+I+\varepsilon}{P+\tau} - (1+I+\varepsilon) .$$

---

[1] Zum Zusammenhang zwischen der Risikoprämie und der Restlaufzeit der Anleihe siehe Bierman und Hass (1975), Yawitz (1977), Jonkhart (1979) und Chiang und Kolb (1986). In empirischen Arbeiten haben sich mit diesem Problem u.a. befaßt: Robinson (1960), Van Horne (1979), McInisch (1980) und Leonard (1983).

[2] τ ist die von A unmittelbar nach der in t_0 emittierten Anleihe mit Sicherheit erwartete Änderung seiner Nichtausfallwahrscheinlichkeit.

In Abhängigkeit von seinen Zins- und Bonitätserwartungen sollte A unter Berücksichtigung seiner für t_2 erwarteten Zahlung folgende Anleihen emittieren:[1]

Tab. 4.33   Emissionsempfehlungen in Abhängigkeit von den Zins- und Bonitätserwartungen

	$e_2 < e_1$	$e_2 = e_1$	$e_2 > e_1$
	$e < \dfrac{\tau(1+I)}{P(1-P-\tau)}$	$e = \dfrac{\tau(1+I)}{P(1-P-\tau)}$	$e > \dfrac{\tau(1+I)}{P(1-P-\tau)}$
$\varepsilon < 0$	Notes	Notes FRN	FRN
$\varepsilon = 0$	Notes	Notes FRN Kupon-Anleihe	FRN Kupon-Anleihe
$\varepsilon > 0$	Notes, wenn $e \leq \dfrac{\tau(1+I)}{P}$ Kupon-Anleihe, wenn $e \geq \dfrac{\tau(1+I)}{P}$	Kupon-Anleihe	Kupon-Anleihe

Die Risikoprämie e_2 weicht von der Risikoprämie e_1 ab, wenn

$$\frac{1+I}{P} - (1+I) \neq \frac{1+I+e}{P+\tau} - (1+I+e).$$

---

[1]   Transaktionskosten werden nicht berücksichtigt.

Diese Ungleichung ist erfüllt, wenn

(4.46) $\qquad \varepsilon \neq \dfrac{\tau (1 + I)}{P (1 - P - \tau)}$.

e_2 ist kleiner als e_1, wenn $\varepsilon < \dfrac{\tau (1 + I)}{P (1 - P - \tau)}$. e_2 ist

größer als e_1, wenn $\varepsilon > \dfrac{\tau (1 + I)}{P (1 - P - \tau)}$.

Wenn A z.B. fallende Zinsen und eine geringere Risikoprämie erwartet, sollte er die einjährigen Notes
emittieren. Wenn A keine Zinsänderung und eine
gleichbleibende Risikoprämie erwartet, sollte er indifferent sein zwischen der Emission einer Kupon-Anleihe, einer Floating Rate Note oder der einjährigen
Notes.

Keine eindeutige Empfehlung läßt sich geben, wenn A
mit einer geringeren Risikoprämie und steigenden
Zinsen rechnet. Die Floating Rate Note scheidet aus,
da A in t_2 höhere Zinsen zahlen muß als bei der Kupon-Anleihe. Die Notes sind der Kupon-Anleihe vorzu-
ziehen, wenn $\varepsilon + e_2 < e_1$. Setzt man für e_1 und e_2 die
Werte aus den Gleichungen (4.42) und (4.44) ein,
ergibt sich

$$\varepsilon + \frac{1 + I + \varepsilon}{P + \tau} - (1 + I + \varepsilon) < \frac{1 + I}{P} - (1 + I) .$$

Diese Ungleichung läßt sich umformen in

(4.47) $\qquad \varepsilon < \dfrac{\tau (1 + I)}{P}$.

Wenn $\varepsilon \geq \dfrac{\tau(1 + I)}{P}$, sollte A die Kupon-Anleihe emit-

tieren. Emittiert A die Notes, muß er auch die erwarteten höheren Zinsen zahlen. Um diesen Nachteil
zu vermeiden, kann er einen Zinsswap fest gegen variabel vereinbaren, dessen Basisbetrag dem Finanzierungsmittelbedarf entspricht.

Tab. 4.34 Zahlungen aus der Emission
einjähriger Notes und aus einem Swap fest gegen variabel

Zeitpunkt / Anleihe/Swap	t_1	t_2
einjährige Notes revolvierend (I)	$I + e_1$	$1 + I + \varepsilon + e_2$
Swap fest gegen variabel (II)	–	$- \varepsilon$
(I) + (II)	$I + e_1$	$1 + I + e_2$

Im Swap zahlt A ε, wenn der Marktzinssatz fällt und erhält ε, wenn der Marktzinssatz steigt. Unter der Annahme
einer horizontalen Zinsstrukturkurve ist die Risikoprämie im Swap gleich null, auch wenn die Swappartner dem
Ausfallrisiko unterliegen. Falls die Zinsstrukturkurve
nicht horizontal ist, sind auch Risikoüberlegungen im
Swap anzustellen. Hierzu wird angenommen, daß A den Swap
mit einem Partner vereinbart, der nicht dem Ausfallrisiko unterliegt. Wenn der Markt steigende Zinsen erwartet,
wäre A als Festzinszahler im Swap zunächst auch Nettozahler und würde keine Risikoprämie akzeptieren.[1] Damit
zahlt A in t_2, wie in Tabelle 4.34 angegeben, ebenfalls

---

[1] Zur Risikoprämie siehe Teil 3 C.I.2.

$1 + I + e_2$. Wenn der Markt hingegen fallende Zinsen erwartet, wäre A zunächst Nettoempfänger und müßte eine Risikoprämie akzeptieren. Damit erhöht sich die in t_2 zu leistende Zahlung um die Risikoprämie aus dem Swap. Dennoch kann auch unter Berücksichtigung dieser Risikoprämie die revolvierende Emission einjähriger Notes in Verbindung mit einem Swap günstiger sein als die Emission einer Kupon-Anleihe.

Wenn man sich die Frage stellt, ob A durch den Swap seine Risikoprämie senken kann, sollte man folgendes beachten: Eine geringere Risikoprämie kann A nur realisieren, wenn er zu Beginn des zweiten Jahres eine weitere einjährige Note emittiert, und wenn sich seine Bonität verbessert hat. Aus dem Swap ergeben sich keine Anhaltspunkte, die auf eine Senkung der Risikoprämie schließen lassen. Der Swap dient lediglich dazu, die mit einem unerwarteten Zinsanstieg verbundenen höheren Zinszahlungen durch Einzahlungen aus dem Swap zu kompensieren. Bei einem unerwarteten Zinsrückgang zahlt A die ersparten Zinsen an den Swappartner. Mit der Swapvereinbarung kann sich A nicht vor höheren Zahlungen aufgrund einer unerwarteten Bonitätsverschlechterung schützen.

Die mit der Emission einjähriger Notes und der Vereinbarung eines Swaps fest gegen variabel erreichte Nettozahlungsstruktur ließe sich auch mit einer Kupon-Anleihe erzielen, in der sich der Emittent verpflichten würde, die Risikoprämie regelmäßig anzupassen. Die Risikoprämie könnte sich aus der Einstufung durch eine Rating Agentur ergeben. Dem Verfasser ist allerdings nicht bekannt, daß eine Anleihe mit dieser Ausstattung, vielleicht wäre die Bezeichnung "Floating Risk Note" passend, im Markt bereits emittiert wurde. Für Arak, Estrella, Goodman und Silver könnte die Möglichkeit, eine Floating Risk Note mit Hilfe eines Swaps zu duplizieren, einen Grund für das Wachstum des Swapmarktes darstellen.[1] Wenn durch die Diskussion, wie ein Emittent einen Swap nutzen kann, der eine Verbesserung seiner Bonität erwartet, möglicherweise ein Einfluß des Swaps auf die Risikoprämie suggeriert wird, so ist dieser zu verneinen.

Mit dem Swap lassen sich in diesem Zusammenhang nur die Zahlungen fixieren. Das Risiko, Marktwertverluste durch unerwartete Zinsänderungen zu erleiden, wird noch nicht berücksichtigt.

Manchmal könnte man den Eindruck gewinnen, daß mit den Swaps ein völlig neues Produkt entwickelt wurde. Im folgenden Teil 5 soll hingegen gezeigt werden, daß z.B. zwischen einem Kredit und einem Swap mindestens Ähnlichkeiten bestehen; man könnte auch sagen, daß Swaps und Kredite zum gleichen „Stamm" gehören.

---

[1] Arak, Estrella, Goodman und Silver (1988), S. 17-18.

Teil 5

Zinsswap als Austausch barwertgleicher

Zahlungsreihen

Ohne auf Ricardos Theorem der komparativen Kosten, auf
arbitrierbare Marktineffizienzen oder auf Grundgeschäfte
hinzuweisen, die sich erst durch einen Swap rechnen,
könnte eine Einführung in Swaps mit der Frage beginnen:
„Wann wären Vertragspartner bereit, gegenseitig Zahlungsverpflichtungen einzugehen?" Als Antwort erscheint
plausibel: „Wenn die Vereinbarung geeignet ist, es ihnen
zu ermöglichen, ihre Ziele zu erreichen und wenn der
Barwert ihrer Auszahlungen nicht größer ist als der Barwert ihrer Einzahlungen." Aus der Sicht des Marktes
stimmen die Barwerte überein, wenn folgende Gleichung
erfüllt ist:

(5.1) $$\sum_{t=0}^{n} \bar{Z}_{A,t} \, R_t = \sum_{t=0}^{n} \bar{Z}_{B,t} \, R_t$$

mit $\quad$ n $\quad$ = $\quad$ Vertragsdauer

$\quad\quad$ R_t $\quad$ = $\quad$ Abzinsungsfaktor für t Perioden

$\quad\quad$ t $\quad$ = $\quad$ Laufindex

$\quad\quad$ $\bar{Z}_{A,t}$ $\quad$ = $\quad$ in t_0 für den Zeitpunkt t erwartete Auszah-
$\quad\quad\quad\quad\quad\quad\quad\quad$ lung des Vertragspartners A

$\quad\quad$ $\bar{Z}_{B,t}$ $\quad$ = $\quad$ in t_0 für den Zeitpunkt t erwartete Auszah-
$\quad\quad\quad\quad\quad\quad\quad\quad$ lung des Vertragspartners B

Faßt man sämtliche erwarteten Zahlungen eines Vertragspartners zu einer Zahlungsreihe zusammen, ließe sich eine Vereinbarung über gegenseitige Zahlungsverpflichtungen als Austausch barwertgleicher Zahlungsreihen (swap
of identical present value payments) interpretieren.
Vereinbarungen über gegenseitige Zahlungsverpflichtungen

können Kreditverträge, Forward Rate Agreements, Zinsswaps u.v.a.m. sein. Den hier relevanten Vereinbarungen über gegenseitige Zahlungsverpflichtungen liegen bestimmte Zahlungen zugrunde; es scheint nützlich zu sein, diese Zahlungen zunächst abzugrenzen, und anschließend die Nettozahlungsreihen zu systematisieren.

A. Abgrenzung der Zahlungen

Die Zahlungen können in einer oder in mehreren Währungen erfolgen; sie unterscheiden sich danach, ob sie von der Zinsentwicklung abhängig oder unabhängig sind. Wenn die Zahlung Z eine stetige Funktion vom Zinssatz r ist, d.h. $Z = f(r)$, liegt eine von der Zinsentwicklung unabhängige Zahlung vor, wenn $\delta Z / \delta r = 0$ und eine von der Zinsentwicklung abhängige Zahlung, wenn $\delta Z / \delta r \neq 0$.[1]

Zu den von der Zinsentwicklung unabhängigen und bei Vertragsabschluß fixierten Zahlungen zählen z.B. Zahlungen aus einer festverzinslichen Anleihe, einem Annuitätendarlehen oder beliebig gewählte Zahlungen.

Zu den von der Zinsentwicklung abhängigen und bei Vertragsabschluß in ihrer Höhe noch nicht feststehenden Zahlungen gehören z.B. Zinszahlungen aus variabel verzinslichen Krediten. Ebenfalls von der Zinsentwicklung abhängig ist eine Zahlung, die dem Kurs einer festverzinslichen Anleihe entspricht. Der Einfachheit halber sei der Kurs identisch mit dem Barwert, der sich aus dem Kupon, der Restlaufzeit und dem Marktzinssatz im Zahlungszeitpunkt ergibt. Vertragspartner A könnte sich z.B verpflichten, am Ende der Vertragslaufzeit eine Zahlung zu leisten, die dem Kurs einer 8%igen Anleihe mit einem

---

[1]   Z steht im Gegensatz zur erwarteten Zahlung $\bar{Z}$ für die tatsächliche Zahlung und r im Gegensatz zur Forward Rate I für den tatsächlichen Zinssatz im Zahlungszeitpunkt.

Nominalwert von 100 und einer Restlaufzeit von dann 5 Jahren entspricht. Beträgt der Marktzinssatz am Ende der Vertragslaufzeit bei einer horizontalen Zinsstruktur 10 %, zahlt A 92,42, und bei einem Marktzinssatz von 6 % zahlt A 108,42.

Nicht betrachtet werden Zahlungen, die an einen Mindestzins und/oder Höchstzins gebunden sind, denn für sie gilt:

$$\delta Z/\delta r = 0 \quad \text{für } 0 \le r \le r_{min}$$
$$\text{und} \quad \delta Z/\delta r \ne 0 \quad \text{für } r_{min} < r,$$

oder

$$\delta Z/\delta r \ne 0 \quad \text{für } 0 \le r < r_{max}$$
$$\text{und} \quad \delta Z/\delta r = 0 \quad \text{für } r_{max} \le r.$$

Hierzu gehören z.B. Zahlungen aus Cap- oder Floorvereinbarungen.[1]

Zahlungen, die von anderen Einflüssen als der Zinsentwicklung abhängen, werden ebenfalls nicht betrachtet,

---

[1] In einer Cap-Vereinbarung verpflichtet sich der Verkäufer, dem Käufer des Cap die Differenz zwischen dem Referenzzinssatz, z.B. LIBOR, und dem Basiszinssatz r_B, bezogen auf ein bestimmtes Volumen V zu zahlen; formal ergibt sich die Zahlung aus $Z = \max\,[(LIBOR - r_B)\,V;\,0]$.

In einer Floor-Vereinbarung verpflichtet sich der Verkäufer, dem Käufer des Floor die Differenz zwischen dem Basiszinssatz r_B und dem Referenzzinssatz, z.B. LIBOR, bezogen auf ein bestimmtes Volumen V zu zahlen; formal ergibt sich die Zahlung aus $Z = \max\,[(r_B - LIBOR)\,V;\,0]$. Siehe z.B. das 9% Zinsausgleich-Zertifikat der Citibank AG vom Juli 1991 (Wertpapier-Kenn-Nummer 803 440), eine börslich gehandelte Floor-Vereinbarung.

z.B. Dividendenzahlungen[1] oder Zahlungen, die an einen Aktienindex[2] gebunden sind. Hierzu könnte eine Vereinbarung gehören, der zufolge A Zahlungen von

$$Z_{A,t} = MAX [DAX_t - DAX_B; 0]$$

leistet und B

$$Z_{B,t} = MAX [DAX_B - DAX_t; 0]$$

zahlt (mit: DAX_t = Stand des Deutschen Aktienindexes im Zeitpunkt t und DAX_B = Basisindexstand).

B. Nettozahlungsreihen

Wenn die Barwerte der Zahlungsreihen nach Gleichung (5.1) übereinstimmen, ergibt sich für die Nettozahlungsreihe $\bar{Z}_t$ als Differenz der Zahlungsreihen der beiden Vertragspartner ($\bar{Z}_{A,t} - \bar{Z}_{B,t}$) ein Barwert von null. Die Nettozahlungsreihe läßt sich danach unterscheiden, ob sie eine oder mehrere Zahlungen beinhaltet. Bei mehreren Zahlungen kann danach differenziert werden, ob die Nettozahlungszeitpunkte der Vertragspartner A und B bei Vertragsabschluß bereits fixiert, teilweise fixiert oder noch nicht festgelegt sind. Mit der Festlegung des Nettozahlungszeitpunktes ist über den Zahlungszeitpunkt

---

[1] Es wäre denkbar, daß sich Vertragspartner verpflichten, die von ihrer Aktiengesellschaft empfangene Dividende an den anderen zu zahlen. Mit diesem „Dividendenswap" könnten sie von einer höheren Dividendenerwartung bei der jeweils anderen Aktiengesellschaft profitieren, ohne das Stimmrecht bei ihrer Aktiengesellschaft zu verlieren.

[2] Siehe z.B. 12 1/2 % Dresdner DAX Hochzinsbonds von 1991/1995 der Dresdner Finance B.V. (Wertpapier-Kenn-Nummer 403 720), MEGA-Zertifikate (Marktabhängiger Ertrag mit Garantie des Anlagebetrages) auf den DAX von 1991 der Deutsche Bank AG (Wertpapier-Kenn-Nummer 804 024) oder Nikkei Aktienindex gekoppelte Einlagenzertifikate von 1991-1992 der Citibank AG (Wertpapier-Kenn-Nummer 803 451).

hinaus auch festgelegt, ob dann A oder B zahlt. Weiterhin läßt sich die Nettozahlungsreihe dadurch charakteri-
sieren, ob ein, beide oder kein Vertragspartner von der
Zinsentwicklung abhängige Zahlungen leistet. Diese Kri-
terien erlauben einen Überblick über unbedingte Zinsinstrumente, der in Abbildung 5.1 wiedergegeben ist.

183

Abb. 5.1 System der unbedingten Zinsinstrumente

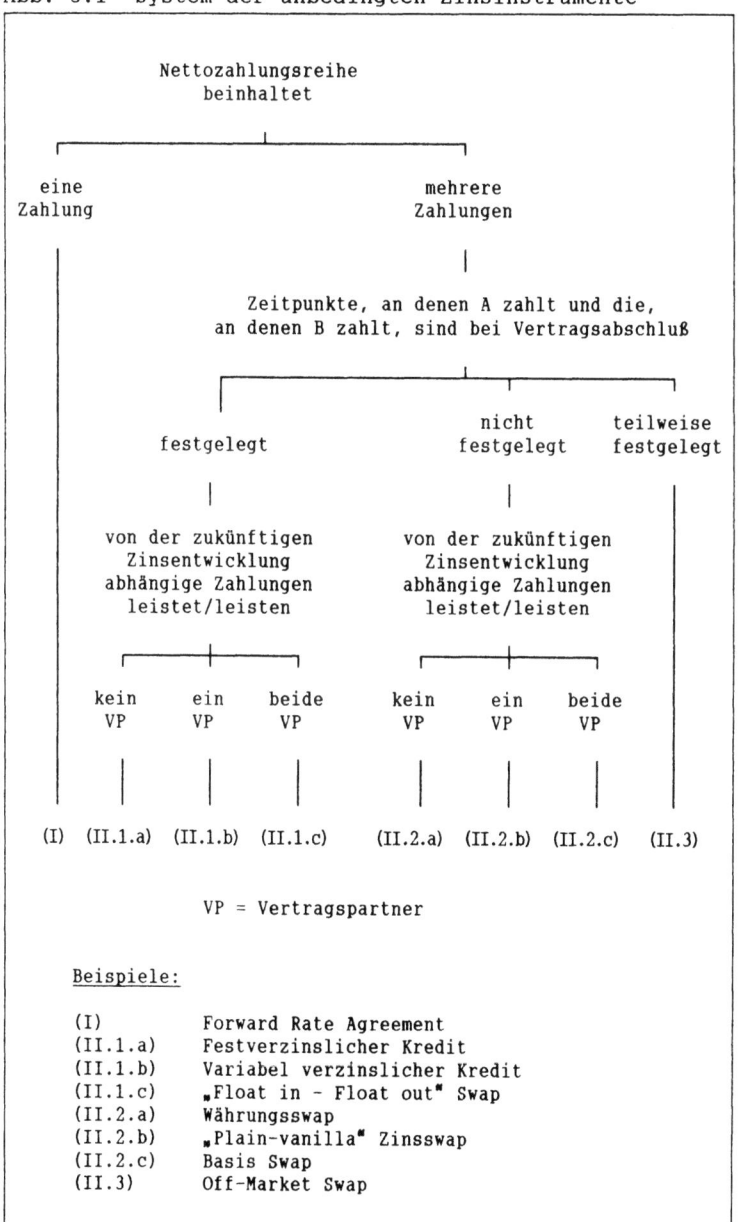

Nettozahlungsreihe
beinhaltet

eine
Zahlung

mehrere
Zahlungen

Zeitpunkte, an denen A zahlt und die,
an denen B zahlt, sind bei Vertragsabschluß

festgelegt

nicht   teilweise
festgelegt   festgelegt

von der zukünftigen
Zinsentwicklung
abhängige Zahlungen
leistet/leisten

von der zukünftigen
Zinsentwicklung
abhängige Zahlungen
leistet/leisten

kein   ein   beide   kein   ein   beide
VP   VP   VP   VP   VP   VP

(I)   (II.1.a) (II.1.b) (II.1.c)   (II.2.a) (II.2.b) (II.2.c)   (II.3)

VP = Vertragspartner

Beispiele:

(I)	Forward Rate Agreement
(II.1.a)	Festverzinslicher Kredit
(II.1.b)	Variabel verzinslicher Kredit
(II.1.c)	„Float in - Float out" Swap
(II.2.a)	Währungsswap
(II.2.b)	„Plain-vanilla" Zinsswap
(II.2.c)	Basis Swap
(II.3)	Off-Market Swap

Im folgenden werden die einzelnen Nettozahlungsreihen aus Abbildung 5.1 erläutert:

I. **Nettozahlungsreihe mit einer Zahlung**

Die Nettozahlungsreihe mit einer Zahlung sei anhand von zwei Beispielen erläutert:

a) Vereinbaren die Vertragspartner eine Nettozahlungsreihe mit nur einer Zahlung, ist offensichtlich, daß die Zahlung in der Zukunft liegt und von der Zinsentwicklung abhängt. Ansonsten wüßte einer der Vertragspartner, daß er der Nettozahler ist und würde der Vereinbarung nicht zustimmen. Das Forward Rate Agreement (FRA) ist ein Beispiel für diese Nettozahlungsreihe. In einem FRA verpflichten sich beide Vertragspartner, in t_1 zu zahlen.[1] A verpflichtet sich zur Zahlung von

$$(5.2) \qquad Z_A = V \, \frac{t_B}{360} \, r \, (1 + \frac{t_B}{360} \, r)^{-1}$$

und B zur Zahlung von

$$(5.3) \qquad Z_B = V \, \frac{t_B}{360} \, r_B \, (1 + \frac{t_B}{360} \, r)^{-1}$$

mit r   = Zinssatz im Zahlungszeitpunkt
r_B = Basiszinssatz[2]
t_B = Basistage
V   = Volumen

---

[1] Der Zahlungszeitpunkt t_1 liegt häufig 1 - 18 Monate nach Vertragsabschluß, siehe Dresdner Bank AG (1989), S. 26.

[2] Der Basiszinssatz ist der vom Markt für den Zeitpunkt t_1 erwartete Zinssatz, d.h. die Forward Rate.

Z_A = Zahlung des Vertragspartners A

Z_B = Zahlung des Vertragspartners B

A zahlt netto

$$(5.4) \qquad V \, \frac{t_B}{360} \, (r - r_B) \, (1 + \frac{t_B}{360} \, r)^{-1}$$

Dieser Ausdruck ist identisch mit dem sonst üblichen Terminus[1]

$$(5.5) \qquad \frac{(r - r_B) \, t_B \, V}{360 + r \, t_B}$$

Das Volumen und die Basistage können von den Vertragspartnern ihrer jeweiligen Interessenlage entsprechend beliebig vereinbart werden.[2] Wenn beide Vertragspartner eine Nettozahlung von null erwarten, erscheint diese Vereinbarung wenig sinnvoll. Da die tatsächliche Zinsentwicklung jedoch von der erwarteten abweichen kann und einer der Vertragspartner dann zur Zahlung verpflichtet ist, läßt sich ein Forward Rate Agreement für beide Vertragspartner im Rahmen einer Immunisierungsstrategie sinnvoll einsetzen. Erwartet mindestens ein Vertragspartner, Nettoempfänger zu sein, ließe sich ein Forward Rate Agreement als Wette auf den Zinssatz in t_1 interpretieren.

---

[1] Siehe z.B. Grumball (1987), S. 20.

[2] Häufig kommen als Basistage 90, 180 oder 360 Tage in Betracht, siehe Dresdner Bank AG (1989), S. 26.

b)   Eine andere Vereinbarung könnte z.B. vorsehen, daß
A und B in t_1 Zahlungen leisten in Höhe von

(5.6)
$$Z_A = V\left(r_B \ \frac{1 - q^{-n_A}}{r} + q^{-n_A}\right)$$

und

(5.7)
$$Z_B = V\left(r_B \ \frac{1 - q^{-n_B}}{r} + q^{-n_B}\right)$$

mit n_A =   Basisperiode A
      n_B =   Basisperiode B
      q = $1 + r$
      r_B =   Basiszinssatz

Die Zahlungen entsprechen den Kursen festverzinslicher
Anleihen im Nennwert von V, einem Kupon von r_B und einer
Restlaufzeit von n_A oder n_B. Die Nettozahlung von A be-
trägt

(5.8)
$$V \ (1 - \frac{r_B}{r}) \ (q^{-n_A} - q^{-n_B})$$

Durch diese Vereinbarung, sie ließe sich als "Forward
Bond Price Agreement" bezeichnen, wird A wirtschaftlich
so gestellt, als ob er in t_1 statt einer Anleihe mit einer Restlaufzeit von n_A eine Anleihe mit einer Restlaufzeit von n_B kauft oder verkauft.

Der Leser mag sich fragen, ob nicht auch Futures auf
Festzinstitel[1] ein Beispiel für eine Nettozahlungsreihe
mit einer Zahlung sind. Durch vorzeitiges Glattstellen
einer Kauf- oder Verkaufsposition braucht der Marktteilnehmer den Kontrakt effektiv nicht zu erfüllen, sondern
erhält oder leistet eine Ausgleichszahlung. Auch wenn
diese Zahlung der Ausgleichszahlung im Forward Rate
Agreement entspricht, unterscheiden sich doch beide Vereinbarungen, selbst wenn man von Einschüssen und Nach-
schüssen absieht. Während das Forward Rate Agreement in
jedem Fall eine Ausgleichszahlung zur Folge hat, muß ein
Future erst durch ein weiteres Geschäft glattgestellt
werden. Die Ausgleichszahlung basiert also bei Futures
auf zwei getrennten, voneinander unabhängigen und zu unterschiedlichen Zeitpunkten abgeschlossenen Kontrakten.
Im System der unbedingten Zinsinstrumente werden hingegen nur Vereinbarungen betrachtet, die heute abgeschlossen werden und keine Folgevereinbarungen erfordern. In
dieses System würden Futures oder Forwards auf Zinstitel
nur dann passen, wenn keine Marginzahlungen anfielen und
Barausgleich statt physischer Lieferung vereinbart wäre.
Das ist bei Termingeschäften in Zinstiteln unüblich. So-
weit es dennoch vorkommt, wird dieser Fall durch das
Forward Rate Agreement abgedeckt.

II. Nettozahlungsreihe mit mehreren Zahlungen

Die weitaus größere Zahl von Nettozahlungsreihen beinhaltet mehrere Zahlungen. In den meisten Fällen sind
auch die Zeitpunkte, zu denen A oder B jeweils Nettozahler ist, bei Vertragsabschluß fixiert.

---

[1]   Zu Financial Futures siehe u.a. Hochgürtel (1982), Fitzgerald
      (1983), Carroll (1989).

1. Festgelegte Nettozahlungszeitpunkte der Vertragspartner

Üblicherweise zahlt zunächst einer der Vertragspartner,
anschließend erfolgen die Zahlungen des anderen. Das ist
z.B. bei zinsbringenden Anlagen und bei Krediten der
Fall, aber auch beim Off-Market Swap, auf den unten als
Beispiel weiter eingegangen wird.

a) Kein Vertragspartner leistet von der Zinsentwicklung abhängige Zahlungen

Wenn keiner der Vertragspartner von der Zinsentwicklung
abhängige Zahlungen zu den ihm bekannten Zahlungszeitpunkten leistet, sondern die Zahlungen bei Vertragsabschluß fixiert sind, kann es sich z.b. um Zahlungen aus
einer festverzinslichen Anleihe[1], einem Annuitätendarlehen, einer Nullkupon-Anleihe oder einem Festzinskredit
mit gleichbleibenden Tilgungsbeträgen handeln.

b) Ein Vertragspartner leistet von der Zinsentwicklung
abhängige Zahlungen

Wenn einer der Vertragspartner von der Zinsentwicklung
abhängige Zahlungen leistet und die Zahlungen des anderen bei Vertragsabschluß fixiert sind, kann es sich z.B.

---

[1] Festverzinsliche Anleihen lassen sich danach unterscheiden, ob
sie mit einem für die gesamte Laufzeit konstanten Zinssatz
oder unterschiedlichen Zinssätzen ausgestattet sind. Bundesan-
leihen z.b. weisen regelmäßig konstante Zinssätze auf. Beispiele für Anleihen mit unterschiedlichen Zinssätzen sind die
Gleitzinsanleihe mit ansteigendem Zinssatz von 1992/2002, Se-
rie 21 der Trinkaus & Burkhardt KGaA (Wertpapier-Kenn-Nummer
377 633, die Verzinsung steigt von 1,5 % im ersten Jahr auf
28 % im zehnten Jahr) und die Kombizinsanleihe der Westdeutsche Landesbank Girozentrale von 1992 (WestLB Spezial-Anleihe
Em. 3, Wertpapier-Kenn-Nummer 310 953), fällig am 16.3.2001
(in den Jahren 1-6 beträgt die Verzinsung 0 % und in den Jahren 7-9 28,625 %).

um Zahlungen aus einer Floating Rate Note oder aus einem
Kredit mit variabler Verzinsung und gleichbleibenden
Tilgungsbeträgen handeln. Eine andere Vereinbarung dieses Typs wird als Zero-Coupon Swap[1] bezeichnet. In einem
Zero-Coupon Swap verpflichtet sich z.B. Vertragspartner
A, am Ende der Vertragslaufzeit, einen bei Vertragsabschluß fixierten Betrag zu zahlen. Vertragspartner B
verpflichtet sich, während der Vertragslaufzeit Zahlungen in Höhe des Referenzzinssatzes auf ein bestimmtes
Volumen zu zahlen. Das Volumen V sollte so gewählt werden, daß folgende Gleichung erfüllt ist:

(5.9)
$$\sum_{t=1}^{n} V\, I_t\, R_t = Z_{A,n}\, R_n$$

mit I_t = Forward Rate für den Zeitpunkt t

R_t = Abzinsungsfaktor für t Perioden

$Z_{A,n}$ = Zahlung des Vertragspartners A am Ende der
Vertragslaufzeit.

Es wäre auch denkbar, daß A seine Zahlung zu Beginn und
nicht am Ende der Vertragslaufzeit leistet, demzufolge

(5.10)
$$\sum_{t=1}^{n} V\, I_t\, R_t = Z_{A,0}$$

mit $Z_{A,0}$ = Zahlung des Vertragspartners A
zu Beginn der Vertragslaufzeit.

Dieser Vertragstyp ließe sich auch als Zero-Coupon Swap
interpretieren. Als Typ A könnte der Zero-Coupon Swap
bezeichnet werden, bei dem die zinsunabhängige Zahlung

---

[1]   Jentzsch (1989), S. 88-93; Knippschild (1991), S. 81.

am Ende der Vereinbarung erfolgt und als Typ B könnte der Zero-Coupon Swap bezeichnet werden, bei dem die zinsunabhängige Zahlung zu Beginn der Vereinbarung erfolgt.

Für einen Anleger könnten beide Varianten, der Zero-Coupon Swap Typ A und Typ B, interessant sein. Entweder zahlt der Anleger zu Beginn der Vereinbarung und erhält anschließend zinsabhängige Zahlungen vom Kreditinstitut oder er leistet zunächst zinsabhängige Zahlungen und erhält am Ende der Laufzeit die vereinbarte Zahlung. Nach den Gleichungen (5.9) und (5.10) leisten der Anleger und das Kreditinstitut folgende Zahlungen nach Tabelle 5.1:

Tab. 5.1 Zahlungen des Anlegers und des Kreditinstitutes aus einem Zero-Coupon Swap (Typ A) und einem Zero-Coupon Swap (Typ B)

Zeit-punkt	Zero-Coupon Swap Typ A		Zero-Coupon Swap Typ B	
	Kreditinstitut	Anleger	Kreditinstitut	Anleger
t_0	-	-	-	Z
$t_1 - t_{n-1}$	-	$\dfrac{Z R_n}{\sum_{t=1}^{n} I_t R_t} r_t$	$\dfrac{Z}{\sum_{t=1}^{n} I_t R_t} r_t$	-
t_n	Z	-	$\dfrac{Z}{\sum_{t=1}^{n} I_t R_t} r_n$	-

Der Zero-Coupon Swap (Typ A) könnte für einen Anleger interessant sein, der niedrigere Zinsen als der Markt erwartet und der Zero-Coupon Swap (Typ B) für einen Anleger, der höhere Zinsen als der Markt erwartet.

c) Beide Vertragspartner leisten von der Zinsentwicklung abhängige Zahlungen

Eine Vereinbarung, nach der beide Vertragspartner in ihren bei Vertragsabschluß festgelegten Zahlungszeitpunkten von der Zinsentwicklung abhängige Zahlungen leisten,
könnte vorsehen, daß A in den ersten m Perioden Zahlungen in Höhe des Referenzzinssatzes auf ein Volumen V_A er-
bringt und B in den folgenden n-m Perioden Zahlungen in
Höhe des Referenzzinssatzes auf ein Volumen V_B. Die
Volumina V_A und V_B sollten so gewählt werden, daß folgende Gleichung erfüllt ist:

(5.11) $$\sum_{t=1}^{m} V_A \, I_t \, R_t = \sum_{t=m+1}^{n} V_B \, I_t \, R_t \, .$$

Um den Swapvarianten eine weitere hinzuzufügen, ließe
sich diese Vereinbarung als „Float in - Float out" Swap
bezeichnen.

2. Nicht festgelegte Nettozahlungszeitpunkte der Vertragspartner

Neben den Vereinbarungen, die für jeden Zahlungszeitpunkt einen der Vertragspartner als Nettozahler bereits
bei Vertragsabschluß vorsehen, gibt es auch Vereinbarungen, in denen bei Vertragsabschluß noch nicht festgelegt
werden kann, ob A oder B in einem der zukünftigen Zahlungszeitpunkte Nettozahler ist.

a) Beide Vertragspartner leisten von der Zinsentwicklung unabhängige Zahlungen

Wenn beide Vertragspartner von der Zinsentwicklung unabhängige währungsgleiche Zahlungen leisten, läßt sich für
alle Zahlungszeitpunkte der Nettozahler ermitteln. Wenn
die von der Zinsentwicklung unabhängigen Zahlungen hin-

gegen in unterschiedlichen Währungen ohne Kurssicherung erfolgen, ist der Nettozahler für jeden Zahlungszeitpunkt bei Vertragsabschluß nicht bekannt. Ob eine in DM umgerechnete $-Zahlung von B größer, gleich oder kleiner als die DM-Zahlung von A ist, hängt vom $-Kassakurs im Zahlungszeitpunkt ab. Angenommen, A verpflichtet sich, Zahlungen in Höhe des Zinssatzes für DM-Pari-Anleihen mit einer Restlaufzeit von n Jahren, $\bar{r}_n^{DM}$, auf ein in DM denominiertes Volumen V^{DM} zu leisten, wenn B $\bar{r}_n^{\$}$ auf ein in $ denominiertes Volumen $V^{\$}$ zahlt. Die Volumina sollten so gewählt werden, daß folgende Gleichung erfüllt ist:[1]

(5.12)
$$\sum_{t=1}^{n} V^{DM} \bar{r}_n^{DM} R_t^{DM} = \sum_{t=1}^{n} V^{\$} \bar{r}_n^{\$} w_t R_t^{DM}$$

$$
\begin{array}{lll}
\text{mit} & R_t^{DM} & = \text{DM-Abzinsungsfaktor für t Jahre} \\
& \bar{r}_n^{DM} & = \text{Zinssatz für DM-Pari-Anleihen mit} \\
& & \quad \text{einer Restlaufzeit von n Jahren} \\
& \bar{r}_n^{\$} & = \text{Zinssatz für \$-Pari-Anleihen mit} \\
& & \quad \text{einer Restlaufzeit von n Jahren} \\
& V^{DM} & = \text{DM-Volumen} \\
& V^{\$} & = \text{\$-Volumen} \\
& w_t & = \text{erwarteter Kassakurs nach t Jahren}
\end{array}
$$

$$= w_0 \prod_{j=1}^{t} \left(\frac{1 + I_j^{DM}}{1 + I_j^{\$}} \right)$$

$$
\begin{array}{lll}
\text{mit} & I_j^{DM} & = \text{DM-Forward Rate im Zeitpunkt} \\
& & \quad j \\
& I_j^{\$} & = \text{\$-Forward Rate im Zeitpunkt j} \\
& w_0 & = \text{Kassakurs bei Vertragsabschluß.}
\end{array}
$$

---

[1] Der Einfachheit halber wird die Gültigkeit des Zinsparitätentheorems unterstellt.

Bei einem gegebenen DM-Volumen ergibt sich das $-Volumen
durch Umformung von Gleichung (5.12) aus

$$(5.13) \qquad V^\$ = V^{DM} \frac{\bar{r}_n^{DM}}{\bar{r}_n^\$} \frac{\sum\limits_{t=1}^{n} R_t^{DM}}{\sum\limits_{t=1}^{n} w_t \, R_t^{DM}} \; .$$

Zum besseren Verständnis dieses Vertragstyps, der als
Währungsswap[1] bezeichnet wird, mag folgendes Beispiel
dienen: Vertragspartner A ist bereit, in den nächsten
fünf Jahren jeweils einen DM-Betrag in Höhe der Par-
Yield für DM-Anleihen mit einer Restlaufzeit von 5 Jahren auf ein Volumen von DM 1 Mio. zu zahlen, wenn er dafür jeweils einen $-Betrag in Höhe der Par-Yield für $-
Anleihen mit einer Restlaufzeit von 5 Jahren auf einen
äquivalenten $-Betrag erhält. Um das äquivalente $-Volu-
men zu bestimmen, leitet A die Forward Rates, die DM-Ab-
zinsungsfaktoren und die zukünftig erwarteten Wechselkurse aus den am Markt beobachtbaren DM- und $-Par-
Yields ab.[2] Der Dollarkurs bei Vertragsabschluß beträgt
1,60 DM/$.

[1] Hammond (1987), S. 67.

[2] Wenn die Par-Yields bekannt sind, kann auf die Spot Rates zur
Ermittlung der Forward Rates verzichtet werden. Zur Herleitung
der Forward Rates aus den Par-Yields siehe Anhang E.

Tab. 5.2 Ausgangsdaten zur Bestimmung des äquiva-
          lenten $-Volumens

Rest- lauf- zeit	Par- Yield DM	Par- Yield $	Forward Rate DM	Forward Rate $	Abzin- sungs- faktor DM	Wechsel- kurs DM/$
1	4,50	9,25	4,5000	9,2500	0,9569	1,5304
2	5,80	8,50	7,1935	7,6923	0,8927	1,5233
3	6,65	7,75	8,5619	6,0973	0,8223	1,5587
4	7,40	7,25	10,0827	5,5592	0,7470	1,6255
5	8,00	6,85	11,0496	5,0095	0,6727	1,7190

Nach Gleichung (5.13) ergibt sich ein äquivalentes $-Vo-
lumen von $ 737.793. Daraus ergeben sich folgende erwar-
tete Zahlungen:

Tab. 5.3 Zahlungen und erwartete Nettozahlungen bei
          Abschluß eines Währungsswaps

Jahr	A zahlt DM	B zahlt			A zahlt netto DM	Abzin- sungs- faktor	Barwert der Zah- lung
		$	DM/$	DM			
1	80.000	50.539	1,5304	77.346	2.654	0,9569	2.539
2	80.000	50.539	1,5233	76.988	3.012	0,8927	2.689
3	80.000	50.539	1,5587	78.777	1.223	0,8223	1.006
4	80.000	50.539	1,6255	82.152	-2.152	0,7589	-1.608
5	80.000	50.539	1,7190	86.878	-6.878	0,6727	-4.626
						Σ	0

Wenn sich die Zinsen und Wechselkurse wie erwartet entwickeln, ist A am Ende der Jahre 1 bis 3 Nettozahler und
B am Ende der Jahre 4 und 5. Eine andere Zins- und Wech-
selkursentwicklung kann zu abweichenden Nettozahlungs-
verpflichtungen führen.

Eine in der Literatur häufig dargestellte Form des Währungsswaps beinhaltet zusätzlich folgende Zahlungen:[1]

1. Zu Beginn der Vertragslaufzeit zahlen A zusätzlich V^S und B zusätzlich V^{DM}.

2. Am Ende der Vertragslaufzeit zahlen A zusätzlich V^{DM} und B zusätzlich V^S.

Beispiel: Dem Währungsswap liegen folgende Volumina[2] und Zinssätze zugrunde:[3]

Tab. 5.4 Volumina und Zinssätze für einen Währungsswap zwischen A und B

Vertragspartner	Volumen	Zinssatz
A	1.000.000 DM	8,00 %
B	625.000 $	6,85 %

---

[1] Wallich (1984), S. 17; Bank for International Settlements (1986), S. 37; Büschgen (1986a), S. 324-326; Gondring und Hermann (1986), S. 329-330; Wermuth (1988), S. 584-585.

[2] Bei dieser Form des Währungsswaps ergibt sich das äquivalente $-Volumen aus dem DM-Volumen, dividiert durch den Wechselkurs im Zeitpunkt des Vertragsabschlusses. Voraussetzung ist ferner, daß Zahlungen in Höhe der Par-Yield auf das jeweilige Volumen geleistet werden.

[3] Ferner gelten die in Tabelle 5.2 enthaltenen Abzinsungsfaktoren und Wechselkurse.

Daraus ergeben sich folgende Zahlungen:

Tab. 5.5 Zahlungen und erwartete Nettozahlungen in einem Währungsswap mit zusätzlichen Zahlungen zu Beginn und am Ende der Vertragslaufzeit

Zah-lungs-zeit-punkt	A zahlt		B zahlt		A zahlt netto in DM	Barwert
	$	DM	$	DM		
0	625.000	0	0	1.000.000	0	0
1	0	80.000	42.813	0	14.478	13.855
2	0	80.000	42.813	0	14.782	13.196
3	0	80.000	42.813	0	13.267	10.909
4	0	80.000	42.813	0	10.408	7.774
5	0	1.080.000	667.813	0	-67.989	-45.734
					Σ	0

Man könnte den Eindruck gewinnen, daß es sich bei dieser Vereinbarung um eine gegenseitige Kreditgewährung handelt. A leiht B 625.000 $ zu 6,85% und B leiht A 1 Mio. DM zu 8%. Bei Umrechnung der Zahlungen in eine Währung (hier in DM) ist festzustellen, daß A der Nettokreditgeber ist. Wenn sich der Wechselkurs wie erwartet entwikkelt, zahlt A den Kredit in 4 Teilbeträgen aus, den B in einer Summe am Ende der Laufzeit zurückzahlt.

b) **Ein Vertragspartner leistet von der Zinsentwicklung abhängige Zahlungen**

Angenommen, A verpflichtet sich, während der Vertragslaufzeit Zahlungen in Höhe des Referenzzinssatzes auf ein bestimmtes Volumen zu leisten, während B gleichzeitig einen Festbetrag zahlt. Eine solche Vereinbarung

wird häufig als „plain vanilla" swap[1] bezeichnet. Der
Verfasser schließt sich der ebenfalls gebräuchlichen Bezeichnung „klassischer" Zinsswap[2] an. Ob A oder B in einem Zahlungszeitpunkt Nettozahler ist, hängt von der
Entwicklung des Referenzzinssatzes ab. Wenn das Produkt
aus Volumen und Referenzzinssatz größer (kleiner) als
der Festbetrag ist, ist A (B) Nettozahler. Das Volumen
sollte so gewählt werden, daß folgende Gleichung erfüllt
ist:

$$(5.14) \qquad \sum_{t=1}^{n} V I_t R_t = \sum_{t=1}^{n} Z_B R_t .$$

Wenn man $\bar{Z}_B$ durch $\bar{r}_n$ V ersetzt, d.h. die erwartete Zahlung von B entspricht dem Produkt aus Volumen und dem
Zinssatz für Pari-Anleihen mit einer Restlaufzeit von n
Jahren, läßt sich die Bedingung aus Gleichung (5.14) umformen in

$$(5.15) \qquad \sum_{t=1}^{n} (I_t - \bar{r}_n) R_t = 0$$

mit $\bar{r}_n$ = Zinssatz für Pari-Anleihen mit einer
Restlaufzeit von n Jahren.

---

[1] Kopprasch, Macfarlane, Ross und Showers (1985), S. 4; Bank for
International Settlements (1986), S. 10; Neal und Simons
(1988), S. 26; Marshall und Kapner (1990), S. 1.

[2] Walmsley (1985), S. 38; Knippschild (1991), S. 26.

c) Beide Vertragspartner leisten von der Zinsentwick-
    lung abhängige Zahlungen

Ebenso von der Zinsentwicklung abhängig ist die Ermittlung des Nettozahlers, wenn beide Vertragspartner von
der Zinsentwicklung abhängige Zahlungen leisten; wenn
z.b. A Zahlungen in Höhe des Referenzzinssatzes r^A auf
ein bestimmtes Volumen V_A leistet und B Zahlungen in Höhe
des Referenzzinssatzes r^B auf ein bestimmtes Volumen V_B.
Zur Kennzeichnung dieses Vertragstyps werden in der
Literatur die Bezeichnungen „Basis Swap"[1] oder „Float-
ing-to-Floating Swap"[2] verwendet. Die Volumina sollten
so gewählt werden, daß folgende Gleichung erfüllt ist:

$$(5.16) \qquad \sum_{t=1}^{n} V_A \, I_t^A \, R_t^A = \sum_{t=1}^{n} V_B \, I_t^B \, R_t^A \; .$$

Wenn $V_A = V_B$, muß Gleichung (5.17) erfüllt sein

$$(5.17) \qquad \sum_{t=1}^{n} (I_t^A - I_t^B) \, R_t^A = 0 \; .$$

3. Teilweise festgelegte Nettozahlungszeitpunkte der
    Vertragspartner

Eine weitere Nettozahlungsreihe zeichnet sich dadurch
aus, daß für eine oder mehrere Zahlungszeitpunkte der
Nettozahler bei Vertragsabschluß bekannt ist, für die
verbleibenden Zahlungszeitpunkte jedoch nicht. Angenom-

---

[1] Wermuth (1988), S. 583; Muffet (1987), S. 97.

[2] Price und Henderson (1988), S. 63.

men, A möchte nicht Zahlungen in Höhe von $\bar{r}_n$ auf ein
bestimmtes Volumen leisten, sondern nur in Höhe von r'
($r' < \bar{r}_n$), so könnte B diesen Wunsch akzeptieren und seinerseits geringere zinsabhängige Zahlungen leisten, oder
A zahlt z.B. einmalig zu Beginn der Vertragslaufzeit einen Betrag von

$$Z_{A,0} = \sum_{t=1}^{n} (\bar{r}_n - r^*) \, V \, R_t$$

zum Ausgleich der zukünftigen Minderzahlungen. In diesem
Fall wäre A zu Beginn der Vertragslaufzeit Nettozahler,
die weiteren Nettozahlungen sind von der Zinsentwicklung
abhängig. Eine solche Vereinbarung wird in der Literatur
als „Off-Market Swap" bezeichnet.[1]

Auf eine Unterteilung, ob ein oder beide Vertragspartner
von der Zinsentwicklung abhängige Zahlungen oder beide
Vertragspartner von der Zinsentwicklung unabhängige Zahlungen mit unterschiedlichen Währungen leisten, wird in
diesem Zusammenhang verzichtet.

C. Struktur der Nettozahlungen

Für die im vorigen Abschnitt vorgestellten Nettozahlungsreihen[2] haben sich unterschiedliche Bezeichnungen
herausgebildet. So gibt es u.a. Kreditverträge mit fester oder variabler Verzinsung, mit einmaliger oder re-
gelmäßiger Zinszahlung, Forward Rate Agreements, „plain
vanilla" oder „klassische" Zinsswaps, Zero-Coupon Swaps
oder Off-Market Swaps.

---

[1]   Smith, Smithson und Wilford (1989), S. 238.

[2]   Im folgenden kurz Zahlungsreihe.

Trotz unterschiedlicher Bezeichnungen weichen diese Zahlungsreihen in ihrer Grundstruktur nicht voneinander ab. Über die Zahlung in t_0 sind sich die Vertragspartner bereits bei Vertragsabschluß einig: ein Vertragspartner zahlt oder es erfolgt keine Zahlung. Die Zahlungen in $t_1 - t_n$ lassen sich als Funktion vom Zinssatz r wie folgt darstellen:

(5.18) $$Z_t = a_t \, (r_t - \bar{r}_n) + X_t$$

mit a_t, X_t = Parameter

r_t = Zinssatz auf einjährige risikofreie Anlagen in t

$\bar{r}_n$ = Par-Yield in t_0 für n Jahre

t = 1, ..., n

Z_t = Zahlung in t

Die Werte für X_t sind bei Vertragsabschluß festgelegt mit

$$Z_0 + \sum_{t=1}^{n} X_t R_t = 0 \ .$$

In Abhängigkeit von den Parametern a_t und X_t lassen sich folgende mögliche Zahlungsverläufe in t unterscheiden:[1]

---

[1] Nach Abbildung 5.2 kann der Wert für X_t auch negativ und r^* kann auch größer als $\bar{r}_n$ sein.

Abb. 5.2 Mögliche Zahlungsverläufe in t

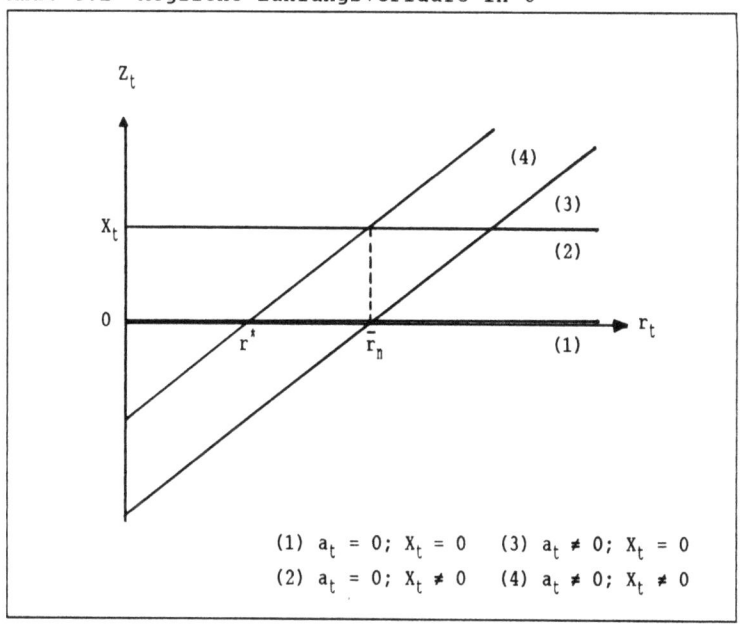

(1) $a_t = 0$; $X_t = 0$ (3) $a_t \neq 0$; $X_t = 0$

(2) $a_t = 0$; $X_t \neq 0$ (4) $a_t \neq 0$; $X_t \neq 0$

Die Bezeichnung der Zahlungsreihe hängt stets von dem
Wert des Parameters a_t ab, was in den Abschnitten D.I.
und D.II. gezeigt werden soll. Die Bezeichnung einer
Vereinbarung mit zinsabhängigen Zahlungsreihen hängt
aber auch von X_t ab. Tabelle 5.6 gibt die Werte für X_t
für ein- und mehrperiodige Zahlungsreihen wieder. Wenn
a = 0, dann entsprechen diese Werte bereits den Zahlungen Z_t. Für diesen Fall wird unmittelbar deutlich, daß
man es in den drei Zeilen der Tabelle mit einem gewöhn-
lichen Einjahreskredit, einer Annuität und mit einem
mehrperiodigen Festzinskredit zu tun hat. Variiert man
a_t, kommt man trotz gleicher X_t zu anderen Finanzinstru-
menten, was sich im nächsten Abschnitt zeigen wird. Es
wird sich auch zeigen, daß die Variation von a_t nicht nur
terminologische, sondern auch bilanzielle Konsequenzen
hat.

Tab. 5.6   Werte für X_t ein- und mehrperiodiger
Zahlungsreihen

Zahlungs-reihe	X_1	$X_2 - X_{n-1}$	X_n
einperiodig	$-Z_0 (1 + \bar{r}_1)$	-	-
mehrperiodig mit gleichbleibenden X_t	$- \dfrac{Z_0}{\sum\limits_{t=1}^{n} R_t}$	$- \dfrac{Z_0}{\sum\limits_{t=1}^{n} R_t}$	$- \dfrac{Z_0}{\sum\limits_{t=1}^{n} R_t}$
mehrperiodig mit abweichenden X_t	$-Z_0\, \bar{r}_n$	$-Z_0\, \bar{r}_n$	$-Z_0 (1 + \bar{r}_n)$

D.   **Zum Zusammenhang zwischen der Bezeichnung der Nettozahlungsreihe und dem Parameter a_t**

I.   **Einperiodige Nettozahlungsreihen**

Die Zahlung in t_0 sei mit $Z_0 < 0$ fixiert, d.h. A zahlt.[1]
Die Zahlung in t_1 beträgt nach Gleichung (5.18) $Z_1 = a_1$
$(r_1 - \bar{r}_1) + X_1$. Da $X_1 = -Z_0 (1 + \bar{r}_1)$, läßt sich Gleichung
(5.18) umformen in

(5.19) $Z_1 = a_1 (r_1 - \bar{r}_1) - Z_0 (1 + \bar{r}_1)$

In Abhängigkeit von a_1 ergeben sich für Z_1 folgende Werte:

---

[1]   A zahlt, wenn $Z_t < 0$, B zahlt, wenn $Z_t > 0$, und wenn $Z_t = 0$,
erfolgt keine Zahlung, für $t = 0, 1, \ldots, n$.

Tab. 5.7 Zahlungen aus einer einperiodigen Zahlungsreihe in Abhängigkeit von a_1

$$X_1 = -Z_0 (1 + \bar{r}_1)$$

a_1	Z_1	Zusammen mit der Anfangsauszahlung läßt sich die Zahlungsreihe bezeichnen als:
$a_1 < \dfrac{1 + \bar{r}_1}{r^{max} - \bar{r}_1} Z_0$	$Z_1 \geq Z^-$	Off-Market Swap
$\dfrac{1 + \bar{r}_1}{r^{max} - \bar{r}_1} Z_0 \leq a_1 < \dfrac{\bar{r}_1}{r^{max} - \bar{r}_1} Z_0$	$Z_1 \geq 0$	Kredit mit Teilrückzahlung
$\dfrac{\bar{r}_1}{r^{max} - \bar{r}_1} Z_0 \leq a_1 \leq - Z_0$	$Z_1 \geq -Z_0$	Kredit mit voller Rückzahlung
$- Z_0 < a_1 \leq - \dfrac{1 + \bar{r}_1}{\bar{r}_1} Z_0$	$Z_1 \geq 0$	Kredit mit Teilrückzahlung
$a_1 > - \dfrac{1 + \bar{r}_1}{\bar{r}_1} Z_0$	$Z_1 \geq Z^+$	Off-Market Swap

mit

$Z^- \geq a_1 (r^{max} - \bar{r}_1) - Z_0 (1 + \bar{r}_1)$

$Z^+ \geq -a_1 \bar{r}_1 - Z_0 (1 + \bar{r}_1)$

r^{max} ist der maximal erwartete Zinssatz auf einjährige Anlagen.

Wenn $\dfrac{\bar{r}_1}{r^{max} - \bar{r}_1}\, Z_0 \le a_1 \le -Z_0$, erhält A mindestens den von

ihm gezahlten Betrag zurück. Für $a_1 = 0$ ist $Z_1 = -Z_0(1+\bar{r}_1)$
und für $a_1 = -Z_0$ ist $Z_1 = -Z_0(1+r_1)$. Diese Zahlungen in
Verbindung mit der Anfangsauszahlung kennzeichnen einen
festverzinslichen und einen variabel verzinslichen Kre-

dit. Für $\dfrac{\bar{r}_1}{r^{max} - \bar{r}_1}\, Z_0 \le a_1 < 0$ ist $Z_1 = a_1(r_1 - \bar{r}_1) - Z_0(1+\bar{r}_1)$;

eine Zahlung, die mit zunehmendem r_1 abnimmt, kennzeichnet einen Kredit mit „umgekehrter" Verzinsung.

Wenn

$$-Z_0 < a_1 \le -\frac{1+\bar{r}_1}{\bar{r}_1}\, Z_0 \quad \text{oder} \quad \frac{1+\bar{r}_1}{r^{max} - \bar{r}_1}\, Z_0 \le a_1 < \frac{\bar{r}_1}{r^{max} - \bar{r}_1}\, Z_0\,,$$

kann A nicht sicher sein, den von ihm in t_0 gezahlten Betrag von B in t_1 zurückzuerhalten. A selbst muß aber in
t_1 keine Zahlung leisten. Die Mindestzahlung von B ist
kleiner als $-Z_0$. Je geringer die Mindestzahlung, desto
größer ist die Zahlung, wenn $r_1 > \bar{r}_1$ für $a_1 > 0$, oder wenn
$r_1 < \bar{r}_1$ für $a_1 < 0$. Zahlungen in t_1 mit Mindestbeträgen
von $0 \le Z_1^{min} < -Z_0$ lassen sich in Verbindung mit der Anfangsauszahlung als variabel verzinsliche Kredite interpretieren, die zu x % zurückgezahlt werden, mit $0 \le x <$
100. Für den Vorteil, den Kredit nur zu x % zurückzuzah-

len, zahlt der Kreditnehmer das $\dfrac{\left(1 - \dfrac{x}{100}\right) + \bar{r}_1}{\bar{r}_1}$ fache der

bei einem variabel verzinslichen Kredit oder der bei
einem Kredit mit „umgekehrter" Verzinsung fälligen
Zinsen.

Beispiel: Für einen variabel verzinslichen Kredit über 100 setzt sich die Zahlung in t_1 aus der Kreditrückzahlung und der Zinszahlung nach Tabelle 5.8 zusammen. Für den Vorteil, den Kredit nur zu 40 % zurückzuzahlen, leistet B die 8,5-fache Zinszahlung im Vergleich zum variabel verzinslichen Kredit.

Tab. 5.8 Vergleich der Zahlungen aus einem Kredit mit variabler Verzinsung zu den Zahlungen aus einem Kredit mit Teilrückzahlung

Kredit	Zinssatz	r_1			
		0 %	4 %	8 %	12 %
Kredit mit variabler Verzinsung					
Kreditrückzahlung		100	100	100	100
Zinszahlung		0	4	8	12
Gesamtzahlung in t_1		100	104	108	112
Kredit mit Teilrückzahlung					
Kreditrückzahlung (40 %)		40	40	40	40
Zinszahlung (8,5-fache)		0	34	68	102
Gesamtzahlung in t_1		40	74	108	142

Wenn $a_1 > -\dfrac{1 + \bar{r}_1}{\bar{r}_1} Z_0$ oder $a_1 < \dfrac{1 + \bar{r}_1}{r^{max} - \bar{r}_1} Z_0$, kann A nicht

ausschließen, über die Zahlung in t_0 hinaus auch die Zahlung in t_1 leisten zu müssen. A zahlt, wenn

$a_1 > -\dfrac{1 + \bar{r}_1}{\bar{r}_1} Z_0$ und $r_1 < r'$ mit $r' = \dfrac{Z_0}{a_1} (1 + \bar{r}_1) + \bar{r}_1$, oder wenn $a_1 < \dfrac{1 + \bar{r}_1}{r^{max} - \bar{r}_1} \, Z_0$ und $r_1 > r'$. Zahlungsvereinbarungen,

nach denen A in t_0 und möglicherweise auch in t_1 zahlt, kennzeichnen einen Off-Market Swap.[1]

Tabelle 5.9 enthält für eine Zahlung in t_0 von -100, einen Zinssatz auf einjährige Anlagen $\bar{r}_1 = 8$ % und einen maximal erwarteten Zinssatz $r_1^{max} = 12$ % die Zahlungen in t_1 in Abhängigkeit vom Zinssatz r_1 und der Wahl des Parameters a_1.

Tab. 5.9   Beispiel zum Einfluß des Parameters a_1 auf einperiodige Zahlungsreihen

Annahmen:	$Z_0 = -100$; $X_1 = 108$; $\bar{r}_1 = 0{,}08$; $r^{max} = 0{,}12$				
a_1	r_1				Zusammen mit der Anfangsauszahlung läßt sich die Zahlungsreihe bezeichnen als:
	0 %	4 %	8 %	12 %	
-6.750	648	378	108	-162	(5) $r' = 9{,}6$ %
-1.950	264	186	108	30	(4)
-200	124	116	108	100	(3)
0	108	108	108	108	(1)
100	100	104	108	112	(2)
850	40	74	108	142	(4)
4.000	-212	-52	108	268	(5) $r' = 5{,}3$ %

mit

(1)   Kredit mit fester Verzinsung
(2)   Kredit mit variabler Verzinsung
(3)   Kredit mit „umgekehrter" Verzinsung
(4)   Kredit mit Teilrückzahlung
(5)   Off-Market Swap

---

[1]   Durch den Zusatz „Off-Market" soll auf den Unterschied zwischen r' und $\bar{r}_n$ hingewisen werden. In einem Off-Market Swap erfolgt keine Zahlung, wenn $r_t = r'$; in einem Swap erfolgt keine Zahlung, wenn $r_t = \bar{r}_n$.

Je nach Höhe des Parameters a_1 läßt sich eine Zahlungs-reihe mit der Anfangsauszahlung Z_0 < 0 und der Zahlung $Z_1 = a_1 (r_1 - \bar{r}_1) - Z_0 (1 + \bar{r}_1)$ als festverzinslicher Kredit, als variabel verzinslicher Kredit, als Kredit mit „umgekehrter" Verzinsung, als variabel verzinslicher Kredit mit Teilrückzahlung oder als Off-Market Swap interpretieren. Die Bezeichnung der Zahlungsreihe als „Kredit" oder als „Swap" scheint lediglich durch den Parameter a_1 determiniert zu sein.

Wenn keine Anfangsauszahlung erfolgt, d.h. Z_0 = 0, ist auch X_1 = 0 und die Zahlung in t_1 beträgt nach Gleichung (5.18) $Z_1 = a_1 (r_1 - \bar{r}_1)$. Eine Zahlung kann in t_1 nur er-folgen, wenn $a_1 \neq 0$. Damit bleibt nach Tabelle 5.7 nur die Interpretation als Off-Market Swap. Der Zusatz „Off-Market" kann jedoch entfallen, da $r^i = \bar{r}_1$. Eine Zahlungs-reihe mit Z_0 = 0 und $Z_1 = a_1 (r_1 - \bar{r}_1)$ läßt sich als Ein-Jahres-Swap interpretieren und ist vergleichbar mit ei-nem Forward Rate Agreement.[1]

---

[1] Brown und Smith interpretieren ein Forward Rate Agreement als „one-date swap", Brown und Smith (1988), S. 49. Umgekehrt wer-den mehrperiodige Swaps als Bündel von Forward Rate Agreements oder forward contracts interpretiert, siehe u.a. Ritchken (1987), S. 321; Smith, Smithson und Wakeman (1988), S. 37; Brown und Smith (1988), S. 49 und Wall (1989a), S. 261.

Der Systematik halber wird $\bar{r}_1$ nicht durch das Symbol s für die Swap Rate ersetzt; im Swap ist $\bar{r}_1$ = s.

II. Mehrperiodige Nettozahlungsreihen

Auch für mehrjährige Zahlungsreihen lassen sich in Abhängigkeit von a_t unterschiedliche Bezeichnungen feststellen.

1. Mehrperiodige Nettozahlungsreihen mit gleichbleibenden X_t

Die Zahlung in t_0 sei ebenfalls mit $Z_0 < 0$ fixiert. X_t sei $-\dfrac{Z_0}{\sum\limits_{t=1}^{n} R_t}$

und der Einfachheit halber sei a_t = a. Damit läßt sich Gleichung (5.18) umformen in

(5.20)
$$Z_t = a\,(r_t - \bar{r}_n) - \frac{Z_0}{\sum\limits_{t=1}^{n} R_t}$$

In Abhängigkeit von a ergeben sich für Z_t folgende Werte:

Tab. 5.10 Zahlungen aus einer mehrperiodigen Zahlungsreihe mit gleichbleibenden Werten für X_t in Abhängigkeit von a

$$X_t = -Z_0 \ (\Sigma \ R_t)^{-1}$$

a	Z_t	Zusammen mit der Anfangsauszahlung läßt sich die Zahlungsreihe bezeichnen als:
$a < \dfrac{Z_0}{(r^{\text{max}} - \overline{r}_n) \sum\limits_{t=1}^{n} R_t}$	$Z_t \geq Z^-$	Off-Market Swap
$\dfrac{Z_0}{(r^{\text{max}} - \overline{r}_n) \sum\limits_{t=1}^{n} R_t} \leq a < 0$	$Z_t \geq 0$	Annuitätendarlehen mit „umgekehrter" Verzinsung
0	$Z_t = \dfrac{-Z_0}{\sum\limits_{t=1}^{n} R_t}$	Annuitätendarlehen
$0 < a \leq \dfrac{-Z_0}{\overline{r}_n \sum\limits_{t=1}^{n} R_t}$	$Z_t \geq 0$	Annuitätendarlehen mit variabler Verzinsung
$a > \dfrac{-Z_0}{\overline{r}_n \sum\limits_{t=1}^{n} R_t}$	$Z_t \geq Z^+$	Off-Market Swap

mit

$$Z^+ \geq -a\,\overline{r}_n - \frac{Z_0}{\sum\limits_{t=1}^{n} R_t} \quad \text{und} \quad Z^- \geq a\,(r^{\text{max}} - \overline{r}_n) - \frac{Z_0}{\sum\limits_{t=1}^{n} R_t}$$

Wenn a = 0, zahlt B unabhängig von der Zinsentwicklung

einen Betrag in Höhe von jeweils $-\dfrac{Z_0}{\sum\limits_{t=1}^{n} R_t}$. Eine Zahlungs-

reihe mit $Z_0 < 0$ und $Z_t = -\dfrac{Z_0}{\sum\limits_{t=1}^{n} R_t}$ kennzeichnet ein Annui-

tätendarlehen.

Für $0 < a \leq \dfrac{-Z_0}{\bar{r}_n \sum\limits_{t=1}^{n} R_t}$ ist $Z_t \geq -a\,\bar{r}_n - \dfrac{Z_0}{\sum\limits_{t=1}^{n} R_t} \geq 0$. Je größer

der Parameter a gewählt wird, desto kleiner ist die Zahlung, die A mindestens erhält, im für A ungünstigsten
Fall erhält er keine Zahlung. Eine Zahlungsreihe mit

$Z_0 < 0$ und $Z_t = a\,(r_t - \bar{r}_n) - \dfrac{Z_0}{\sum\limits_{t=1}^{n} R_t}$ mit

$0 < a \leq \dfrac{-Z_0}{\bar{r}_n \sum\limits_{t=1}^{n} R_t}$ ließe sich, vielleicht etwas ungewohnt,

als Annuitätendarlehen mit variabler Verzinsung bezeichnen.

Die Zahlung in t ist ebenfalls größer oder gleich null,

wenn $\dfrac{Z_0}{(r^{max} - \bar{r}_n) \sum\limits_{t=1}^{n} R_t} \leq a < 0$. Je kleiner der Parameter a

ist, desto kleiner ist die Zahlung, die A mindestens

erhält. Eine Zahlungsreihe mit $Z_0 < 0$ und

$$Z_t = a\,(r_t - \bar{r}_n) - \frac{Z_0}{\sum\limits_{t=1}^{n} R_t} \quad \text{für} \quad \frac{Z_0}{(r^{\max} - \bar{r}_n)\sum\limits_{t=1}^{n} R_t} \le a < 0 \quad \text{ließe}$$

sich, ebenfalls ungewohnt, als Annuitätendarlehen mit „umgekehrter" Verzinsung bezeichnen.

Wenn $a > \dfrac{-Z_0}{\bar{r}_n \sum\limits_{t=1}^{n} R_t}$ oder $a < \dfrac{Z_0}{(r^{\max} - \bar{r}_n)\sum\limits_{t=1}^{n} R_t}$, besteht die

Möglichkeit, daß A auch in t_1 bis t_n zahlen muß. A zahlt,

wenn $a > \dfrac{-Z_0}{\bar{r}_n \sum\limits_{t=1}^{n} R_t}$ und $r_t < r^i$ mit $r^\bullet = \dfrac{Z_0}{a\sum\limits_{t=1}^{n} R_t} + \bar{r}_n$, oder

wenn $a < \dfrac{Z_0}{(r^{\max} - \bar{r}_n)\sum\limits_{t=1}^{n} R_t}$ und $r_1 > r^i$. Eine Zahlungsreihe

mit $Z_0 < 0$ und $Z_t = a\,(r_t - \bar{r}_n) - \dfrac{Z_0}{\sum\limits_{t=1}^{n} R_t}$ für $a > \dfrac{-Z_0}{\bar{r}_n \sum\limits_{t=1}^{n} R_t}$ oder

$a < \dfrac{Z_0}{(r^{\max} - \bar{r}_n)\sum\limits_{t=1}^{n} R_t}$, läßt sich als Off-Market Swap be-

zeichnen.

Tabelle 5.11 enthält für $Z_0 = -100$, $X_1, \ldots, X_5 = 25,05$, $\bar{r}_5 = 8$ % und $r^{\max} = 12$ % die Zahlungen in t_1 bis t_5 in Abhängigkeit vom Zinssatz r_t und vom Parameter a.

Tab. 5.11 Beispiel zum Einfluß des Parameters a auf mehrperiodige Zahlungsreihen mit gleichbleibenden X_t

Annahmen: $Z_0 = -100$; $X_1, \ldots, X_5 = 25,05$;
$\bar{r}_5 = 0,08$; $r^{max} = 0,12$

a	r_t				Zusammen mit der Anfangsauszahlung läßt sich die Zahlungsreihe bezeichnen als:
	0 %	4 %	8 %	12 %	
-1.000	105,05	65,05	25,05	-14,95	(4) $r' = 10,5$ %
-500	65,05	45,05	25,05	5,05	(3)
0	25,05	25,05	25,05	25,05	(1)
250	5,05	15,05	25,05	35,05	(2)
500	-14,95	5,05	25,05	45,05	(4) $r' = 3,0$ %

mit

(1)   Annuitätendarlehen
(2)   Annuitätendarlehen mit variabler Verzinsung
(3)   Annuitätendarlehen mit „umgekehrter" Verzinsung
(4)   Off-Market Swap

Auch für mehrjährige Zahlungsreihen scheint die Bezeichnung „Kredit", hier: Annuitätendarlehen, oder „Swap" lediglich durch den Parameter a determiniert zu sein.

Wenn keine Anfangsauszahlung erfolgt, d.h. $Z_0 = 0$, und wenn $X_t = 0$, ist $Z_t = a (r_t - \bar{r}_n)$. Zahlungen können in t_1 bis t_n nur erfolgen, wenn a ≠ 0. Damit bleibt nach Tabelle 5.10 nur die Interpretation als Off-Market Swap. Der Zusatz „Off-Market" kann entfallen, da $r' = \bar{r}_n$.

2. Mehrperiodige Nettozahlungsreihen mit abweichenden X_t

Für mehrjährige Zahlungsreihen mit $X_1, \ldots, X_{n-1} = -Z_0 \, \bar{r}_n$ und $X_n = -Z_0 \, (1 + \bar{r}_n)$ ergeben sich nach Gleichung (5.18) durch Variation des Parameters a folgende Zahlungen in t_1 bis t_n:[1]

Tab. 5.12 Zahlungen aus einer mehrperiodigen Zahlungsreihe mit abweichenden Werten für X_t in Abhängigkeit von a

$X_1, \ldots, X_{n-1} = -Z_0 \, \bar{r}_n;$		$X_n = -Z_0 \, (1 + \bar{r}_n)$	
a	$Z_1, \ldots, Z_{n-1}$	Z_n	
$< \dfrac{Z_0 \, \bar{r}_n}{r^{max} - \bar{r}_n}$	$a \, (r_t - r')$ [1]	$a \, (r_t - r') - Z_0$ [1]	(4)
$\dfrac{Z_0 \, \bar{r}_n}{r^{max} - \bar{r}_n} \leq a < 0$	$a(r_t - \bar{r}_n) - Z_0 \, \bar{r}_n$	$a(r_t - \bar{r}_n) - Z_0 \, (1 + \bar{r}_n)$	(3)
0	$- Z_0 \, \bar{r}_n$	$- Z_0 \, (1 + \bar{r}_n)$	(1)
$- Z_0$	$- Z_0 \, r_t$	$- Z_0 \, (1 + r_n)$	(2)
$> - Z_0$	$a \, (r_t - r')$ [1]	$a \, (r_t - r') - Z_0$ [1]	(4)

$$^1 \text{ mit } \quad r^\bullet = \bar{r}_n \left(1 + \frac{Z_0}{a} \right)$$

(1)	Kupon-Anleihe	(2)	Floating Rate Note
(3)	Reverse Floater	(4)	Off-Market Swap

---

[1]   Der Einfachheit halber sei $a_t = a$.

Die Zahlungsreihen entsprechen denen einer Kupon-Anleihe, einer Floating Rate Note, eines Reverse Floaters oder eines Off-Market Swaps. Die Zahlungsreihen eines Off-Market Swaps ließen sich weiterhin danach unterteilen, ob A möglicherweise auch in t_1 bis t_{n-1} oder in t_1 bis t_n zahlen muß.

Tabelle 5.13 enthält für $Z_0 = -100$, X_1, ..., $X_{n-1} = 8$, $X_n = 108$, $\bar{r}_5 = 8$ % und $r^{max} = 12$ % die Zahlungen in t_1 bis t_5 in Abhängigkeit vom Zinssatz r_t und vom Parameter a.

Tab. 5.13 Beispiel zum Einfluß des Parameters a auf mehrperiodige Zahlungsreihen mit abweichenden X_t

Annahmen:	$Z_0 = -100$; X_1, ..., $X_{n-1} = 8$; $X_n = 108$
	$\bar{r}_n = 0{,}08$; $r^{max} = 0{,}12$

Zahlung in	a	$r_1 - r_n$				
		0 %	4 %	8 %	12 %	
t_1, ..., t_{n-1}	-5.000	408	208	8	-192	(4b)
	-500	48	28	8	-12	(4a)
	-200	24	16	8	0	(3)
	0	8	8	8	8	(1)
	100	0	4	8	12	(2)
	1.000	-72	-32	8	48	(4a)
	2.000	-152	-72	8	88	(4b)
t_n	-5.000	508	308	108	-92	(4b)
	-500	148	128	108	88	(4a)
	-200	124	116	108	100	(3)
	0	108	108	108	108	(1)
	100	100	104	108	112	(2)
	1.000	28	68	108	148	(4a)
	2.000	-52	28	108	188	(4b)

mit   (1)   Kupon-Anleihe
      (2)   Floating Rate Note
      (3)   Reverse Floater
      (4a) Off-Market Swap mit möglichen Zahlungen für A in t_1 bis t_{n-1}
      (4b) Off-Market Swap mit möglichen Zahlungen für A in t_1 bis t_n

Wenn keine Anfangsauszahlung erfolgt, d.h. $Z_0 = 0$, und wenn $X_t = 0$, ist $Z_t = a$ $(r_t - \bar{r}_n)$. Zahlungen können in t_1 bis t_n nur erfolgen, wenn $a \neq 0$. Damit bleibt nach Tabelle 5.12 nur die Interpretation als Off-Market Swap. Der Zusatz „Off-Market" kann entfallen, da $r' = \bar{r}_n$.

E. Finanzswap

Die bisherigen Ausführungen haben gezeigt, daß sich die Zahlungsstruktur eines Swaps nicht von der Zahlungsstruktur eines Kredites unterscheidet. In beiden Fällen liegt ein Austausch barwertgleicher Zahlungsreihen vor. Der Verfasser schlägt daher vor, Kredite und Swaps gleichermaßen als „Finanzswaps" zu betrachten. Entscheidend ist, daß folgende Bedingungen erfüllt sind:

$$Z_0 + \sum_{t=1}^{n} \bar{Z}_t R_t = 0$$

mit

$$\bar{Z}_t = a_t (I_t - \bar{r}_n) + X_t$$

und

$$Z_t^{min} \leq a_t (r_t - \bar{r}_n) + X_t \leq Z_t^{max}.[1]$$

Z_t^{min} und Z_t^{max} sind die Beträge, die A oder B in t mindestens oder höchstens zu zahlen bereit sind:

$$
Z_t^{min} = \begin{cases} \leq 0 & \text{Betrag, den A maximal in t zu zahlen bereit ist} \\ \geq 0 & \text{Betrag, den B mindestens in t zu zahlen bereit ist} \end{cases}
$$

$$
Z_t^{max} = \begin{cases} \leq 0 & \text{Betrag, den A mindestens in t zu zahlen bereit ist} \\ \geq 0 & \text{Betrag, den B maximal in t zu zahlen bereit ist} \end{cases}
$$

---

[1] $t = 1, \ldots, n$.

Von den Grenzen Z_t^{min} und Z_t^{max} hängt die Wahl der Parameter a_t und X_t ab. Je kleiner die Differenz zwischen Z_t^{min} und Z_t^{max} ist, desto kleiner ist auch der Parameter a_t. Die Werte für X_t liegen ebenfalls innerhalb der Grenzen von Z_t^{min} und Z_t^{max}.

Wird a_t so gewählt, daß Z_t innerhalb der Grenzen von Z_t^{min} und Z_t^{max} größer oder kleiner null sein kann, wird die Zahlungsreihe üblicherweise als Swap oder als Off-Market Swap bezeichnet. Wird a_t so gewählt, daß Z_t innerhalb der Grenzen von Z_t^{min} und Z_t^{max} größer oder gleich null sein kann, wird die Zahlungsreihe üblicherweise nicht als Swap bezeichnet.[1]

Für welchen Finanzswap sich die Vertragspartner entscheiden, hängt von ihren individuellen Bedürfnissen und Möglichkeiten ab.

Wenn B bereit ist, in t_1 bis t_n jeweils maximal 225 zu zahlen, könnte B einen Off-Market Swap über 5000 und einer Swap Rate von $r^t = 7,5\ \%$ abschließen.[2] Im Gegenzug müßte A in der Lage sein, in t_1 bis t_n jeweils maximal 375 zu zahlen und in t_0 zusätzlich 100 zahlen. Wenn A in t_0 nicht zur Zahlung bereit ist und in t_1 bis t_n jeweils nur maximal 224 zahlen kann, könnte B mit A einen Swap über 2.800 und einer Swap Rate von $\bar{r}_n = 8\ \%$ vereinbaren. Wenn B in t_1 bis t_{n-1} nur maximal 8 oder 12 und in t_n nur maximal 108 oder 112 zahlen kann, könnte B dem Vertragspartner A eine Vereinbarung über einen festverzinslichen Kredit zu 8 % oder über einen variabel verzinslichen Kredit über eine Kreditsumme von jeweils 100 vorschlagen, die A in t_0 zu zahlen bereit sein müßte.

---

[1] Als Ausnahme ließe sich der Zero-Coupon Swap (Typ B) ansehen; zum Zero-Coupon Swap (Typ B) siehe S. 216.

[2] Es wird angenommen, daß $\bar{r}_n = 0,08$ und $r^{max} = 0,12$.

Vergleicht man die Kreditsummen und die Swapvolumina, so
läßt sich feststellen, daß sich die Kreditsummen des
festverzinslichen und des variabel verzinslichen Kredites auf die Anfangsauszahlung in t_0 beziehen, die Swapvolumina hingegen auf den Parameter a.

Eine Swapvereinbarung kann ex post auch als Kreditver-
einbarung betrachtet werden. Angenommen, die tatsächliche Zinsentwicklung entspricht den in der Swap Rate für
einen 5-Jahres-Swap von 5,8752 % enthaltenen Forward
Rates von I_1 = 4 %, I_2 = 5 %, I_3 = 6 %, I_4 = 7 % und
I_5 = 8 %. Damit zahlt der Festzinszahler bei einem Swapvolumen von 100 in t_1 1,8752, in t_2 0,8752 und erhält in
t_3 0,1248, in t_4 1,1248 und in t_5 2,1248. Diese Zahlungsreihe entspricht einem Kredit über insgesamt 2,7504, der
in zwei Tranchen ausgezahlt und in drei unterschiedlichen Beträgen zurückgezahlt wird. Trotz dieser möglichen
Zinsentwicklung sind Zinsswaps „... nicht als Kredite
nach **§ 19 Abs. 1 Satz 1 Nr. 3 KWG** anzusehen, da bei
ihnen keine Partei Vorleistungen in einem Ausmaß er-
bringt, das die Annahme eines Kreditverhältnisses rechtfertigen könnte."[1]

---

[1] Bundesaufsichtsamt für das Kreditwesen, Erläuterungen zur Bekanntmachung über die Änderung und Ergänzung der Grundsätze I
und Ia vom 15. Mai 1990, abgedruckt in: Consbruch, Möller,
Bähre und Schneider, Kreditwesengesetz, 3.01, S. 11[1].

Schlußbetrachtung

Der Markt für Kapitalmarkt-Swaps ist in den vergangenen
Jahren ständig größer geworden und ein Ende des Wachs-
tums ist bislang nicht abzusehen. Auf die Zinsswaps entfallen in der Bundesrepublik Deutschland über 80 % und
weltweit über 70 % aller Kapitalmarkt-Swaps.

Die in der Anfangszeit des Swapmarktes häufig geäußerte
Behauptung, mit Swaps ließen sich Finanzierungskosten
durch Ausnutzung komparativer Kostenvorteile senken,
hält einer näheren Überprüfung nicht stand. Die unter-
stellte Analogie der Swaps zu Ricardos Theorem der komparativen Kosten ist nur scheinbar vorhanden. Komparative Vorteile kann es auf Finanzmärkten, auf denen sich
jeweils nur ein Marktzins herausbildet, nicht geben. Unterschiedliche Zinssatzdifferenzen, die einen Hinweis
auf komparative Kostenvorteile geben sollten, lassen
sich eher mit unterschiedlichen Bonitäten der Swappartner und unterschiedlichen Qualitäten der Finanzierungsmittel (z.B. kurz- und langfristige) erklären als mit
ineffizienten Märkten.[1]

Der Eindruck, es handele sich beim Swap um ein Subsidi-
ärgeschäft, das dem Austausch von Zinszahlungen aus einem vorangegangenen Grundgeschäft dient, sollte nicht
entstehen. Vielmehr ist der Swap ein eigenständiges Geschäft, das unabhängig von anderen Geschäften abgeschlossen wird. Der Erfolg eines Swaps resultiert aus

---

[1] Zur Theorie der effizienten Kapitalmärkte siehe Copeland und
Weston (1988), S. 330-356.

der Swapvereinbarung selbst und nicht aus der Verbindung mit anderen „Grundgeschäften".[1]

Swaps erweisen sich als ein geeignetes Instrument zur Spekulation, wenn Swappartner höhere oder niedrigere Zinsen als der Markt erwarten, und zur Absicherung gegen Zinsrisiken. Nach dem Duration-Konzept ist ein Investor vor Marktwertverlusten seines Portefeuilles aufgrund unerwarteter Zinsänderungen geschützt, wenn die durchschnittliche Duration der Aktiva mit seiner Planperiode übereinstimmt. Ist das Portefeuille ganz oder teilweise fremdfinanziert, sollte auch die durchschnittliche Duration der Passiva berücksichtigt werden.

Für einen Zinsswap, der ohne Einsatz finanzieller Mittel vereinbart werden kann, läßt sich eine durchschnittliche Bindungsdauer sinnvollerweise nicht ermitteln. Ersatzweise läßt sich ein Zinsswap aber als Emission eines Finanztitels interpretieren, dessen Emissionserlös gleichzeitig in einen Finanztitel mit einer abweichenden Zinsbindungsfrist angelegt wird. Mit den Durationen dieser imaginären Finanztitel läßt sich das zur Immunisierung erforderliche Swapvolumen bestimmen.

Ohne den Einsatz von Zinsswaps könnte ein Kreditinstitut sein Zinsrisiko durch eine entsprechende Kredit- und Einlagenpolitik steuern. Wenn das Kreditinstitut feststellt, daß die durchschnittliche Duration der Aktiva länger als die durchschnittliche Duration der Passiva ist, könnte es beispielsweise seine kürzerfristigen Verbindlichkeiten zu Gunsten der längerfristigen reduzieren. Kürzerfristige Passiva durch längerfristige zu ersetzen, setzt jedoch eine entsprechende Nachfrage voraus. Wenn die Kundschaft das Angebot nicht annimmt, sind

---

[1] Wenn sich mit Swaps Finanzierungskosten tatsächlich senken ließen, müßte die Ersparnis für beide Swappartner ausschließlich aus dem Swap resultieren.

der angestrebten Ausweitung der durchschnittlichen Duration der Passiva Grenzen gesetzt.[1]

Alternativ könnte das Kreditinstitut den Abschluß einer Zinsswapvereinbarung anbieten. Die potentiellen Vertragspartner wären allerdings nicht mehr die Kreditnehmer oder die Emittenten am Kapitalmarkt; diese Klientel ist an sofortigen Einzahlungen interessiert und an Zins- und Tilgungszahlungen, die ihren finanziellen Möglichkeiten Rechnung tragen. Für sie kann ein Zinsswap nicht in Betracht kommen. Vertragspartner eines Zinsswaps sind grundsätzlich nicht an der Aufnahme oder Anlage finanzieller Mittel interessiert; sie könnten einen Zinsswap ebenfalls im Zinsrisikomanagement einsetzen.

Bei näherer Betrachtung lassen sich Swaps und Kredite gleichermaßen als Austausch barwertgleicher Zahlungsreihen interpretieren, deren Zahlungen sich aus der Gleichung $Z_t = a (r_t - \bar{r}_n) + X_t$ ergeben. Sie unterscheiden sich lediglich in den Parametern a und X_t. Der Parameter a wird bei Swaps grundsätzlich so gewählt, daß bei Vertragsabschluß nicht sicher ist, ob A oder B in einem Zahlungszeitpunkt Nettozahler ist. Bei Krediten hingegen ist bereits bei Vertragsabschluß vereinbart, daß zunächst der Kreditgeber und anschließend der Kreditnehmer zahlen soll.[2]

---

[1] Daneben könnten sich Begrenzungen durch die Liquiditätsgrundsätze II und III ergeben; siehe Bundesaufsichtsamt für das Kreditwesen, Liquiditätsgrundsätze II und III, abgedruckt in: Consbruch, Möller, Bähre und Schneider, Kreditwesengesetz, 3.01, S. 1f[1] - 1g[1].

[2] Da Kredite und Swaps die gleiche Zahlungsstruktur aufweisen, stellt sich die Frage, warum nur Swaps mit der Ausnutzung komparativer Vorteile in Verbindung gebracht wurden, Kredite hingegen nicht.

Von der Wahl des Parameters a scheint es abzuhängen, ob
sich die Zahlungsvereinbarung bilanziell auswirkt oder
bilanzunwirksam bleibt. Bilanzunwirksam sind die Vereinbarungen, bei denen den Vertragspartnern bei Vertragsabschluß bekannt ist, wann jeder einzelne von ihnen zahlen
muß. Herrscht bei Vertragsabschluß Unklarheit darüber,
ob der eine oder der andere Vertragspartner zu einem bestimmten Zeitpunkt zahlen muß, sind die Vereinbarungen
regelmäßig bilanzunwirksam. Wenn ein Vertragspartner in
einem oder mehreren Zahlungszeitpunkten nur mit geringer
Wahrscheinlichkeit Nettozahler ist, könnte die Zuordnung
zu bilanzwirksamen und bilanzunwirksamen Vereinbarungen
problematisch sein.

Übereinstimmung zwischen Krediten und Swaps gibt es auch
in der Beurteilung ihres Risikos: in beiden Fällen kann
der Vertragspartner ausfallen und seiner Zahlungsverpflichtung nicht nachkommen. Vor Nettoverlusten kann
sich der Kreditgeber oder Swappartner jedoch schützen,
wenn er sein Kredit- oder Swapportefeuille hinreichend
diversifiziert und eine angemessene Risikoprämie vereinbart. Die grundsätzliche Übereinstimmung zwischen Swaps
und Krediten lassen es als sachgerecht erscheinen, sie
beide unter der Bezeichnung Finanzswap zu subsumieren.

Wenn der Emittent von Fremdfinanzierungstiteln an einer
von ihm erwarteten Verbesserung seiner Bonität partizi-
pieren möchte, kann er das meist nur durch eine kurzfri-
stig revolvierende Finanzierung, nicht aber mit länger-
laufenden Festzinstiteln erreichen. Gegen steigende
Marktzinssätze kann er sich durch einen Zinsswap absichern, in dem er Festzinszahler ist. Er begibt also ohne
Zinsrisiko kurzfristige Titel, deren Risikoprämien sich
im Zeitablauf verringern, wenn die Bonitätsverbesserung
tatsächlich eintritt.

Der Reiz des Zinsswaps als Absicherungsinstrument gegen
Zinsrisiken beruht auf:

1. Es lassen sich durch individuelle Festlegung der
   Parameter Laufzeit, Betrag, Zahlungszeitpunkte,
   Festzinssatz (z.b. beim Off-Market Swap mit Ausgleichszahlung) für das Risikomanagement maßge-
   schneiderte Vereinbarungen treffen, die Transaktionskosten sparen helfen und bestehende Geschäfts-
   strukturen unangetastet lassen.

2. Der Zinsswap hat als "Off-balance"-Instrument keine
   bilanziellen Auswirkungen.

3. Es werden keine Einschüsse oder Nachschüsse erwartet.

4. Durch die jederzeitige Möglichkeit, einen weiteren
   Swap seiner eigenen Position entsprechend abzu-
   schließen, scheint ein Sekundärmarkt für Zinsswaps
   entbehrlich.

5. Weil sie eine einfache Absicherung gegen Zinsrisiken erlauben, erleichtern Zinsswaps Strategien, mit
   denen sich Vorteile aus Bonitätsveränderungen ziehen lassen.

Zukünftige Zinsschwankungen vorausgesetzt, hält der Verfasser ein weiteres Wachstum des Zinsswapmarktes für
möglich und wahrscheinlich.

Anhang

A. Endwert eines Finanztitels nach Zinsänderung

Die Gleichung

(A.1)
$$P_m = \sum_{t=1}^{n} C_t \, q^{m-t}$$

läßt sich umformen in

(A.2)
$$P_m = C_1 q^{m-1} + C_2 q^{m-2} + \ldots + C_n q^{m-n} \, .$$

Für $C_t = c \, \dfrac{P_0}{K_0}$ mit $t = 1, \ldots, n-1$ und $C_n = (1+c) \, \dfrac{P_0}{K_0}$

      mit   c   = Kupon

            P_0 = Marktwert der Anleihe in t_0

            K_0 = Kurs der Anleihe in t_0

            P_0/K_0 = Nennwert der Anleihe in t_0

            C_t = Zahlung aus der Anleihe nach t Jahren,

läßt sich Gleichung (A.2) umformen in

(A.3)
$$P_m = q^m \, \frac{P_0}{K_0} \, [c \, (q^{-1} + q^{-2} + \ldots + q^{-n}) + q^{-n}] \, .$$

Die Summe

(A.4)
$$S = q^{-1} + q^{-2} + \ldots + q^{-n}$$

ergibt nach Division durch q

(A.5) $$S q^{-1} = q^{-2} + \ldots + q^{-n} + q^{-n-1} .$$

Subtrahiert man (A.5) von (A.4), folgt

(A.6) $$S \left(1 - \frac{1}{q} \right) = \frac{1}{q} \left(1 - \frac{1}{q^n} \right) .$$

Da $q - 1 = I$, läßt sich $(1 - q^{-1})$ umformen in Iq^{-1} und für S ergibt sich

(A.7) $$S = \frac{1 - q^{-n}}{I} .$$

Dieser Ausdruck, eingesetzt in (A.3), führt zu

(A.8) $$P_m = q^m \frac{P_0}{K_0} \left(c \ \frac{1 - q^{-n}}{I} + \frac{1}{q^n} \right) .$$

Da

(A.9) $$K_0 = c \ \frac{1 - q^{-n}}{I} + \frac{1}{q^n} ,$$

vereinfacht sich Gleichung (A.8) zu

(A.10) $$P_m = P_0 \ q^m .$$

Analog läßt sich die Gleichung

(A.11) $$P_m^* = \sum_{t=1}^{n} C_t \ (q + \varepsilon)^{m-t}$$

umformen in

(A.12) $\qquad P_m^* = (q+e)^m \dfrac{P_0}{K_0} \left(c \, \dfrac{1 - (q+e)^{-n}}{I+e} + \dfrac{1}{(q+e)^n} \right) .$

Da

(A.13) $\qquad K_0^* = c \, \dfrac{1 - (q+e)^{-n}}{I+e} + \dfrac{1}{(q+e)^n} ,$

läßt sich Gleichung (A.12) umformen in

(A.14) $\qquad P_m^* = \dfrac{P_0}{K_0} K_0^* (q+e)^m .$

B. **Erste Ableitung der Funktion P_m' - P_m nach ε**

(B.1) $P_m^* - P_m = (q+\varepsilon)^m P_0 \dfrac{K_0^*}{K_0} - P_0 q^m$

mit

(B.2) $K_0 = c \dfrac{1-q^{-n}}{I} + \dfrac{1}{q^n}$

und

(B.3) $K_0^* = c \dfrac{1-(q+\varepsilon)^{-n}}{I+\varepsilon} + \dfrac{1}{(q+\varepsilon)^n}$

(B.4) $P_m^* - P_m = (q+\varepsilon)^m \dfrac{P_0}{K_0}\left(c \dfrac{1-(q+\varepsilon)^{-n}}{I+\varepsilon} + \dfrac{1}{(q+\varepsilon)^n}\right) - P_0 q^m$

$= \dfrac{P_0}{K_0}\left(\dfrac{c(q+\varepsilon)^m}{I+\varepsilon} - \dfrac{c(q+\varepsilon)^{m-n}}{I+\varepsilon} + (q+\varepsilon)^{m-n}\right) - P_0 q^m$

(B.5) $\dfrac{\partial(P_m^* - P_m)}{\partial\varepsilon_{(\varepsilon=0)}} = \dfrac{P_0}{K_0}\left(\dfrac{mcq^{m-1}}{I} - \dfrac{cq^m}{I^2} - \dfrac{c(m-n)q^{m-n-1}}{I}\right.$

$\left. + \dfrac{cq^{m-n}}{I^2} + (m-n)q^{m-n-1}\right)$

$$= q^{m-1} \frac{P_0}{K_0} \left(m\frac{c}{I} - \frac{c}{I^2} q - (m-n) \frac{c}{I} q^{-n} + \frac{c}{I^2} q^{-n+1} + (m-n) q^{-n} \right)$$

$$= q^{m-1} \frac{P_0}{K_0} \left(m\frac{c}{I} - \frac{cq - cq^{-n+1}}{I^2} - \frac{c(m-n)}{Iq^n} + \frac{m-n}{q^n} \right)$$

$$= q^{m-1} \frac{P_0}{K_0} \left(m\frac{c}{I} - \frac{c}{I} \frac{q - q^{-n+1}}{I} - \frac{c}{I} \frac{m-n}{q^n} + \frac{m-n}{q^n} \right)$$

$$= q^{m-1} \frac{P_0}{K_0} \left(\frac{c}{I} \left(m - q \frac{1 - q^{-n}}{I} \right) + \left(1 - \frac{c}{I} \right) \frac{m-n}{q^n} \right)$$

$$= q^{m-1} \frac{P_0}{c\dfrac{1 - q^{-n}}{I} + \dfrac{1}{q^n}} \left(\frac{c}{I} \left(m - q \frac{1 - q^{-n}}{I} \right) + \left(1 - \frac{c}{I} \right) \frac{m-n}{q^n} \right)$$

$$= q^{m-1} \frac{P_0}{c\dfrac{1 - q^{-n}}{I} + \dfrac{1}{q^n}} \left(m \left(\frac{c}{I} - \frac{c}{Iq^n} + \frac{1}{q^n} \right) - q\frac{c}{I} \frac{1 - q^{-n}}{I} + n \left(\frac{c}{Iq^n} - \frac{1}{q^n} \right) \right)$$

$$= q^{m-1} \frac{P_0}{c\dfrac{1 - q^{-n}}{I} + \dfrac{1}{q^n}} \left(m \left(c\frac{1 - q^{-n}}{I} + \frac{1}{q^n} \right) + \frac{1}{q^n} \frac{c}{I} \left(-q\frac{q^{n} - 1}{I} + n \left(1 - \frac{I}{c} \right) \right) \right)$$

Da

$$(B.6) \quad \frac{\frac{1}{q^n} \frac{c}{I}}{c \frac{1-q^{-n}}{I} + \frac{1}{q^n}} = \frac{\frac{1}{q^n} \frac{c}{I}}{\frac{cq^n - c + I}{Iq^n}} = \frac{c}{cq^n - c + I} = \frac{1}{q^n - 1 + \frac{I}{c}} \ ,$$

läßt sich (B.5) vereinfachen zu

$$(B.7) \quad \frac{\partial(P_m^* - P_m)}{\partial e_{(e=0)}} = q^{m-1} P_0 \left(m - \frac{q \frac{q^n - 1}{I} - n\left(1 - \frac{I}{c}\right)}{q^n - 1 + \frac{I}{c}} \right) .$$

Da

$$(B.8) \quad \frac{q \frac{q^n - 1}{I} - n\left(1 - \frac{I}{c}\right)}{q^n - 1 + \frac{I}{c}} = D \ , \quad [1]$$

läßt sich (B.7) weiter vereinfachen zu

$$(B.9) \quad \frac{\partial(P_m^* - P_m)}{\partial e_{(e=0)}} = q^{m-1} P_0 \ (m - D) \ .$$

---

[1] Zur Herleitung von D siehe Anhang C.

C. Umformung der Kennzahl D

Die Kennzahl

(C.1)
$$D = \frac{\sum_{t=1}^{n} t\, C_t (1+I)^{-t}}{\sum_{t=1}^{n} C_t (1+I)^{-t}}$$

enthält die beiden Summenausdrücke

(C.2)
$$S_1 = \sum_{t=1}^{n} t\, C_t (1+I)^{-t}$$

und

(C.3)
$$S_2 = \sum_{t=1}^{n} C_t (1+I)^{-t} \, .$$

Wenn $C_t = c$, $C_n = 1 + c$ und $1 + I = q$ für $t = 1, \ldots, n-1$, läßt sich S_1 umformen in

(C.4)
$$S_1 = c \sum_{t=1}^{n} t\, q^{-t} + n\, q^{-n} \, .$$

Nach Division durch q ergibt sich

(C.5)
$$S_1\, q^{-1} = c \sum_{t=1}^{n} t\, q^{-t-1} + n\, q^{-n-1} \, .$$

Subtrahiert man (C.5) von (C.4), folgt

$$(C.6) \qquad S_1 (1-q^{-1}) = c \sum_{t=1}^{n} q^{-t} + n\, q^{-n-1} (I-c) \; .$$

In Gleichung (C.6) ist ein Summenausdruck enthalten, der sich nach gleicher Vorgehensweise eliminieren läßt:

$$(C.7) \qquad S_1^* = c \sum_{t=1}^{n} q^{-t}$$

$$(C.8) \qquad S_1^* \, q^{-1} = c \sum_{t=1}^{n} q^{-t-1}$$

$$(C.9) \qquad S_1^* (1-q^{-1}) = c\, q^{-1} (1-q^{-n})$$

$$(C.10) \qquad S_1^* = c\, \frac{q^n - 1}{q^n\, I}$$

Setzt man (C.10) in (C.6) ein, ergibt sich nach Umformung

$$(C.11) \qquad S_1 = \frac{c\, \dfrac{q^n-1}{q^n\, I} + n\, q^{-n-1}\,(I-c)}{1-q^{-1}}$$

Der zweite Summenausdruck

$$(C.12) \qquad S_2 = \sum_{t=1}^{n} C_t (1+I)^{-t}$$

läßt sich umformen in

(C.13)
$$S_2 = c \sum_{t=1}^{n} q^{-t} + q^{-n}$$

(C.14)
$$S_2 \, q^{-1} = c \sum_{t=1}^{n} q^{-t-1} + q^{-n-1}$$

(C.15)
$$S_2 \, (1-q^{-1}) = c \, q^{-1}(1-q^{-n}) + q^{-n}(1-q^{-1})$$

(C.16)
$$S_2 = c \, \frac{q^n - 1}{q^n \, I} + q^{-n}$$

(C.17)
$$\frac{S_1}{S_2} = \frac{c \, \frac{q^{n}-1}{q^n \, I} + n \, q^{-n-1}(I-c)}{1 - q^{-1}} \cdot \frac{q^n \, I}{c \, (q^n-1) + I}$$

$$= \frac{c \, (q^n-1) + (I-c) \, I n q^{-1}}{c \, (q^n - q^{n-1}) + (I-c) \, (1-q^{-1})}$$

$$= \frac{q^n - 1 + \left(\frac{I}{c}-1\right) I n q^{-1}}{q^n - q^{n-1} + \left(\frac{I}{c}-1\right)(1 - q^{-1})}$$

$$= \frac{q \, \frac{q^n - 1}{I} - n\left(1 - \frac{I}{c}\right)}{\frac{q^{n+1} - q^n}{I} + \left(\frac{q}{c} - \frac{q}{I}\right)\left(1 - \frac{1}{q}\right)}$$

$$= \frac{q \, \frac{q^n - 1}{I} - n\left(1 - \frac{I}{c}\right)}{\frac{q^n}{I}(q-1) + \frac{q}{c} - \frac{1}{c} - \frac{q}{I} + \frac{1}{I}}$$

$$= \frac{q \frac{q^n - 1}{I} - n\left(1 - \frac{I}{c}\right)}{q^n - 1 + \frac{I}{c}}$$

(C.18)
$$D = \frac{S_1}{S_2} = \frac{q \frac{q^n - 1}{I} - n\left(1 - \frac{I}{c}\right)}{q^n - 1 + \frac{I}{c}}$$

D.   Zweite Ableitung der Funktion $P_{\mathfrak{n}}{}^{\iota} - P_{\mathfrak{n}}$ nach ε

(D.1)

$$\frac{\partial (P_{\mathfrak{m}}^{\bullet} - P_{\mathfrak{m}})}{\partial e} =$$

$$\frac{P_0}{K_0} \left(\frac{mc(q+e)^{\mathfrak{m}-1}}{I+e} - \frac{c(q+e)^{\mathfrak{m}}}{(I+e)^2} - \frac{c(m-n)(q+e)^{\mathfrak{m}-n-1}}{I+e} \right.$$

$$\left. + \frac{c(q+e)^{\mathfrak{m}-n}}{(I+e)^2} + (m-n)(q+e)^{\mathfrak{m}-n-1} \right)$$

(D.2)

$$\frac{\partial^2 (P_{\mathfrak{m}}^{\bullet} - P_{\mathfrak{m}})}{\partial e^2_{(\mathfrak{e}=0)}} =$$

$$\frac{P_0}{K_0} \left(\frac{m(m-1)cq^{\mathfrak{m}-2}}{I} - \frac{mcq^{\mathfrak{m}-1}}{I^2} - \frac{mcq^{\mathfrak{m}-1}}{I^2} + \frac{2cq^{\mathfrak{m}}}{I^3} \right.$$

$$- \frac{c(m-n)(m-n-1)q^{\mathfrak{m}-n-2}}{I} + \frac{c(m-n)q^{\mathfrak{m}-n-1}}{I^2}$$

$$\left. + \frac{c(m-n)q^{\mathfrak{m}-n-1}}{I^2} - \frac{2cq^{\mathfrak{m}-n}}{I^3} + (m-n)(m-n-1)q^{\mathfrak{m}-n-2} \right)$$

$$= \frac{q^{\mathfrak{m}-1}}{I^2} \frac{P_0}{K_0} \ (m(m-1) \ cIq^{-1} - mc - mc$$

$$+ 2\frac{c}{I}q - cI(m-n)(m-n-1)q^{-n-1}$$

$$+ c(m-n)q^{-n} + c(m-n)q^{-n}$$

$$- 2\frac{c}{I}q^{-n+1} + I^2(m-n)(m-n-1)q^{-n-1})$$

$$= \frac{q^{m-1}}{I^2} \frac{P_0}{K_0} \left((m-n)(m-n-1) q^{-n-1} (I^2 - cI) \right.$$
$$+ 2c(m-n) q^{-n} - 2cm + 2\frac{c}{I} q (1-q^{-n}) + m(m-1) cIq^{-1})$$

$$= \frac{q^{m-1}}{I^2} \frac{P_0}{K_0} \left((m-n)(m-n-1) q^{-n-1} (I^2 - cI) \right.$$
$$+ 2 (\frac{c}{I} q - cm)(1-q^{-n}) - 2cnq^{-n} + m(m-1) cIq^{-1}) \quad .$$

Da

(D.3) $\qquad K_0 = c \frac{1-q^{-n}}{I} + \frac{1}{q^n}$,

läßt sich (D.2) umformen in

$$\frac{\partial^2 (P_m^* - P_m)}{\partial e_{(\varepsilon = 0)}^2} =$$

(D.4) $\qquad P_0 \frac{q^{m+n-1}}{I(cq^n - c + I)} \left((m-n)(m-n-1) q^{-n-1} (I^2 - cI) \right.$

$$+ 2 (\frac{c}{I} q - cm)(1-q^{-n}) - 2cnq^{-n} + m(m-1) cIq^{-1}) \quad .$$

Wenn c = 0 und m = 0, vereinfacht sich (D.4) zu

(D.5) $\qquad \dfrac{\partial^2 (P_m^* - P_m)}{\partial e_{(\varepsilon = 0)}^2} = \dfrac{P_0}{q^2} (n^2 + n) = \dfrac{P_0}{q^2} n(n+1) \quad .$

E.   Ermittlung der Forward Rate aus der Par-Yield-Kurve

Die Par-Yield-Kurve zeigt den Zusammenhang zwischen Kupon und Restlaufzeit von Pari-Anleihen mit ansonsten gleichen Ausstattungsmerkmalen. Die in der Par-Yield-Kurve implizit enthaltenen Forward Rates I lassen sich wie folgt ermitteln:

$$(E.1) \quad \sum_{t=1}^{n} \frac{\overline{I}_n}{(1+\overline{I}_n)^t} + \frac{1}{(1+\overline{I}_n)^n} = \sum_{t=1}^{n-1} \frac{\overline{I}_n}{\prod_{j=1}^{t}(1+I_j)} + \frac{1+\overline{I}_n}{\prod_{j=1}^{n-1}(1+I_j)(1+I_n)} \; .$$

Da $\displaystyle \sum_{t=1}^{n} \frac{\overline{I}_n}{(1+\overline{I}_n)^t} + \frac{1}{(1+\overline{I}_n)^n} = 1$, läßt sich (E.1) umformen in

$$(E.2) \qquad 1 - \sum_{t=1}^{n-1} \frac{\overline{I}_n}{\prod_{j=1}^{t}(1+I_j)} - \frac{1+\overline{I}_n}{\prod_{j=1}^{n-1}(1+I_j)(1+I_n)} = 0 \; .$$

Wenn $\displaystyle \frac{1}{\prod_{j=1}^{t}(1+I_j)} = R_t$, ergibt sich

$$(E.3) \qquad 1 - \overline{I}_n \sum_{t=1}^{n-1} R_t = \frac{(1+\overline{I}_n)\,R_{n-1}}{1+I_n} \; ,$$

und nach Umformung

$$(E.4) \qquad I_n = \frac{(1+\bar{r}_n)\, R_{n-1}}{1 - \bar{r}_n \sum\limits_{t=1}^{n-1} R_t} - 1 \;.$$

mit $\bar{r}_n$ = Zinssatz einer Pari-Anleihe mit einer Restlaufzeit von n Jahren,

I_n = Forward Rate in t_0 für einjährige Anlagen im Zeitpunkt n.

F. Kupon einer ausfallrisikobehafteten Anleihe

In der Gleichung

(F.1)
$$C = \frac{1 - P^n R_n}{\sum_{t=1}^{n} P^t R_t}$$

läßt sich R_t ersetzen durch $\prod_{j=1}^{t} (1 + I_j)^{-1}$.

Bei einer horizontalen Zinsstrukturkurve, d.h. $I_j = I$, vereinfacht sich R_t zu

(F.2)
$$R_t = (1 + I)^{-t} .$$

Diesen Ausdruck in Gleichung (F.1) eingesetzt, erhält man

(F.3)
$$C = \frac{1 - \left(\dfrac{P}{1 + I}\right)^n}{\sum_{t=1}^{n} \left(\dfrac{P}{1 + I}\right)^t} .$$

Da $\sum_{t=1}^{n} \left(\dfrac{P}{1+I}\right)^t = \dfrac{P}{1+I} \cdot \dfrac{1 - \left(\dfrac{P}{1+I}\right)^n}{1 - \dfrac{P}{1+I}}$, läßt sich Gleichung (F.3)

umformen in

(F.4)
$$C = \frac{1 - \dfrac{P}{1 + I}}{\dfrac{P}{1 + I}}$$

238

und weiter in

(F.5) $$c = \frac{1 + I}{P} - 1 \ .$$

Literaturverzeichnis

Alworth, Julian S. (1993)
The Valuation of US Dollar Interest Rate Swaps, in:
Bank for International Settlements Economic Papers,
Nr. 35, Basel 1993.

Andreas, Kurt (1988)
Kapitalmarkt, in: Obst/Hintner, Geld-, Bank und
Börsenwesen, 38., völlig neu bearb. und erw. Aufl.
Norbert Kloten und Johann Heinrich von Stein
(Hrsg.), Stuttgart 1988, S. 955-997.

Andres, Martina (1989)
Zins- und Währungsswaps als innovative Finanzinstrumente, Dissertation Wien 1989.

Antl, Boris (1983)
Parallel loans, swaps and foreign exchange con-
tracts, in: Antl, Boris (Hrsg.), Swap Financing
Techniques, London 1983, S. 1-10.

Antl, Boris (1984)
Quantifying risk in swap transactions, in: Euromoney Corporate Finance, December 1984, S. 19-21.

Antl, Boris (1986)
Yield calculation principles, in: Antl, Boris
(Hrsg.), Swap Finance. Volume 1, London 1986, S.
97-103.

Arak, Marcelle, Laurie S. Goodman und Joseph Snailer
(1986)
Duration equivalent bond swaps: A new tool, in: The
Journal of Portfolio Management (Summer 1986), S.
26-32.

Arak, Marcelle, Laurie S. Goodman und Arthur Rones
(1987)
Defining Credit Exposure for Risk Management Products, in: The Review of Research in Banking and
Finance (Winter 1987), S. 60-72.

Arak, Marcelle, Arturo Estrella, Laurie S. Goodman und Andrew Silver (1988)
Interest Rate Swaps: An Alternative Explanation, in: Financial Management (Summer 1988), S. 12-18.

Arnold, Hans (1976)
Risikentransformation, in: Handwörterbuch der Finanzwirtschaft, Hrsg. Hans E. Büschgen, Stuttgart 1976, Sp. 1506-1516.

Arnold, Tanya S. (1984)
How to do interest rate swaps, in: Harvard Business Review (Sept./Oct. 1984), Nr. 5, S. 96-101.

Arnold, Wolfgang und Sabine Burg (1987)
Swaps und Ricardos Theorem der komparativen Kosten, in: Die Bank (1987), S. 194-196.

Bank for International Settlements (1986)
Recent Innovations in International Banking, Basel 1986.

Bank für Internationalen Zahlungsausgleich (1989)
Entwicklung des internationalen Bankgeschäfts und der internationalen Finanzmärkte, Basel 1989.

Bank für Internationalen Zahlungsausgleich (1990)
Entwicklung des internationalen Bankgeschäfts und der internationalen Finanzmärkte, Basel 1990.

Bank für Internationalen Zahlungsausgleich (1992)
Entwicklung des internationalen Bankgeschäfts und der internationalen Finanzmärkte, Basel 1992.

Barnea, Amir, Robert A. Haugen und Lemma W. Senbet (1985)
Agency Problems and Financial Contracting, Englewood Cliffs NJ, 1985.

Baxmann, Ulf G. (1987)
David Ricardo und der Zins-Swap, in: Blick durch die Wirtschaft vom 6.2.1987.

Behrens, Christian-Uwe (1989)
Wann lohnen sich Zinsswap-Geschäfte?, in: Zeit-
schrift für das gesamte Kreditwesen (1989), Nr. 5,
S. 11-16.

Beidleman, Carl R. (1985)
Financial Swaps. New Strategies in Currency and
Coupon Risk Management, Homewood Ill 1985.

Bhattacharya, Anand K. (1990)
Synthetic asset swaps, in: The Journal of Portfolio
Management (Fall 1990), S. 56-64.

Bicksler, James und Andrew H. Chen (1986)
An Economic Analysis of Interest Rate Swaps, in:
Journal of Finance 41 (1986), Nr. 3, S. 645-655.

Bierman, Harold Jr. und Jerome E. Hass (1975)
An Analytical Model of Bond Risk Differentials, in:
Journal of Financial and Quantitative Analysis 10
(1975), S. 757-773.

Bierman, Harold Jr. (1987)
Accounting for Interest Rate Swaps, in: Journal of
Accounting, Auditing, and Finance II (Fall 1987),
S. 396-408.

Bierwag, Gerald O. (1987)
Duration Analysis. Managing Interest Rate Risk,
Cambridge Mass 1987.

Birck, Heinrich und Heinrich Meyer (1989)
Die Bankbilanz, 3., völlig neu bearb. u. erw.
Aufl., 5. Teillieferung, Wiesbaden 1989.

Bock, David R. (1986)
Fixed-to-fixed currency swap: the origins of the
World Bank swap programme, in: Antl, Boris (Hrsg.),
Swap Finance Vol. 2, London 1986, S. 218-223.

British Bankers' Association (1985)
Interest Rate Swaps ("BBAIRS" terms), August 1985.

Brooks, LeRoy D. (1984)
Stock-Bond Swaps in Regulated Utilities, in: Journal of the Financial Management Association 13 (Autumn 1984), Nr. 3, S. 5-10.

Brown, Keith C. und Donald J. Smith (1988)
Recent Innovations in Interest Rate Risk Management and the Reintermediation of Commercial Banking, in: Journal of The Financial Management Association 17, (Winter 1988), Nr. 4, S. 45-58.

Büschgen, Hans E. (1986a)
Finanzinnovationen - Neuerungen und Entwicklungen an nationalen und internationalen Finanzmärkten, in: Zeitschrift für Betriebswirtschaft 56 (1986), Nr. 4/5, S. 299-336.

Büschgen, Hans E. (1986b)
Internationales Finanzmanagement, Frankfurt/M. 1986.

Büschgen, Hans E. (1989)
Bankbetriebslehre. Bankgeschäfte und Bankmanagement, 2. vollst. neu bearb. Aufl., Wiesbaden 1989.

Bundesaufsichtsamt für das Kreditwesen
Liquiditätsgrundsätze II und III, abgedruckt in: Consbruch, Möller, Bähre und Schneider, Kreditwesengesetz, 3.01, S. 1f[1] - 1g[1].

Bundesaufsichtsamt für das Kreditwesen (1990)
Erläuterungen zur Bekanntmachung über die Änderung und Ergänzung der Grundsätze I und Ia vom 15. Mai 1990, abgedruckt in: Consbruch, Möller, Bähre und Schneider, Kreditwesengesetz, 3.01, S. 1g[1] - 2m[1].

Carroll, Barbara L. (1989)
Financial Futures Trading, London 1989.

Carstensen, Meinhard (1986)
Finanzinnovationen in der praktischen Anwendung einer Geschäftsbank, in: Die Bank (1986), S. 352-356.

Chiang, Raymond und Robert W. Kolb (1986)
An Analytical Model of the Relationship between maturity and Bonds risk differentials, in: The Financial Review 21 (1986), Nr. 2, S. 191-209.

Clemm, Hermann und Rolf Nonnenmacher (1988)
Überlegungen zur Bilanzierung von Swapgeschäften, in: Knobbe-Keuck, Brigitte, Franz Klein und Adolf Moxter (Hrsg.), Handels- und Steuerrecht. Festschrift für Georg Döllerer, Düsseldorf 1988, S. 65-79.

Comiskey, Eugene E., Charles W. Mulford und Deborah H. Turner (1987)
Bank Accounting and Reporting Practices for Interest Rate Swaps, in: Bank Accounting & Finance 1 (Winter 1987-88), Nr. 2, S. 3-14.

Cooper, Ian A. und Antonio S. Mello (1991)
The Default Risk of Swaps, in: The Journal of Finance 46 (1991), Nr. 2, S. 597-620.

Copeland, Thomas E. und J. Fred Weston (1988)
Financial Theory and Corporate Policy, 3. Aufl., Reading, Massachusetts 1988.

Damm, Ulrich (1983)
Innovationen am Euro-Kapitalmarkt, in: Die Bank (1983), S. 568-572.

Decker, Ernst (1990)
Zinssatz- und Währungsswaps unter rechtlichen Aspekten, dargestellt anhand des Muster-Rahmenvertrages für Swapgeschäfte, in: Wertpapier-Mitteilungen 44 (1990), S. 1001-1015.

Dempfle, Eugen (1988)
Finanzinnovationen an den internationalen Geld- und Kapitalmärkten, in: Beiträge zur Bankbetriebslehre aus dem Institut für Bankwirtschaft an der Hochschule St. Gallen, Band 16, Juli 1988.

Demuth, Michael (1988)
Fremdkapitalbeschaffung durch Finanzinnovationen. Finanzinnovationen aus der Sicht der Unternehmen, Banken und Kapitalanleger, in: Hess, Stephan M. (Hrsg.), OIKOS. Studien zur Ökonomie, Bd. 22, Wiesbaden 1988.

Deutsche Bundesbank
Statistische Beihefte zu den Monatsberichten der Deutschen Bundesbank, Reihe 1, Bankenstatistik nach Bankengruppen, Bilanzunwirksame Swapgeschäfte (Tabelle 4 bis 12/87, Tabelle 11 ab 1/88).

Deutsche Bundesbank
Monatsberichte der Deutschen Bundesbank, Statistischer Teil, Abschnitt III. 6, Bilanzunwirksame Geschäfte, S. 21[1], ab Januar 1993 Abschnitt IV. 6, S. 33[1].

Deutsche Bundesbank (1986)
Innovationen im internationalen Bankgeschäft, in: Monatsberichte der Deutschen Bundesbank 38 (1986), Nr. 4, S. 25-35.

Deutsche Bundesbank (1987)
Neue, nicht bilanzwirksame Finanzinstrumente und ihre Bedeutung für die Kreditinstitute in der Bundesrepublik, in: Monatsberichte der Deutschen Bundesbank 39 (1987), Nr. 4, S. 23-27.

Deutsche Bundesbank (1991)
Bankenstatistik Richtlinien. Richtlinien für nach § 18 BBankG angeordnete Statistiken, Januar 1991.

Deutsche Bundesbank (1992)
Richtlinien für die ab Dezember 1993 geltenden Meldungen der Kreditinstitute zur Monatlichen Bilanzstatistik, Entwurf, August 1992.

Dreissig, Hildegard (1989)
Swap- Geschäfte aus bilanzsteuerrechtlicher Sicht, in: Betriebs-Berater, Heft 5, vom 20.2.1989, S. 322-327.

Dresdner Bank AG (1989)
    Zinsmanagement. Instrumente und Anwendungen, Frank-
    furt/M. 1989.

Dufey, Gunter und Ian H. Giddy (1981)
    Innovations in the International Financial Markets,
    in: Journal of International Business Studies (Au-
    tumn 1981), S. 33-51.

Dyl, Edward A. und Stanley A. Martin, Jr. (1986)
    Another look at barbells versus ladders, in: Jour-
    nal of Portfolio Management (Spring 1986), S. 54-
    59.

Eiteman, David K. und Arthur I. Stonehill (1982)
    Multinational Business Finance, 3. Aufl., Reading,
    Massachusetts 1982.

Faria, Eduardo C.G., J. Andrew Stott und Nigel J. C.
    Buchanan (1988)
    Debt-Equity Swap Guide, London 1988.

Felgran, Steven D. (1987)
    Interest Rate Swaps: Use, Risk, and Prices, in: New
    England Economic Review (November/December 1987),
    S. 22-32.

Finnerty, John D. (1988)
    Financial Engineering in Corporate Finance: An
    Overview, in: Journal of The Financial Management
    Association 17 (Winter 1988), Nr. 4, S. 14-33.

Fischer-Erlach, Peter (1989)
    Was sind synthetische Devisenswapgeschäfte?, in:
    Die Bank (1989), S. 193f.

Fischer-Erlach, Peter (1991)
    Handel und Kursbildung am Devisenmarkt, 4., über-
    arb. Aufl., Stuttgart 1991.

Fisher, Lawrence und Roman L. Weil (1971)
    Coping with the risk of Market-Rate-Fluctuations:
    Returns to Bondholders from Naive and Optimal Stra-
    tegies, in: Journal of Business 44 (1971), S. 408-
    431.

Fitzgerald, M. Desmond (1983)
Financial Futures, London 1983.

Franke, Günter (1988)
Debt-Equity Swaps aus finanzierungstheoretischer
Perspektive, in: Zeitschrift für Betriebswirtschaft
58 (1988), Nr.1, S. 187-197.

Fülbier, Andreas (1990a)
Zivilrechtliche Einordnung von Zins- und Währungsswaps, in: Zeitschrift für Wirtschaftsrecht ZIP 11
(1990), Nr. 8, S. 544-547.

Fülbier, Andreas (1990b)
Swap-Verträge - Internationale Standardisierung,
in: Zeitschrift für Wirtschaftsrecht ZIP 11 (1990),
Nr. 10, S. 680-689.

Füllenkemper, Horst und Hannes Rehm (1985)
Internationale Finanzmärkte unter Innovations- und
Liberalisierungsdruck, in: Kredit und Kapital 18
(1985), Nr. 4, S. 553-585.

Glaab, Wolfgang und Karl Kraft (1986)
Interest Rate Swap, Currency Swap, Cross Currency
Interest Rate Swap als Prüfungsgegenstand der In-
ternen Revision II, in: Zeitschrift Interne Revision (1986), Nr. 4, S. 225-239.

Gondring, Hanspeter und Albrecht Hermann (1986)
Zins- und Währungsswaps aus bankbetrieblicher
Sicht, in: Österreichisches Bank-Archiv (1986), Nr.
8, S. 327-339.

Gooch, Anthony C. und Linda B. Klein (1987)
Swap Agreement Documentation. Annotated Sample
Agreements for Interest Rate and Currency Swaps,
London 1987.

Gottschalk, Heinz Dieter und Edgar Weissenberger (1988)
Management von Swap-Portfolios, in: Die Bank
(1988), S. 542-548.

Gray, Robert W., William C. F. Kurz und Cory N. Strupp
(1986)
    Interest Rate Swaps, in: Antl, Boris (Hrsg.), Swap
    Finance. Volume 1, London 1986, S. 3-10.

Gröschel, Ulrich (1987)
    Finanzinnovationen: Swaps und Ricardos Außenwirt-
    schaftstheorie, in: Sparkasse 104 (1987), Nr. 6, S.
    246-248.

Grumball, Clive (1987)
    Managing Interest Rate Risk, Cambridge 1987.

Güde, Udo (1987)
    Finanzinnovationen aus der Sicht der Sparkassen,
    in: Sparkasse 104 (1987), Nr. 2, S. 47-59.

Haberler, Gottfried (1933)
    Der internationale Handel, Berlin 1933, Nachdruck
    Berlin, Heidelberg 1970.

Hammond, G M S (1987)
    Recent Developments in the swap market, in: Bank of
    England, Quarterly Bulletin 27 (1987), Nr. 1, S.
    66-79.

Hargreaves, D. K. (1991)
    Swaps: versatility at controlled risk, in: Morgan
    Guaranty Trust Company (Hrsg.), World Financial
    Markets (April 1991), Nr. 2, S. 1-22.

Heinrich, Detlef (1992)
    Swap-Transaktionen als Finanzierungsinstrument, in:
    Wirtschaftsstudium (1992), Nr. 6, S. 482-485.

Heller, H. Robert (1973)
    International Trade, Theory and Empirical Evidence,
    2. Aufl., Englewood Cliffs NJ 1973.

Homer, Sidney und Martin L. Leibowitz (1972)
    Inside the Yield Book. New Tools for Bond Market
    Strategy, Englewood Cliffs NJ und New York NY 1972.

Hull, John (1989)
Options, Futures, and other derivative Securities,
Englewood Cliffs NJ 1989.

Jahn, Uwe (1987)
Vereinheitlichung von Swap-Verträgen, in: Die Bank
(1987), S. 197-201.

Jahn, Uwe (1988)
ISDA-Musterverträge zu Swapvereinbarungen setzen
sich durch, in: Die Bank (1988), S. 100-105.

Jahn, Uwe (1992)
Internationale Rahmenverträge für Finanzterminge-
schäfte (I), in: Die Bank (1992), S. 349-353.

Jasper, Thomas W. (1989)
The International Swap Dealers Association (ISDA):
origins, structure and goals, in: Inside the Swap
Market, 3. Aufl., London 1989, S. 131-134.

Jentzsch, Stefan J. (1989)
Kapitalmarkt-Swaps. Strukturen und Risiken, Bank-
wirtschaftliche Forschungen, Band 115, Kilgus,
Ernst und Leo Schuster (Hrsg.), Dissertation Bern
1989.

Jonkhart, Marius J. L. (1979)
On the Term Structure of Interest Rates and the
Risk of Default, in: Journal of Banking and Finance
3 (September 1979), S. 253-262.

Kessel, Reuben A. (1965)
The Cyclical Behavior of the Term Structure of Interest Rates, New York 1965.

Knippschild, Martin (1991)
Controlling von Zins- und Währungsswaps in Kreditinstituten, Dissertation Frankfurt/M. 1991.

Koch, Timothy W. (1988)
Bankmanagement, Chicago 1988.

Kommission für Bilanzierungsfragen des Bundesverbandes
deutscher Banken (1988)
Zur Rechnungslegung von Swap-Geschäften, in: Die
Bank (1988), S. 158-165.

Kopprasch, Robert, John Macfarlane, Daniel R. Ross und
Janet Showers (1985)
The Interest Rate Swap Market: Yield Mathematics,
Terminology and Conventions. Salomon Brothers Inc.,
New York 1985.

Krümmel, Hans-Jacob (1966)
Finanzierungsrisiken und Kreditspielraum, in: Zeitschrift für Betriebswirtschaft 36 (1966), 1. Ergän-
zungsheft, S. 134-157.

Kümpel, Siegfried (1986)
Zum Termin- und Differenzeinwand bei Zinsterminkon-
trakten und Zinsswapgeschäften, in: Wertpapiermit-
teilungen 40 (1986), Nr. 22, S. 661-670.

Lamfalussy, Alexandre (1986)
Auch Banken- und Wertpapieraufsicht müssen ihre
Tätigkeiten international besser koordinieren, in:
Handelsblatt, Nr. 228 vom 27.11.86, Sonderbeilage,
S. B14.

Leonard, Paul A. (1983)
Variations in Municipal Bond Default Risk Premia by
Term-to-Maturity, in: Journal of Business Research
11 (1983), S. 523-530.

Lerbinger, Paul (1985)
Swap-Transaktionen als Finanzinstrumente, in: Die
Bank (1985), S. 245-249.

Lerbinger, Paul (1988)
Zins- und Währungsswaps. Neue Instrumente im Finanzmanagement von Unternehmen und Banken, Wiesbaden 1988.

Lerbinger, Paul (1991)
Ölpreisswaps, in: Die Bank (1991), S. 36-40.

Levedag, Rolf (1983)
    Kreativität eines freiheitlichen Marktes wird jetzt
    erneut unter Beweis gestellt, in: Handelsblatt, Nr.
    191 vom 4.10.83, S. 23.

Levedag, Rolf (1985)
    Bedeutung und Grenzen von Zins- und Währungsswaps,
    in: Börsen-Zeitung, Nr. 196 vom 12.10.1985, S. 8f.

Loeys, Jan G. (1985)
    Interest Rate Swaps: A New Tool For Managing Risk,
    in: Federal Reserve Bank of Philadelphia, Business
    Review (May-June 1985), S. 17-25.

Maguire, Thomas F. und Sanjay R. Sathe (1986)
    Zero-coupon swap, in: Antl, Boris (Hrsg.) Swap Fi-
    nance, Volume 2, London 1986, S. 208-213.

Maier, Arnim (1988)
    Swaptions, in: Wirtschaftswissenschaftliches Studi-
    um (August 1988), S. 415-417.

Marshall, John F. und Kenneth R. Kapner (1990)
    Understanding Swap Finance, Cincinnati OH 1990.

Marthinsen, John E. (1988)
    Interest Rate Swaps. A Guide To Understanding Their
    Uses, Risks And Benefits, HandelsBank NatWest, Zü-
    rich 1988.

McInish, Thomas H. (1980)
    Behavior of Municipal Bond Default-Risk Premiums by
    Maturity, in: Journal of Business Research 8
    (1980), S. 413-418.

McNulty, James E. (1990)
    The Pricing of Interest Rate Swaps, in: Journal of
    Financial Services Research 4 (1990), Nr. 1, S. 53-
    63.

Mendelson, M. und Sidney Robbins (1976)
    Investment Analysis and Securities Market, New York
    1976.

Miller, Merton H. (1986)
Financial Innovation: The Last Twenty Years and the
Next, in: Journal of Financial and Quantitative
Analysis 21 (1986), Nr. 4, S. 459-471.

Muffett, Mark (1987)
Credit Risk on Swaps, in: Außenwirtschaft 42
(1987), Nr. II/III, S. 95-116.

Nabben, Stefan (1990)
Financial Swaps. Instrument des Bilanzstrukturmana-
gements in Banken, Wiesbaden 1990.

Neal, Kathleen und Katerina Simons (1988)
Interest Rate Swaps, Currency Swaps & Credit Risk,
in: Issues in Bank Regulation (Spring 1988), S. 26-
29.

Ollard, William (1986)
The debt swappers, in: Euromoney (1986), Nr. 8, S.
67-75.

Partridge-Hicks, Stephen und Piers Hartland-Swann (1988)
Synthetic Securities, London 1988.

Peck, Rodney R. (1986)
Collateralisation of swap transactions, in: Antl,
Boris (Hrsg.) Swap Finance, Volume 2, London 1986,
S. 163-176.

Peters, Joerg (1990)
Swap-Finanzierung. Grundtypen, Varianten, Risiken,
Schriftenreihe für Kreditwirtschaft und Finanzie-
rung, Band 7, Dissertation Wiesbaden 1990.

Price, John A. M. und Schuyler K. Henderson (1988)
Currency and Interest Rate Swaps, 2. Aufl., London
1988.

Redington, F.M. (1952)
Review of the Principle of Life Office Valuations,
in: Journal of the Institute of Actuaries 78
(1952), S. 286-340.

Reimnitz, Jürgen (1984)
Wozu Zins-Swap-Anleihen von Banken?, in: Börsen-
Zeitung Nr. 124 vom 30.6.1984.

Reinhardt, Peter (1985)
Die Risiken der Banken im Swapgeschäft, in: Zeitschrift für das gesamte Kreditwesen 38 (1985), Nr.
14, S. 671-676.

Ricardo, David (1821)
On the Principles of Political Economy and Taxa-
tion, 1821.

Riley, William B. Jr. und G. Steveson Smith (1987)
Interest Rate Swaps: Real or Illusory Benefits?,
unpublished paper, Morgantown 1987.

Ritchken, Peter (1987)
Options. Theory, Strategy, and Applications, Glen-
view Ill 1987.

Robinson, Roland I. (1960)
Postwar Market for State and Local Government Secu-
rities. A Study by the National Bureau of Economic
Research, Princeton 1960.

Röller, Wolfgang (1985)
Nutzen und Gefahren der Finanzinnovationen, in:
Börsen-Zeitung Nr. 196 vom 12.10.1985, S. 7f.

Rosebrock, Jens und Harald Sondhof (1991)
Debt-for-Nature-Swaps für die Umwelt in der dritten
Welt, in: Die Bank (1991), S. 485-488.

Rotberg, Eugene H. (1986)
Vorwort zu Antl, Boris (Hrsg.), Swap Finance Vol.
1, London 1986, S. xi-xii.

Rudolph, Bernd (1979)
Zinsänderungsrisiken und die Strategie der durchschnittlichen Selbstliquidationsperiode, in: Kredit
und Kapital 12 (1979), S. 181-206.

Schmidt, Detlef (1987)
Debt-Equity-Swaps, in: Wirtschaftswissenschaftli-
ches Studium 16 (1987), Nr. 8, S. 403-404.

Schmidt, Hartmut (1979)
Liquidität von Finanztiteln als integrierendes Kon-
zept der Bankbetriebslehre, in: Zeitschrift für
Betriebswirtschaft 49 (1979), S. 710-722.

Schmidt, Hartmut (1981)
Wege zur Ermittlung und Beurteilung der Marktzins-
risiken von Banken, in: Kredit und Kapital 14
(1981), Nr. 3, S. 249-286.

Schmidt, Hartmut (1988)
Einzelkredit und Kreditportefeuille, in: Rudolph,
Bernd und Jochen Wilhelm (Hrsg.), Bankpolitik, fi-
nanzielle Unternehmensführung und die Theorie der
Finanzmärkte. Festschrift für Hans-Jacob Krümmel
zur Vollendung des 60. Lebensjahres, Berlin 1988,
S. 245-259.

Schwarze, Armin (1989)
Ausweis und Bewertung neuer Finanzierungsinstrumente in der Bankbilanz, in: Ashauer, G., W. Ehrli-
cher, H.-J. Krümmel, F. Voigt (Hrsg.), Untersuchun-
gen über das Spar-, Giro- und Kreditwesen, Abtei-
lung A: Wirtschaftswissenschaft, Band 138, Berlin
1989.

Schwarze, Jochen (1978)
Mathematik für Wirtschaftswissenschaftler. Band 1:
Grundlagen, 4. Aufl., Herne, Berlin 1978.

Silber, William L. (1975)
Towards a Theory of Financial Innovation, in: Silber, William L. (Hrsg.), Financial Innovation, Le-
xington MA 1975, S. 53-85.

Simons, Katerina (1989)
Measuring Credit Risk in Interest Rate Swaps, in:
New England Economic Review (November/December
1989), S. 29-38.

Smith Clifford W. Jr., Charles W. Smithson und Lee Macdonald Wakeman (1986)
The Evolving Market for Swaps, in: Midland Corporate Finance Journal, 3 (1986), Nr. 4, S. 20-32, hier
in: Financial Management Collection, 1 (1986), Nr.
3, S. 1-8.

Smith, Clifford W. Jr., Charles W. Smithson und Lee
Macdonald Wakeman (1988)
The Market For Interest Rate Swaps, in: Journal of
The Financial Management Association 17 (Winter
1988), Nr. 4, S. 34-44.

Smith, Clifford W. Jr., Charles W. Smithson und D. Sykes
Wilford (1989)
Managing Financial Risk, New York 1989.

Smith, Clifford W. Jr., Charles W. Smithson und D. Sykes
Wilford (1990)
Financial Engineering: Why Hedge?, in: Smith, Clif-
ford W. Jr. und Charles W. Smithson (Hrsg.), The
Handbook of Financial Engineering. New Financial
Product, Innovations, Applications, and Analyses,
New York 1990, S. 126-137.

Smith, Donald J. (1988a)
Measuring the gains from arbitraging the swap market, in: Financial Executive (March/April 1988), S.
46-49.

Smith, Donald J. (1988b)
Interest-Rate Movements and the Credit Risk of In-
terest Rate Swaps, in: Commercial Lending Review 4
(Winter 1988-1989), Nr. 1, S. 39-52.

Storck, Ekkehard (1983)
Zins- und Währungsswaps im Euromarkt, in: Die Bank
(1983), S. 459-464.

Storck, Ekkehard (1987)
Auf dem Weg zum globalen Finanzmarkt, in: Die Bank
(1987), S. 9-18.

Strupp, Cory N. (1988)
The mechanics of interest rate swaps, in: Antl, Boris (Hrsg.), Management of Interest Rate Risk, London 1988, S. 117-123.

Sundaresan, Suresh (1991)
Valuation of Swaps, in: Khoury, Sarkis J. (Hrsg.), Recent Developments in International Banking and Finance. Volumes IV und V, Amsterdam 1991, S. 407-440.

Tilley, James A. (1986)
Risk Control Techniques for Life Insurance Companies, in: Platt, Robert B., Controlling Interest Rate Risk. New Techniques and Applications for Money Management, New York 1986, S. 225-255.

Turnbull, Stuart M. (1987)
Swaps: A Zero Sum Game?, in: Financial Management 16 (Spring 1987), Nr. 1, S. 15-21.

Uhlir, Helmut und Peter Steiner (1986)
Wertpapieranalyse, Heidelberg Wien 1986.

Unterberg, Armin (1988)
Finanzdienstleistungsangebot verschärft Wettbewerb, in: Die Bank (1988), S. 68-71.

Van Horne, James C. (1979)
Behavior of Default-Risk Premiums for Corporate Bonds and Commercial Paper, in: Journal of Business Research (1979), S. 301-313.

Van Horne, James C. (1984)
Financial Market Rates and Flows, 2. Aufl., Englewood Cliffs NJ 1984.

Van Horne, James C. (1986)
An Inquiry Into Recent Financial Innovation, in: Kredit und Kapital (1986), Nr. 4, S. 453-469.

Vögele, Alexander (1987)
Zins-Swapverträge und die Vermeidung von gewerbesteuerlicher Dauerschulden, in: Der Betrieb 40 (1987), Nr. 22 vom 22.5.1987, S. 1060-1063.

Wall, Larry D. und John J. Pringle (1987)
Alternative Explanations of Interest Rate Swaps,
in: Federal Reserve Bank of Chicago (Hrsg.), Confe-
rence on Bank Structure and Competition 1987, Chicago 1987, S. 186-205.

Wall, Larry D. und John J. Pringle (1988)
Interest Rate Swaps: A Review of the Issues, in:
Economic Review of the Federal Reserve Bank of At-
lanta 73 (1988), Nr. 6, S. 22-40.

Wall, Larry D. (1989)
Interest Rate Swaps in an Agency Theoretic Model
with uncertain Interest Rates, in: Journal of Banking and Finance 13 (1989), Nr. 2, S. 261-270.

Wall, Larry D. und John J. Pringle (1989)
Alternative Explanations of Interest Rate Swaps: A
Theoretical and Empirical Analysis, in: Journal of
The Financial Management Association 18 (1989), Nr.
2, S. 59-73.

Wallich, Christine I. (1984)
Währungs-Swaps der Weltbank, in: Finanzierung &
Entwicklung 21 (1984), Nr. 2, S. 15-19.

Walmsley, Julian (1985)
Interest rate swaps: the hinge between money and
capital markets, in: The Banker (1985) Nr. 4, S.
37-40.

Walter, Herbert (1986)
Liberalisierung am japanischen Finanzmarkt, in: Die
Bank (1986), S. 341-351.

Watzinger, Hermann (1993)
Einstellung zum Risikomanagement bei Rohstoffen
ändert sich auch in Deutschland, in: Handelsblatt
vom 2.2.1993.

Wermuth, Dieter (1988)
Zins- und Währungsswaps, in: Obst/Hintner, Geld-,
Bank und Börsenwesen, 38., völlig neu bearb. und
erw. Aufl. Norbert Kloten und Johann Heinrich von
Stein (Hrsg.), Stuttgart 1988, S. 580-593.

Whittaker, James Gregg (1987)
Interest Rate Swaps: Risk and Regulation, in: Economic Review of the Federal Reserve Bank of Kansas City 72 (1987), Nr. 3, S. 3-13.

Whittaker, James Gregg (1988)
Pricing Financial Swaps in an Options Pricing Framework, Dissertation Madison Wis 1988.

Wichmann, Ralph B. (1988)
Zinsswaps als Spezialfall der Ricardianischen Tauschtheorie, in: Kredit und Kapital 21 (1988), Nr. 2, S. 278-287.

Windmöller, Rolf (1988)
Bilanzierung neuer Finanzierungsinstrumente, in: Erik Sonnemann (Hrsg. für University of Michigan Alumni Club of West Germany e.V.), Bankbilanzierung und Bankprüfung, Wiesbaden 1988, S. 101-118.

Yawitz, Jess B. (1977)
An Analytical Model of Interest Rate Differentials and Different Default Recoveries, in: The Journal of Financial and Quantitative Analysis 12 (1977), Nr. 3, S. 481-490.

Young, David (1987)
What's new in Swaps?, in: Bank Administration 63 (1987), Nr. 12, S. 32-34.

Zugehör, Gerhard (1989)
Verbindung von Option und Zinsswap: Die Swapoption, in: Die Bank (1989), S. 323-328.

If you have any concerns about our products,
you can contact us on
ProductSafety@springernature.com

In case Publisher is established outside the EU,
the EU authorized representative is:
Springer Nature Customer Service Center GmbH
Europaplatz 3, 69115 Heidelberg, Germany

Printed by Libri Plureos GmbH
in Hamburg, Germany